市场化经营模式与农业规模经济

王　钊　罗超平　曹峥林　刘　晗　王浴青　著

科　学　出　版　社

北　京

内 容 简 介

本书遵循“研究问题—理论分析—实证分析—政策应用”的逻辑思路，基于农业分工深化和社会化服务有利于促进农业规模经济的基本假设，结合专题调查，通过理论演绎、数理模型并应用计量方法，揭示以“分工社会化、服务市场化”为主要特点的农业经营新模式对农业规模经济的促进作用，分析把握新模式对规模经济整体增长的影响效应，探索多元参与主体对农业规模效益的分享及均衡。本书注重多元研究方法的交叉运用，既重视定性解析又强调定量验证，体现了应用基础研究的特点。

本书作为农业经济管理专业领域的学术专著，读者对象较为广泛，涵盖经济管理类专业尤其是农业经济管理类各级学生、相关专业领域的研究人员或专家学者，以及对农业经济管理领域感兴趣的其他读者。

图书在版编目（CIP）数据

市场化经营模式与农业规模经济 / 王钊等著. —北京：科学出版社，2022.12

ISBN 978-7-03-071293-6

Ⅰ. ①市… Ⅱ. ①王… Ⅲ. ①农业经营-规模化经营-研究-中国 Ⅳ. ①F324

中国版本图书馆 CIP 数据核字（2022）第 010198 号

责任编辑：王丹妮 / 责任校对：王晓茜
责任印制：张 伟 / 封面设计：有道设计

科学出版社出版
北京东黄城根北街 16 号
邮政编码：100717
http://www.sciencep.com
北京虎彩文化传播有限公司 印刷
科学出版社发行 各地新华书店经销

*

2022 年 12 月第 一 版 开本：720×1000 1/16
2022 年 12 月第一次印刷 印张：12 1/4
字数：246 000

定价：116.00 元

（如有印装质量问题，我社负责调换）

前　言

农业现代化是我国农业发展的重要方向和现代化建设的重要组成部分。在制度层面，我国农业现代化建设不能突破或脱离农村以家庭承包经营为基础、统分结合的双层经营体制，必须坚持“双层经营”长期不变。随着制度红利的逐步释放乃至消耗殆尽，分散小农户与现代大市场间的矛盾日益凸显，并成为推进农业现代化建设的重要障碍。对此，党的十九大报告明确要求“实现小农户和现代农业发展有机衔接”[①]。这一要求，着眼于中国现实的国情农情和中国特色农业农村现代化建设规律，既是重大的理论创新，也是务实的实践要求，具有重要的指向意义。坚持以家庭经营为基础，以农户经营为主体，在不断完善家庭联产承包责任制的条件下推进农业的技术创新和制度变革，应是推进我国农业现代化建设的重要选择。

近年来，在市场化持续推进和农业分工不断深化的基础上，农业生产实践中不断涌现新的生产经营模式，如生产环节外包服务、土地托管等。原来以社区为纽带的农业“双层经营”已逐渐演变为以市场为纽带的家庭经营与职业农民（或由他们组成的社会化服务体系）相结合的多元化双层经营模式。实践表明，这种以市场为纽带链接的跨社区多元化农业经营新模式（简称“市场化经营模式”），找到了农户家庭经营和社会化服务之间的交集，较好地解决了农户家庭经营的小规模和分散性问题，可视为实现小农户和现代农业发展有机衔接的有效途径，也将会有力地促进中国农业现代化建设进程。就理论上而言，不同于原来以社区为纽带的农业经营模式，市场化经营模式使农民家庭经营突破了社区边界，简化了农业规模经济形成和分享的条件，农民既能以社区内合作的方式分享内部规模经济的好处，又能以购买多元化服务的方式分享外部规模经济的好处。新模式蕴含着新启示，引领了新方向，同时也提出了一系列亟待探知其规律的新问题。例如，市场化经营模式如何破解农户家庭经营实现规模经济的约束条件，实现规模经济

① 习近平：决胜全面建成小康社会 夺取新时代中国特色社会主义伟大胜利——在中国共产党第十九次全国代表大会上的报告[EB/OL].http://www.gov.cn/zhuanti/2017-10/27/content_5234876.htm，2017-10-27.

提升？市场化经营模式下相关利益主体之间又是如何实现利益分享和交易均衡的？等等。

本书选题基于农业分工深化和社会化服务发展可能改变农业规模经济实现条件的基本假设，着重分析回答市场化经营模式是如何增进农业规模经济并实现规模效益分享均衡的这一科学问题，旨在研究揭示市场化经营模式对增进农业规模经济的作用机理，分析把握市场分工下农业产业或服务规模经济和农业生产规模经济互促关系及作用条件，探索认知农业多元经营主体分享规模效益的机制和条件等问题。回答上述问题，可以深化对规模经济理论的认识，探寻农业土地规模经营和服务规模经营之间的内在联系，有利于把握农业适度规模经营的理论依据。如果通过研究能够找到分工改变农业规模经济实现条件和机理的合理解释，那么既可以深化对农业产业分工和协作关系的理论认知，也可为探寻小农户和现代农业发展有机结合的农业现代化道路提供一定的理论支持，从而为政府制定相应的政策措施提供一定的决策支持，有利于推动更加理性的实践操作。

基于分工与专业化理论构建基本分析框架，本书围绕农业经营制度模式市场化的演进逻辑、农业经营新模式对农业生产规模经济的促进作用、农业经营新模式对农业产业规模经济的综合影响、新模式下农业多元主体分享规模经济效益的过程分析等层层递进的内容板块展开。对上述主要研究内容得出如下结论：①分析阐释农业经营模式变革实质是社会化分工和市场化服务有机结合和互动演进的结果，演进逻辑主要与分工专业化效应和生产者学习成本变化相关。②测度分析我国农业规模经济水平显示其差异性随市场化同方向变动，对 1 358 个样本数据分组分析展示相同的统计相关性；基于水稻、玉米两种作物核密度估计图的比较及之后的实证表明，分工和市场化为主导的多因素综合作用增进了规模经济。通过超边际均衡分析其机理：新模式下农产品交易效率改进导致农业分工深化和劳动力向中间产品（服务）生产转移，为土地流转集中和适度规模经营创造条件；效率改进导致劳动力转移还呈现更广泛的分工网络正效应，促进生产者和服务商相互受益且各自生产率提高，带来农产品需求和服务市场扩大，激励经营主体扩大经营规模。③理论阐明农业产业规模经济整体增进源于分工环节间的互动均衡，这种互动是基于其各自均衡性和整体均衡性的需要；分工服务冲击了农业经营单位内部分工，使农业规模经济获得外部规模经济等多重来源。实证结果支持上述认知，基于 DSGE（dynamic stochastic general equilibrium，动态随机一般均衡）模型的分析也显示纵向服务对规模经济整体的促进效应，而且在产中服务价格因子正向冲击下，可观察到农民耕种面积增加，即扩大了生产规模。④演化博弈分析表明，生产主体与服务主体分享规模经济效益的最优策略是选择“合作”，这个均衡点便是双方利益满意均衡的条件，而且参数分析显示双方演化博弈均衡点位置与合作稳定性概率有关，合作概率越大，双方分享均衡就越稳定。

本书是国家自然科学基金面上项目（编号：71473205）的重要成果。西南大学王钊教授负责本书的总体设计、指导和修改校订等工作；西南大学罗超平教授负责本书撰写的具体协调和修改；重庆理工大学曹峥林博士和重庆工商大学刘晗副教授负责本书的撰写与修改等工作。初稿的撰写分工如下：前言、第 1 章和第 9 章由王钊、王浴青执笔；第 2 章和第 4 章由罗超平、陈晓琴执笔；第 3 章、第 6 章和第 8 章由曹峥林、刘晗执笔；第 5 章和第 7 章由刘晗、马雅恬、王良虎、胡江峰执笔。

王　钊

2021 年春于缙云之麓

目　　录

第1章 绪　论

1.1 背景简析及研究问题

1.1.1 背景简析

改革开放以来，家庭联产承包责任制的实施充分释放了农业生产力，使我国农业农村经济实现跨越式发展，粮食总产量从 1978 年的 30 476.5 万吨提高到 2016 年的 61 623.9 万吨，年均增速达 1.87%；农林牧渔总产值也从 1978 年的 1 397 亿元增加至 2014 年的 102 226.09 亿元，年均增幅高达 12.66%。粮食产量的持续增长无疑为我国粮食安全提供了有力保障，然而，就种植收益来看，却显现出增产与增收不同步的问题。据统计，1996~2007 年，除棉花和油料作物外，其他农产品的净收益均有所下降。三种主粮（水稻、小麦、玉米）的成本收益率也从 1998 年的 44%下降到 2009 年的 32.05%。有些农产品甚至出现了亏本（韩俊，2008）。诸多学者从时间成本（Wu et al.，2005）、生产成本（黄季焜和马恒运，2000；王秀清，2000；Wan and Cheng，2001）、生产效率（Fleisher and Liu，1992）等角度论证了我国土地细碎化经营是导致农产品生产效益低下的重要原因。尤其是 2003 年以来我国经济发展到达刘易斯拐点后，农村劳动力不再无限供应（蔡昉，2008），人口红利趋于消失，劳动力短缺进一步放大了土地细碎化的不利影响（吕挺等，2014）。传统经营模式面临土地细碎化、农户兼业化、劳动力弱质化、农业副业化和生产非粮化等问题（罗必良等，2012）。农村土地细碎化、经营规模小微化为特征的传统经营方式，不仅增加了农户的交易成本，而且使单个农户难以承担农业生产所面临的自然风险及农产品销售所面临的市场风险，极大地限制了农业生产经营的规模效益和农业专业化、集约化发展（温涛等，2015）。

因此，一直以来学术界和政界对于如何改变我国农业的分散化小规模经营格局，推进农地流转集中，提高农业生产效益都较为关注。国家出台了大量的政策推动农地流转集中并实现规模经营，但是实施效果较微。就目前情况而言，我国农地的集中与规模经营短时间内很难成为基本趋势（罗必良等，2012），传统农户还是绝大多数，轰轰烈烈的其实都是一些典型（陈锡文，2014）。1986 年我国农户户均耕地面积 9.2 亩[①]、分散为 8.4 块，2008 年下降为 7.4 亩、分散为 5.7 块（何秀荣，2009），1996~2011 年我国经营规模在 10 亩以下的农户占家庭承包户总数的比重从 76%上升到 86%，10~30 亩的农户比重从 20.2%降至 10.7%，2011 年户均耕地面积进一步下降到 5.58 亩（国务院发展研究中心课题组等，2013）。2015 年底，经营耕地 10 亩以下的农户数量仍然多达 2.1 亿户，占全部农户的 79.6%[②]。小规模、分散化的农业经营并未改变，土地分散化的经营格局非但没有改观，反而有恶化趋势（胡新艳等，2015a）。那么，在我国特殊的农情约束下，除了推进农地流转集中发展土地适度规模经营外，实现和提升农业规模经济是否还存在其他可能的创新空间？

根据分工理论，分工和专业化是规模报酬递增得以实现的关键（杨格和贾根良，1996），规模经济的本质在于分工与专业化（贾根良，1996）。近年来，随着非农就业机会不断增多及农业生产服务市场日渐成熟，越来越多的农户出于务农机会成本的考虑会选择将农业生产环节外包，从而将农业的土地规模经营转化为服务规模经营，农业规模经济表达为分工经济（向国成和韩绍凤，2005；罗必良和李玉勤，2014；胡新艳等，2015b）。农户基于生产环节分工，通过生产环节外包，购买农业社会化服务是提升农业生产经营效益的有效手段（Elias et al.，2014；谢琳等，2014；张忠军和易中懿，2015）。其内在逻辑可以简要归纳为农户把部分生产环节剥离出去，专一从事某些环节的生产活动，同时农户转变为服务需求方，向农业经营组织或个体获取其他生产环节服务，从而提高每个环节的生产效率，通过农业生产环节分工促进经济效益的提高。对此，中央提出一系列旨在促进农业社会化分工发展，提升农业生产经营效益的政策措施。2014 年，中央一号文件提出，“健全农业社会化服务体系”，“大力发展主体多元、形式多样、竞争充分的社会化服务”。2015 年，中央一号文件特别提到，“强化农业社会化服务。增加农民收入，必须完善农业服务体系，帮助农民降成本、控风险”。2016 年，中央一号文件进一步明确，“支持多种类型的新型农业服务主体开展代耕代种、联耕联种、土地托管等专业化规模化服务”，“实施农业社会化服务支撑工程，扩大政府购买农业公益性服务机制创新试点。加快发展农业生产性服务业”。这些政策举措的制定与落实，可谓切中肯綮，很好地促进了农业的分工深化和社会化服务发展，在家庭经营基础上提升了农业规模经济水平。然而尽管家庭经营条件下

① 1 亩≈666.67 平方米。

② 资料来源：《中国农村发展报告》（2017）。

农业分工深化推进了农业社会化服务并提升了农业生产规模经济效益，但是农业分工社会化或农业生产服务市场化对农业规模经济的促进影响，特别是在跨社区以市场为纽带的农业社会化服务带来农业经营模式变革的条件下，农业社会化服务规模经济是如何促进农业生产规模经济等问题，在理论上至今还没有弄清楚其内在的联系。深入探讨“双层经营”体制下农户家庭经营模式变革和社会化服务之间如何实现有机结合和协调互动，进而推进农业生产规模经济的形成和提升的问题，已然成为新时期农业经济管理研究的重要课题之一。

1.1.2　研究问题

推进现代农业建设，是新时期农业农村经济发展的重要任务。中国农业现代化建设和发展不能脱离具体的国情，这个国情就是必须坚持农村基本经营制度，坚持“双层经营”长期不变。从根本上来讲，就是要回答在家庭经营基础上能不能建设农业现代化的问题。对此，党的十九大报告在提到建设现代农业时做出了回答并提出要求：“实现小农户和现代农业发展有机衔接。”这一要求，着眼于中国现实的国情农情和中国特色农业农村现代化建设规律，既是重大的理论创新，也是务实的实践要求，对于推进农业农村发展，具有重要的指向意义。坚持以家庭经营为基础，以农户经营为主体，在不断完善家庭联产承包责任制的条件下推进农业的技术创新和制度变革，应是推进我国农业现代化建设的重要选择。

实践表明，农业分工深化和社会化服务的发展，较好地解决了农户家庭经营的小规模和分散性问题，从而促进了农业规模经济的形成和实现。近年来，在农业分工深化尤其是农业生产环节外包乃至卷入农业产业链纵向分工社会化的基础上，随着市场化改革的逐渐推进，在市场机制作用下，原来以社区为纽带的农业“双层经营”已逐渐演变为以市场为纽带的家庭经营与职业农民（或由他们组成的社会化服务体系）相结合的多元化双层经营模式。很多专家把这种市场化、跨社区、多元化双层经营体制称为市场化经营模式。观察和研究之后发现，这种以市场为纽带链接的跨社区多元化市场化经营模式找到了农户家庭经营和社会化服务之间的交集，将会有力地促进中国农业现代化建设进程。市场化经营模式不同于原来以社区为纽带的农业经营模式，它使农民家庭经营突破了社区边界，简化了农业规模经济形成和分享的条件，农民既能以社区内合作的方式分享内部规模经济的好处，又能以购买多元化服务的方式分享外部规模经济的好处（何秀荣，2009）。新模式蕴含着新启示，引领了新方向，同时也提出了一系列亟待探知其规律的新问题。例如，如果市场化经营模式增进了农业规模经济，那么其增进的机理是什么？或者说，市场化经营模式是如何解决原社区模式下农业生产规模不经济问题？如果说市场化经营模式简化了农业规模经济形成和分享的条件，那么是专业化分工改变了农民家庭经营实现规模经济的约束条件，实现生产（内部）规模经济和农业产业（外部）规模经济同步提高？还是促进了农户与社会化服务主体交易中的互利互补，弥补了农民家庭经营规模效益的不足？那么农户与各环节主体之间又是如何实现利益分享和交易均衡的？等等。本书选题就是基于农业分工深化和社会化服务发展可能改变农业规模经济实现条件的基本假设，着重分析回答市场化经营模式是如何增进农业规模经济并实现规模效益分享均衡的这一科学问题，旨在研究揭示市场化经营模式对增进农业规模经济的作用机理，分析把握市场分工下农业产业或服务规模经济和农业生产规模经济互促关系及作用条件，探索认知农业多元经营主体分享规模效益的机制和条件等一般规律性问题。

1.2 研究目的及研究意义

1.2.1 研究目的

本书针对我国农业经营体制模式演进的发展趋势，基于市场化经营模式有利于增进农业规模经济的基本假设展开研究，旨在分析回答市场化经营模式是如何增进农业规模经济并实现规模效益分享均衡的这一科学问题，具体目标：一是研究揭示市场化经营模式对增进农业规模经济的影响作用；二是解析揭示市场化经营模式对农业规模经济整体促进或放大的影响作用；三是探索认知农业多元经营主体通过交易促进和分享规模经济效益的过程及条件。

1.2.2 研究意义

（1）理论价值。农业双层经营体制模式的演变，没有否定家庭经营这一基础，而是演化出多元化的新型农业经营主体，衍生出多层次的社会化服务，形成了多种形式的规模经营。农民家庭经营和多元化经营服务主体，它们经营规模大小不等，在农业产业链中位置不同，通过分工协作和市场交换均不同程度地实现了各自的利益需要，好像农户家庭经营也没有受到规模不经济的困扰。为什么？这是一个很有理论价值的问题。回答了这个问题，可以深化对规模经济理论的认识，探寻农业土地规模经营和服务规模经营之间的内在联系，有利于把握农业适度规模经营的理论依据。另外，在家庭经营基础上能不能推进农业现代化建设的问题，认识上多有分歧；对如何“实现小农户和现代农业发展有机衔接”的问题，也存在很多有待探索的空间。如果通过研究能够找到分工改变农业规模经济实现条件和机理的合理解释，那么既可以深化对农业产业分工和协作关系的理论认知，也可为探寻中国特色农业现代化道路提供一定的理论支持。

（2）实践意义。我国农业农村改革正在不断深化，促进农户家庭经营和现代农业发展有机结合，以及扶持发展各类新型农业经营主体，构建新型农业经营体系，是新时期促进农业发展转型升级和农业现代化建设的重要举措。然而各类农业经营主体在农业产业分工协作中的相互促进和利益分享等方面都还存在许多有待厘清的问题。本书研究成果可以为深入推进农业农村改革提供一些理论思考，也可以为政府制定相应的政策措施提供一定的决策支持，有利于推动更加理性的实践操作。

1.3　研究内容与研究方法

1.3.1　研究内容

基于以上的研究目的，本书研究的主要内容大致有以下几方面。

（1）农业经营制度模式市场化的演进逻辑。从历史和逻辑的角度，通过理论分析和调查研究，探讨我国农业经营制度逐渐从以社区为纽带的双层经营模式向以市场为纽带的双层经营模式演进的历史轨迹或经验证据，分析市场模式和社区模式的联系与区别，解析我国农业经营模式演进的转换轨迹和制度逻辑，探寻牵引其演进方向的主要力量和决定因素，说明农业经营体制市场化演进方向的必然性。

（2）市场化经营模式对农业生产规模经济的促进作用。坚持家庭联产承包责任制的基础上，基于农业规模经济的形成或来源可能与新的市场化经营模式相关联的假设，侧重从农业生产纵向环节分工深化和多元主体市场交易协作的视角，探讨市场链接的分工协作新模式对农业规模经济的增进作用。拟通过调查收集相关数据，构建相应的计量模型，观察农业生产过程或农业产业链相关环节的规模经济差异性及其影响因素，实证分析市场化经营模式对农业规模经济形成的影响及机理。

（3）市场化经营模式对农业产业规模经济的综合影响。从农业产业链纵向分工（或生产环节外包）的整体性去观察，各经营主体均获得适度的规模经营收益是分工交易可持续性的必要条件。因为各主体愿意提供的产品或服务在数量上的均衡取决于各方利益的相对均衡。那么这条产业链上生产和服务等环节的规模经济差异，是如何实现互补并提升规模收益的呢？因此，基于这一视角，拟通过调查分析和理论演绎，解析市场化经营模式下农业产业规模经济对农业生产规模经济的促进作用及两者的相互影响关系，并试图引入数理推导方法和均衡模型进行演绎分析，探索市场化经营模式对农业规模经济整体提升的影响效应。

（4）市场化经营模式下农业多元主体分享规模经济效益的过程分析。农户与多元主体通过市场交易达到了供给和服务均衡，实际就是参与分工的各经营主体在市场化经营模式下获得了各自满意（相对最优）的规模经济效益。对此拟通过理论演绎和调查分析，运用博弈论分析方法，探寻其利益分享博弈过程并解析其均衡条件，为深入揭示市场化经营模式对于农业规模经济形成和实现的有关问题提供一定的研究素材。

1.3.2 研究方法

本书将主要采用定性与定量分析相结合的研究方法，既强调理论分析又重视经验实证。具体而言，运用历史分析和比较分析方法，分析农业经营体制向市场化方向演进的历史轨迹和转换关联，分析农业经营市场模式与社区模式的联系和区别。运用抽样调查方法，合理抽样选点、科学确定样本容量和设计调查问卷，获取研究所需的第一手数据资料，进行统计和计量分析。

现代分析方法主要采用：基于超越对数的成本函数法，利用统计数据和调研数据，构建相应的计量模型，实证分析市场模式对农业规模经济的影响与促进；基于一定的价值判断和相关假设，运用数理推导方法，构建数理模型，分析市场主体参与分工交易的动态均衡，揭示市场模式影响农业规模经济动态均衡的作用机理；运用非均衡动态博弈方法，探寻农业经营主体之间规模经济效益的分享机制和博弈均衡。

本书以农业经济、农业经营管理、产业组织理论等为理论基础，基于农民家庭（生产）规模经济改进的视角，确立以下理论框架：以市场为纽带的市场化经营模式实质是把原来社区模式中不发达的农业内部分工逐渐推向外部化，突破了社区内部的界限，扩大了分工和交换的规模条件，进而带来农户家庭经营模式的相应转换。农户家庭经营规模经济得以形成和实现，内在改变之一，可能是家庭经营的一次性生产投资改变为重复性购买服务，改变了对农业规模经济的要求；外在改变之一，可能是服务交易规模扩大同时覆盖许多家庭经营时，引起了单位服务价格下降的一种分摊机制等，所以市场模式中各主体可以较好地创造和分享规模经济效益并暂时获得满意均衡。本书据此将遵循“分析问题→提出假设→实证检验”的逻辑思路并运用科学方法达到研究目标（图 1-1）。

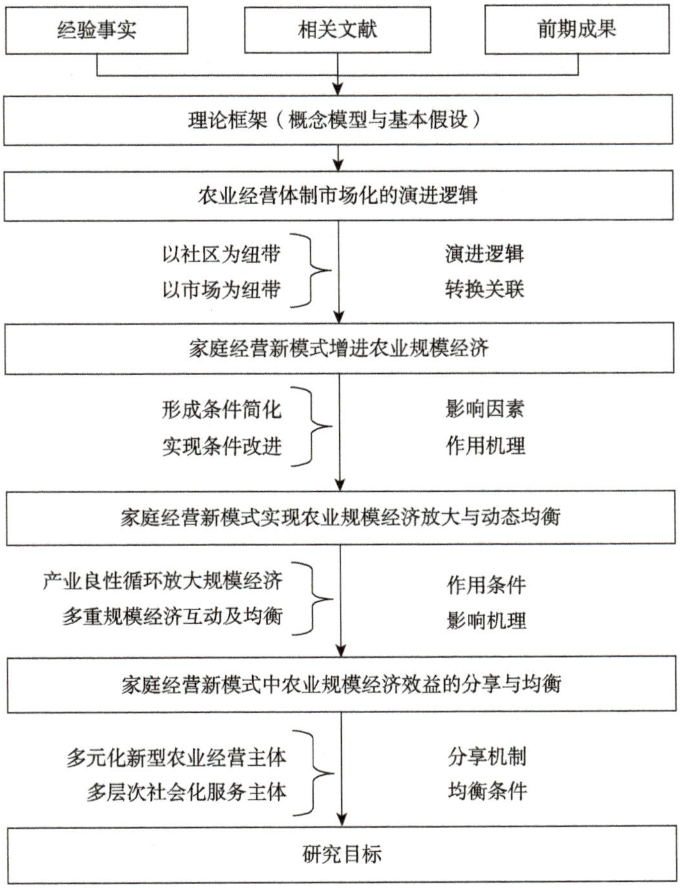

图 1-1　技术路线图

1.4　研究特色与创新之处

本书针对农业经营体制向市场化方向演进的轨迹和逻辑，基于产业链纵向分工及专业化视角，从理论论证和实证检验两个维度，揭示农业经营新的市场模式对增进及分享规模经济的影响作用，体现了应用基础研究的特色。具体有以下可能创新。

（1）从农业产业纵向关系视角考察农业产业链上各环节的相互影响和促进关系，揭示市场化经营模式对农业规模经济的促进或放大的影响作用，其均衡分析和解释过程中可能会形成一些新的认识。

（2）对参与分工和市场交易的多元主体分享农业规模经济效益的博弈分

析，可以认识到各主体参与市场交易和分享过程的行为或偏好，从而有利于深化认识和把握在家庭经营条件下农业规模经济的影响因素和实现条件等，对于促进家庭经营和现代农业有机结合方面的一些规律性问题可能会得出新的认识或创新观点。

（3）新方法的引入及运用，在方法运用上体现一定创新性。基于调研数据，构建分位数回归计量模型，实证市场模式对农业规模经济的影响与增进；在新兴古典经济理论框架下，运用数理推导方法构建理论模型，分析市场模式对实现农业规模经济放大与均衡的作用；引入演化博弈分析方法，探寻各个农业经营主体分享规模经济效益的机制和博弈均衡。

第 2 章　文献综述与理论借鉴

2.1　国内外文献回顾与述评

2.1.1　关于农业经营模式的研究

国内学者对现代农业经营模式的探讨主要体现在内涵界定和模式创新方面，本书对农业经营模式文献的分析亦围绕以上两方面展开。

1. 农业经营模式内涵界定的相关研究

（1）关于经营模式内涵界定的研究。20 世纪 70 年代，经营模式首次出现在管理类文献中。Konczal 首先使用“business models”讨论数据和流程建模问题，之后其成为描述信息系统结构的既定词组，现在“business models”已经广泛应用于其他管理领域，而且被赋予了各种不同的内涵特征（鲁东亮和李志刚，2007）。Morris 等（2005）总结了众多学者的观点，认为经营模式的内涵可划分为经济、运营和战略三类，即经济类定义关注“如何赚钱”的利润产生逻辑，包括收益来源、定价方法、成本结构和利润等；运营类定义集中于企业内部流程及构造问题，包括产品或服务交付方式、管理流程、资源流、知识管理等；战略类定义涉及企业的市场定位、组织边界、竞争优势及其可持续性，相关变量包括价值创造、差异化、愿景和网络等。

（2）关于农业经营模式内涵界定的研究。学术界对农业经营模式的提法很多，其概念界定并未形成统一认识。在早期研究中，农业经营模式的称呼混乱、含义模糊，大部分学者将农业经营模式、农业经营方式和农业经营形式混同使用（卜范达和韩喜平，2003；邵明伟，2009）。近期研究中，大量学者探讨了三者的异同。

一是比较农业经营方式与农业经营形式内涵和外延的异同，厘清了农业经营方式与农业经营形式的含义。王征兵（2002）认为农业经营形式所涉及的是关于农业自然特点所引出的农业经营者自身的权利和相关的经济关系方面的问题，而农业经营方式是农业生产要素的组合方式，或者要达到经营目标所选择的生产技术道路、技术途径，其核心是农业生产经营者沿怎样的技术道路达到自身经营目标，属于技术进步范畴。肖辉（2008）进一步指出，农业经营方式是在一定所有制关系下，企业为组织经济活动所采取的各种运行和管理的具体方式，包括劳动者和生产资料的结合、劳动的组织、生产要素的协调和对外条件的适应及各方面关系的处理（如纵向、横向、内外关系的处理）等方式，它反映农业的生产关系。曾福生（2011）认为农业经营形式的变化是制度变迁的内容，是以基本生产资料所有制为核心的人与人之间的利益关系和劳动分工协作关系，其主要有家庭（农户）经营、集体经营、合作经营等，农业经营形式的演变包括不同经营主体的变化和同一经营主体的经营规模的变化；农业经营方式是与农业生产力相联系的农业资源配置方式和农业技术选择路径，主要包含要素种类、要素份额和要素组合方式三项内容，主要有规模经营、集约经营、粗放经营、精细化经营等。邵明伟（2009）提出农业经营方式应从农业技术条件、农业经营权利结构和农业经营组织形式三方面来研究：农业技术条件，使农业生产要素配置最优化；农业经营权利结构，规定了各个农业经营主体的权利关系；农业经营组织形式，从微观层面研究生产关系。从技术的角度看，农业经营方式是指农业经营活动采取的方式和方法，从制度角度看，农业经营方式是所有者和经营者相互关系的表现形式（高煦照，2012），其核心是农业生产资料主要是土地与劳动者的结合方式，体现了农业经营微观组织形态的劳动者之间的关系，体现了土地利用方式与农业劳动者之间的关系，体现了土地、农机具与畜力结合范围、规模等的农业生产资料之间的关系（吕大洲，1986）。

二是通过探讨农业经营形式、农业经营方式、农业经营模式三者的关系，厘清农业经营模式的外延和内涵。曾福生（2011）提出农业经营模式是农业经营形式与农业经营方式的有机统一，不同农业经营形式与不同农业经营方式结合构成不同的模式。曹国庆等（2014）指出，农业经营模式是指在一定的农业生产力水平下，农业生产经营活动的组织形式和运行方式，它涉及基本农业经营体制、经营主体、经营方式、经营机制等方面。韩庆龄（2015）总结了学者对农业经营模式的研究，认为其主要是围绕市场经营和家庭经营这两条路径来展开的，前者着重突出市场要素在土地流转与规模经营中的重要作用，主张用公司制企业经营的模式组织农业生产；后者以家庭为本位，存在大规模家庭农场和小规模家庭经营两种模式的争论。李宾等（2015）将农户采用传统农业生产经营组织形式的生产经营模式称为“传统种养模式”，将农户选择专业大户（含家庭农场）或者农民合作社等存在分工的新型农业生产经营组织形式的生产经营模式视为新型农业经营模式。其中，将农户选择对生产劳动进行交易的专业大户（含家庭农场）生产经营组织形式的生产经营模式称为“专业化模式”，将农户选择对经营劳动进行交易的农民合作社生产经营组织形式的生产经营模式称为“合作化模式”，而将农户同时选择专业大户（含家庭农场）和农民合作社生产经营组织形式的生产经营模式称为“专业合作模式”。付榕和王静（2015）认为中国新型农业经营模式是以家庭为基础，多种形式的规模经营并存的一种农业生产经营机制，其主要形式有农场模式、农民合作社模式与“公司+基地+农户”模式（或称农业企业模式）。苑鹏和张瑞娟（2016）主张新型农业经营主体和服务主体通过纵向合作、横向合作，以及横向一体化和纵向一体化，相互支撑、相互促进乃至相互融合，初步形成分工协作、优势互补的新型农业经营体系，形成农户自我经营与服务模式、农户与龙头企业的合作模式和市场化交易模式等多种经营模式。

2. 农业经营模式创新的相关研究

经营模式创新（何会文和许长勇，2005），就是以核心战略创新为主导，依次在战略性资源、价值网络、顾客界面三个作业层面完成创新，并最终达成创造顾客价值、赢得竞争优势的创新目标。农业经营模式创新一直是学术界的热门话题，学者从农业经营主体创新、农业经营组织创新、农业经营体制创新等方面研究了农业经营模式创新问题，形成了大量的研究成果。

一是农业经营主体创新的相关研究。伴随我国农业经营主体发展形式的多样化，提高农业经营主体市场竞争力，改变农业的弱势地位是我国农业发展的首要任务（杨斌，2006）。发展现代农业经营主体是推进农业规模经营的必要条件，应大力培育专业大户、家庭农场、农民专业合作社和龙头企业等新型农业经营主体，提高农业生产的专业化和标准化、规模化和集约化水平，建设现代化农业（孙中华，2012）。新型职业农民体现了农民从身份向职业、从兼业向专业、从传统农业向现代农业的转变（朱启臻，2013），是具有高素质、高度社会责任感，具有企业家精神且追求利益最大化的现代农民（洪仁彪和张忠明，2013）。新型职业农民培育一般可以通过培育专业大户和家庭农场而实现（孙正东，2016），而家庭农场是最理想的载体（朱启臻，2013）。农业大户经济以市场为导向，专业化和市场化水平较高（张晓山，2007），是改革农村生产关系的主要力量，是推进农业产业化和现代化发展的重要力量，而家庭农场是当前国家发展新型农业经营主体的基础，必将成为我国农业生产组织的主要形式之一（罗必良，2014）。合作经济组织是市场交易中的弱势群体对抗市场垄断、维护自身利益的组织形式（唐宗焜，2007），在农业家庭经营的基础上引导和推动农民合作是我国农业和农村发展的关键（黄祖辉，2000），不仅要注重家庭在农业经营中的主体地位，更应注重农民合作组织的发展（陈锡文，2012），组建以专业大户和龙头企业为主导的专业化合作社，真正实现农业和农民有效扶持（张晓山，2012）。应鼓励工商企业投资农业，参与农业生产经营，推动农业产业化经营，但应完善退出准入机制，防止资本投机行为和农田“非粮化”“非农化”（韩长赋，2015）。

二是农业经营组织创新的研究。各组织形式间收益-成本的比较是农业经营组织形式变迁的主导因素之一（王礼力等，2002），小规模经营在传统组织下无力承担高昂的交易费用，需要进行农业经营组织创新，建立有效的制度安排，以此来降低交易费用（袁迎珍，2004）。罗必良（2004）认为政府制定的目标和宏观政策是决定农业经营组织变迁路径的主要因素。周立群和曹利群（2001）认为“龙头企业+农户”组织形式存在着有限的契约约束力，龙头企业和农户之间不能形成有效的契约约束力。必须加入中介组织才能解决，提倡“龙头企业+中介组织+农户”的农业生产模式。新的组织模式在一定程度上弥补了原有制度的缺陷，促进了农业产业化组织形态的形成。张义珍等（2002）认为不同地区的经济、文化、地理资源等方面的差异决定了农业组织形式的差异。同时，不同产业的农业经营组织也呈现一定的差异性。因此，在推动农业经营组织化的进程中，要充分发挥供销社的作用，做到领导重视、典型示范，因地制宜，积极培育新型农业经营组织。张晓山（2006）鼓励建立农户之间的有效利益联结机制，发展农民专业合作社。赵晓飞和李崇光（2007）认为，“农户 + 龙头企业”的农业组织形式是解决我国目前“小农户”与“大市场”矛盾的重要渠道，同时，也是我国农产品营销渠道的主流模式，应进一步优化其运行模式，完善运行过程中的契约。

三是农业经营体制创新的相关研究。我国农业合作组织的出现和发展是传统农业向现代农业转变的必然要求，标志着我国农业经营体制创新进程的加快（张仁寿和蔡元杰，2003）。农业经营体制创新是一个长期发展战略（阮文彪，2004），关系到新型农业经营主体培育效果的理想程度（张红宇和李伟毅，2014）。在维持农业家庭经营的基础上，发展多种形式的农业生产经营模式，提高农业家庭经营制度效率，有利于降低农户参与市场的交易成本（阮文彪，2004）。在农业经营体制创新的过程中，要注意协调好利益、服务、科技等要素的合理配置，要注重土地流转体制和机制的创新，促进土地顺利流转，培育适度规模的农业经营主体（李树超等，2006；刘晓萍，2014）。尹成杰（2015）进一步指出加快推进农业经营体制创新，可以通过政策扶持，引导培育专业大户、农民合作社、家庭农场和农业龙头企业等途径来实现，尤其是通过做大做强农业龙头企业。此外还可以通过改善农业环境，加快农业产业化进程等途径来实现（肖良和周思山，2015）。

2.1.2　关于农业规模经济的研究

针对农业规模经济相关问题，国内外学者进行了大量研究，研究成果主要集中在探讨农业是否存在规模经济和农业规模经济的影响因素两方面。

1. 有关农业规模经济效应程度的争论

农业生产中是否存在规模经济效应一直是学术界争论的焦点，国内外学者为此展开大量研究，运用不同方法针对不同国家和地区农业生产中的规模经济性进行实证分析，考证农业规模经济的效应程度，形成以下几种观点。

（1）农业具有显著的规模经济效应。国内外学者主要从以下几个维度论证农业中存在的规模经济性：一是论证了农业规模扩大能够提高土地产出率。从长期来看，各个国家农业发展沿着土地经营规模不断扩大，农产品单位面积产量持续提升的方向发展（张光辉，1996）。普罗斯特曼等（Prosterman et al.，1996）在江苏进行调查的结果显示，大规模种植户的水稻单位面积产量比当地平均水平高出 8%，而小麦单位面积产量则能高出 3%。梅建明（2002）通过对浙江绍兴、湖北监利和日本宫城等地的案例分析，认为一定范围内的农业规模经营有利于提高土地产出率。Kevane（1996）、Zaibet 和 Dunn（1998）、Kawasaki（2010）、范红忠和周启良（2014）、陈园园等（2015）、黄善林等（2016）也得到同样的结论。

二是实证了农业规模扩大可以提升劳动生产率。Byiringiro 和 Reardon（1996）在对卢旺达的实证考察中发现，农户劳动生产率与土地规模存在显著的正向关系。黄祖辉和陈欣欣（1998）通过浙江、江苏等地的实践案例调查，发现农户经营规模与劳动产出率高度正相关，两者相关系数达到 0.95。辛良杰等（2009）利用吉林农户调查数据，实证分析土地规模与劳动生产率之间的关系，结果表明农业劳动力的影子工资率随农地经营规模扩大而提高，10 亩以下规模的劳动力工资仅为 2 元/日，50 亩以上规模的可达到 45 元/日。卫新等（2003）、齐城（2008）、张建杰等（2014）、陈园园等（2015）、张恒春和张照新（2015）、黄善林等（2016）的研究也得到类似结论。

三是证明了农业规模扩大可以降低生产成本，提高利润率。邵晓梅（2004）通过对山东农户数据的分析，发现农户资金利用效率随土地规模的扩大而提高，0.13 公顷以下规模农户的资金利用效率为 68%，而规模在 0.67 公顷以上的农户则能达到 293%。李谷成等（2009）利用 1999~2012 年湖北农户数据，实证考察农户规模与农业效率之间的关系，在考虑劳动力成本的前提下，大规模农户的成本利润率高于小规模农户。钟真和陈淑芬（2014）在对全国生鲜乳业的考察中发现，现阶段生鲜乳产量成本弹性仅为 0.47，从数量产出上看仍具有规模经济性。Tan 等

（2008）、许庆等（2011）、张建杰等（2014）、李文明等（2015）、耿宁和李秉龙（2016）的研究结论也支持这一观点。

四是农业规模扩大有助于提高全要素生产率和技术效率。Bagi 和 Huang（1983）利用超越对数生产函数测算了美国田纳西州农户技术效率，结果发现规模程度越大，农户的技术效率越高。刘玉铭和刘伟（2007）的实证结果显示，农户人均耕地面积对农业全要素生产率具有显著促进作用，影响系数达到 0.014 1。张建杰等（2014）对中部粮食主产区 1 861 个农户进行追踪调查，结果表明大规模农户的技术效率确实高于中、小规模农户。

（2）农业规模经济效应不存在或不明显。一些国内外学者的研究结果表明农业生产中不具有规模经济效应，或者这种经济效应不显著，主要表现在：一是土地产出率随经营规模增加而降低。Sen（1966）在对印度农户的考察中发现，小规模农户相比大规模农户，其单位土地产出更高，农户规模与土地产出率存在明显的负向关系。Berry 和 Cline（1979）对巴西北部农业生产的调查结果显示，规模在 9.9 公顷及以下农户的单位土地产出为 85.92 美元，而规模在 500 公顷及以上农户的单位土地产出仅为 2.2 美元。随后，土地产出率与农地规模呈负向关系的论断在全球范围内不断得到证实（Carter，1984；Arcand，1996；Newell et al.，1997；Alvarez and Arias，2003；Kimhi，2006；Barrett et al.，2009；Carletto et al.，2013）。我国的相关研究同样发现土地产出率随经营规模扩大而降低的现象。陈欣欣等（2000）分析了 1986~1999 年浙江省农村固定观察点的农户数据，发现农地亩产量和土地规模呈反向关系，1 亩及以下规模农地亩产量为 450.31 千克，10 亩及以上的亩产量下降到 397.02 千克。高梦滔和张颖（2006）的研究显示，耕地面积每增加 1%，粮食单产就降低 0.85%，且户均耕地面积越大的省份的小农效率越明显。卫新等（2003）、齐城（2008）、李谷成等（2009）、罗静和郑晔（2015）等的研究结果也证实了我国农业生产中土地产出率和经营规模存在负向关系。

二是农业生产不具有明显的规模报酬递增现象。由于农业经营的特殊性，通常情况下农业生产的规模报酬是不变的（速水佑次郎和拉坦，2000；艾利思，2006）。在我国农业的实证研究中，万广华和程恩江（1996）的研究发现，我国农业生产中的晚籼稻、早籼稻和薯类的规模指数分别只有 0.967、0.985 和 0.904，并不存在规模报酬递增。许庆等（2011）利用 5 省 1 049 个农户的数据，测度 6 种粮食作物生产中的规模经济效应，结果发现玉米和中晚籼稻具有规模报酬不变特征，粳稻则存在规模递减现象，春小麦、冬小麦和早籼稻虽然具有一定规模报酬递增特征，但其要素弹性之和平均数仅有 1.049，在统计上并未显著异于 1。此外，还有 Nguyen 等（1996）、Wan 和 Cheng（2001）、Chen 等（2009）、金生霞等（2012）的研究结果也证实农业生产不具有规模报酬递增特征。

三是农业规模经营对技术效率的影响不显著。Bagi（1982）比较了美国田纳西州大农户与小农户之间的技术效率，结果发现两者并无二致。尚雨（2011）对湖南省 400 个农户的调查结果表明，农地规模与技术效率的正向关系不显著。王国敏和唐虹（2014）在对四川省农户的调研中也得到类似结论，农地规模对技术效率的影响系数仅为 0.001 1，且未通过 10%的显著性检验。Townsend 等（1998）、李谷成和冯中朝（2010）的研究也得到类似结果。

纵观以上研究成果，大部分学者认同农业是存在规模经济效应的，但农业规模经济效应不是简单的线性关系，可能存在非线性关系，土地规模扩大所产生的经济效应具有阶段性特征。可能存在以下三种关系：一是土地产出率与农业经营规模存在倒“U”形关系。从理论上看，在一定规模范围内，单位农产品的利润水平随土地规模扩大而提高，但超过一定规模限度便会开始降低（郑少锋，1998；夏永祥，2002）。一些实证研究的结果证实了土地产出率会随农地规模的扩大先上升后下降。例如，中国土地制度课题组（1991）的实证研究结果表明，在户均耕地 30 亩以内的规模水平下，单位面积产量先降后升，超过 30 亩以后单产趋于下降。张恒春和张照新（2015）对 2010 年全国 8 423 个玉米种植户进行实证研究，结果显示在 6~74 亩规模内单产逐步提高直至最高点，规模超过 74 亩后单产逐渐下降。康赛优和瑞定杰（2000）、胡初枝和黄贤金（2007）、辛良杰等（2009）的研究也同样得到类似结果。二是土地产出率与农业经营规模具有“U”形关系。不同于前述学者的观点，部分学者认为土地产出率与农业经营规模具有“U”形关系。例如，Carter 和 Wiebe（1990）通过对肯尼亚农户的研究，发现每英亩土地产值和收入都随着土地规模的增加先降低后提高。倪国华和蔡昉（2015）则通过五年农村住户调查面板数据得出土地产出率与农地经营规模呈“U”形关系的结论，进一步指出我国粮食播种面积需要跨过 616~619 亩的最低拐点，规模经济效应才能逐步显现。对该观点支持的还有 Heltberg（1998）、张忠根和史清华（2001）、陈菁和孔祥智（2016）等的研究。三是技术效率与农业经营规模呈“U”形关系。Steven 和 Edward（2004）对巴西中西部地区的调查结果显示，农业技术效率随农地规模的扩大先降低后升高。张忠明和钱文荣（2010）对吉林省中部地区 722 份农户问卷进行分析，结果表明 3.47~4.13 公顷规模农户的技术效率最低，只有 0.799，技术效率与农业经营规模呈“U”形关系。另外，张忠明等（2011）还从多个维度论证农业规模经济效应具有的阶段性特征，基于对浙江省设施农业经营状况的调研，发现土地生产率随农地规模先降后升再降，两者呈“S”形关系，两个拐点出现在 10.32 亩和 24.21 亩，而劳动生产率和资本利润率则与农地规模具有倒“U”形关系，其最佳规模点分别是 18.47 亩和 21.25 亩。

2. 影响农业规模经济的因素研究

虽然农业生产中规模经济效应的论断不尽相同，但是增加农业经营规模可以提高劳动生产率及经营利润率的观点却得到绝大部分研究成果的支持。同时，尽管许多研究结果证实了农业生产不具有明显规模报酬递增特征，但是考虑到规模报酬递增只是规模经济实现的充分非必要条件（Truett and Truett，1990；Cohn，1992；许庆等，2011），并不直接对农业规模经济产生决定性影响。因此，农业规模经济效应争论的焦点就自然集中于对农地经营规模与土地产出率、技术效率关系的讨论。面对前述两种截然不同的观点，学者们开始尝试多维度切入分析其中原因，进而研究农业规模经济的影响因素，主要有以下几方面。

（1）资源禀赋异质性。学者们发现不同国家和地区间自然环境和资源条件具有较大差异，从资源禀赋异质性入手尝试解释和分析其对农业规模经济的影响。一是土壤质量的影响。不少学者在分析农业规模经济时，把土壤质量作为控制变量，发现控制土壤质量之后，土地产出率与农地规模之间的负向关系程度有所减弱，表明土壤质量对农业规模经济产生影响（Sen，1975；Carter，1984；Benjamin，1995）。Bhalla 和 Roy（1988）把样本数据按照地理区域进行划分，通过分区域回归的方法控制土壤质量，结果表明虽然土地产出率与经营规模仍呈反向关系，但程度有所减弱。Assuncao 和 Braido（2007）则在对印度农户的研究中，运用地块面板数据和固定效应估计方法，得出土壤质量差异导致土地产出率与经营面积负相关的结论。针对我国农业实际而言，虽然有的地区土地连片成规模，但土壤质量较差（陈洁等，2009）。Chen 等（2011）认为我国频繁的土地分配造成土壤质量与土地面积负相关的结果，因而在对土地生产率与农地经营规模进行回归分析时，应该控制土壤质量变量。二是土地细碎化的影响。Schultz（1993）指出，农业生产中地块分散会导致要素非效率配置，从而降低农业生产效率和利润率。吕挺等（2014）对江苏水稻种植户的实证结果显示，地块面积对平均生产成本和平均劳动成本的影响系数分别为−0.096 3 和−0.195 4，意味着土地细碎化会带来生产成本特别是劳动力成本的增加，不利于农业实现规模经济。卢华和胡浩（2015）的研究中运用辛普森指数衡量土地细碎化程度，实证结果表明辛普森指数每提高 1 个单位，农户生产总成本增加 19.4%，劳动力成本上涨 18.22%，化肥成本提高 29.2%。此外，还有很多研究认为土地细碎化不利于农业规模经济的实现，表现在：地块过于分散会增加农户往来各个地块的时间和交通成本（Stryker，1976；Wu et al.，2005），降低农产品单位面积产量（Jabarin and Epplin，1994；Kalantari and Abdollahzadeh，2008；李寅秋和陈超，2011；田孟和贺雪峰，2015），导致生产成本的提高从而降低生产利润率（王秀清和苏旭霞，2002；Rahman and Rahman，2008；Latruffe and Piet，2014），不利于技术效率和要素配置效率的优化（Haji，2007；Manjunatha et al.，2013；李亮科和马骥，2015）。

（2）要素市场不完善。市场发展不完善引致的要素非效率配置会使农业囿于低效率发展困境，阻碍规模经济的实现（刘晗和王钊，2015）。学者根据二元经济理论，以农村与城市、农业与非农产业之间的要素壁垒为切入点，研究不完善的要素市场对农业规模经济实现的影响，主要有：一是土地流转（租赁）市场发展缓慢对农业规模经济产生影响。土地市场发展不完善容易产生寻租行为，权力关系导致土地租赁受到干涉，土地无法合理配置到使用效率更高的农户手中，从而影响农业规模经济性（Feder，1985；Skoufias，1995）。由于土地流转（租赁）经常受到行政性调整的影响，从而降低农户对地权稳定预期，减少对农业生产的长期投资，制约农业生产率提升（Alchian and Demsetz，1973；Prosterman et al.，1996）。Benin 等（2005）对埃塞俄比亚北部农业的实证研究结果表明，土地租赁市场效率提高对于谷物平均产量具有显著的促进作用。就我国实际情况而言，农业经营大户均希望单个农户的土地能够进入市场流通，通过土地流转市场的发展，扩大生产经营规模，产生谋求规模经济的经济激励（贾生华等，2003；马瑞等，2011；李光跃等，2014），而土地规模化流转却还受到非农就业机会、农户行为认知规范和保险市场完善程度等因素的影响（许月明，2006；毛飞和孔祥智，2012）。一些国内学者的研究成果证实了土地流转确实会对农业规模经济产生影响。例如，鲁莎莎和刘彦随（2011）对山东省利津县农户的实证研究结果显示，农地租赁行为对农户规模经营具有显著促进作用。贺书霞（2014）对河南省邓州市的调查发现，土地转出对可耕种土地规模影响系数为 0.346 8，存在正向影响关系。二是劳动力流动壁垒影响农业规模经济。Sen（1966）的理论研究表明，如果城乡之间劳动力流动存在壁垒，则农业部门中劳动力的影子工资将低于其雇用工资。劳动力市场发展不完善，缺乏必要的非农就业机会，使得小农户家庭劳动力机会成本低于雇用工资，导致劳动力过度投入，降低农业劳动生产率（Ghose，1979；Reardon et al.，1996；Rudel，2005），而大农户则要面对雇用劳动力中诸如激励、监督和季节性等带来的交易成本，影响规模经济的实现（Eswaran and Kotwal，1985；廖洪乐等，2003）。Lamb（2003）在对印度三个不同气候区的实证研究中，加入了包括工作天数、失业率等表征劳动力市场活跃程度的变量，结果发现土地产出率与经营规模的反向关系消失，证实不完善的劳动力市场会对农业规模经济产生阻碍。刘凤芹（2006）、吕晨光等（2013）、赵京等（2014）、王建英等（2015）对东北、山西、湖北、江西等地的调查研究结果显示，劳动力顺利转移对农业规模经济实现至关重要，必须建立完善的农村劳动力转移机制。三是信贷市场发展滞后对农业规模经济产生影响。由于信贷市场发展滞后，农户融资渠道有限，无法获得信贷资金支持，只能加大劳动力投入以期获得产出提高，造成要素低效率配置，降低生产效率（Barrett，1996；Heltberg，1998）。针对我国农户的研究中，凌莎（2014）、李博伟和张士云（2014）的实证研究结果表明，农户获取信贷资金的难度越大，其农业规模经营的意愿和效益也就越低。

（3）农户特征差异性。在对农业规模经济影响因素的研究中，一些学者在模型中施加若干控制变量以保证估计结果的准确性，这些变量包括农户受教育程度、农户收入水平、农户兼业化状况、农户参与技术培训、农户参加合作社及农户自身行为感知能力等，进而发现农户特征差异性也会对其实现农业规模经济产生影响。例如，钱文荣和张忠明（2007）的研究发现，农户务农年收入和农业生产投资力度是激励其进行规模经营的重要因素，两者的影响系数分别达到 0.288 和 0.322。张兰等（2015）对江苏省村庄调查的实证分析结果同样显示，农户平均纯收入水平对村庄农业规模经营比重具有显著影响，影响系数达到 0.152。姚增福和郑少锋（2010）利用结构方程模型，以黑龙江省的样本数据，验证了农户行为态度、主观规范和感知行为等个人特征会对农业规模经营意愿产生正向影响，其影响系数分别为 0.088、0.258 和 0.235。陈秧分等（2009）对东部沿海 323 个农户的调研结果表明，农户兼业化状况、参与技术培训等因素会对农地规模经营的意愿和效果产生显著影响，兼业化会阻碍农业规模经济的实现，而参与技术培训则可以提高农户经营的规模经济性。蒋辉和刘兆阳（2016）对湖南西部 5 县 239 户柑橘种植户进行调查研究，实证研究结果表明农户受教育程度和参加合作社状况对其农业规模经济的实现具有显著的促进作用，两者对农业规模经营效益的影响系数分别达到 0.073 和 0.230。

2.1.3　农业经营模式与规模经济的关系研究

按照李宾等（2015）的观点，农业经营模式分为传统农业经营模式和新型农业经营模式，农户采用传统农业生产经营组织形式的生产经营模式称为传统农业经营模式，将农户选择专业大户（含家庭农场）或者农民合作社等存在分工的新型农业生产经营组织形式的生产经营模式视为新型农业经营模式。新型农业经营模式是以家庭为基础，多种形式的规模经营并存的一种农业生产经营机制（付榕和王静，2015），在这种机制下，新型农业经营主体和服务主体通过纵向合作、横向合作，以及横向一体化和纵向一体化，形成农户自我经营与服务模式、农户与龙头企业的合作模式和市场化交易模式等的经营模式（苑鹏和张瑞娟，2016）。这种新型经营模式对农业规模经济的形成产生了重要影响，纵观国内外学者的研究，主要有以下观点。

1. 新型农业经营模式有利于推动土地适度规模经营

一是新型农业经营模式促进了土地集中经营。农业规模经济受到土壤质量过低及土地细碎化等阻碍因素的影响，扶持和培育专业大户、家庭农场、农业合作社、农业龙头企业等规模经营主体，有利于促进土地集中经营（张士云等，2014；李厚廷，2015；孙新华，2015）。土地合理流转能够优化土地资源配置，加快土地经营集约化进程，有效增加农民收入（张丁和万蕾，2007；薛凤蕊等，2011），提高农业生产效率（Deininger and Jin，2005；陈海磊等，2014），进而促进农业规模效应的提高。黄宗智和彭玉生（2007）认为适度规模经营农户（家庭农场）不仅比大规模的机械化农场更符合中国的基本国情，也是在中国现有城市化及土地流转水平下解决农户收入水平低下等一系列问题的出路。陈锡文（2012）经过对中国农村的生产经营活动进行长期的研究后也发现：继续留在农村从事农业的农户土地经营规模的扩大，使继续从事农业的农户也有了成为农村中等收入人群的可能性；支持发展新型农业经营模式是促进农民收入增长的重要举措。汤建尧和曾福生（2014）认为不同的适度规模经营主体用不同的土地流转形式实现规模经营，一种形式是农户自主自由的土地流转，即适度规模经营主体不通过任何中介直接同农户达成土地流转协议，这种形式是基于农户同意的一致性达成的土地流转协议，合作社和大户、家庭农场主要采用这种方式；另一种形式是通过乡村集体提供中介服务实施的土地流转，而又以其中的反租倒包这种类型为主，企业一般采取这种方式。

二是新型农业经营模式推动了农村剩余劳动力转移。发展中国家农业发展中存在剩余劳动力，农业生产的边际效应很低甚至为负，将这些劳动力转移出去不仅不会对农业部门产生太大影响，还会显著促进工业部门发展以带动经济增长（Lewis，1954）。就我国实际而言，改革开放以来，农村剩余劳动力转移在经济增长中发挥重要作用（刘秀梅和田维明，2005），其对劳动生产率提高和 GDP 增长的贡献分别达到 16.33%和 1.72%（张广婷等，2010），而劳动力转移不畅导致的劳动力资源错配则使经济增长效率降低 8%（袁志刚和解栋栋，2011）。张海亮和吴楚材（1998）对我国江浙地区农业集中经营条件的研究中指出，农业集中经营是在农村劳动力出现一定程度转移的条件下产生的一种现象。盖庆恩等（2014）对 2004~2010 年全国农村固定调查点数据的实证研究结果表明，男性劳动力和壮年女性（35~45 岁）劳动力的转移会增加其退出农业的概率，同时提高承包地流出的概率，为土地规模集中创造条件。为此，应通过加快城镇化进程、发展工业经济、给予必要补贴等手段促进农村剩余劳动力转移以增加土地规模经营的可能性（李燕琼，2004；刘洪彬等，2014）。在此过程中，还需注意农业集中规模经营的适宜性和差异化条件（余光英和员开奇，2014），以及农村转移劳动力的结构性（Chang et al.，2011），避免劳动力流动对农业生产产生的负面影响（Pang et al.，2004）。

2. 新型农业经营模式促进农业分工和专业化

实践经验表明，在美国、欧洲、澳大利亚等发达国家和地区，农业生产经营依然是以家庭经营为主（Offutt，2002；Pritchard et al.，2007），小规模农户与大规模农场一样具有较高的经济效率（Buera and Kaboski，2012；周应恒等，2015）。为此，一些学者认为实现农业规模经济并不一定需要土地集中经营，而是可以从促进农业生产分工入手来获取规模经济效益。新型农业经营模式对农业分工和专业化的影响主要体现在以下方面。

一是激发农业社会化服务需求，进而促进农业部门内分工和专业化水平。邱溆和罗光强（2014）认为生产方式的演进催生对农业社会化服务的需求，而社会化服务水平的提高又能进一步促进生产分工。农业规模经济效应的实现可以有多种方式，在经营主体分散、规模狭小的条件下，依靠“生产环节流转”能够有效获取规模经济效益（李相宏，2003；廖西元等，2011）。加强农业社会化服务主体建设，完善服务体系管理，充分发挥正式制度作用，培育和发展农业社会化服务组织，深化农业社会化分工，有利于克服当前农业规模不经济困境（董德利，2014；赵鲲，2016）。庞晓鹏（2006）、熊鹰（2010）、鲁可荣和周洁（2014）基于全国不同地区农户的抽样调查数据，分析农业社会化服务供求状况，结果均表明不同农户对于各类农业社会化服务的需求强度呈现显著的差异化特征，土地规模、农业生产收入和农业服务水平对农业社会化服务需求发挥积极作用（刘晗和王钊，2015）。张颖熙和夏杰长（2010）认为提高农业生产性服务水平的根本在于培育服务经营主体，政府应以公共服务机构为依托完善公益性服务职能，加强合作组织在农业社会化服务中的基础地位，同时增强农业龙头企业的服务能力。在农业产业链纵向解构、分工深化的过程中，农业合作社等中间性组织发挥着重要作用，是联系农业生产性服务供需主体，提高服务水平的关键性因素（王亚飞和唐爽，2013）。孔祥智等（2009）认为在完善农业社会化服务体系，提高生产性服务水平过程中，不能忽视合作组织的基础性地位，应该扶持农民专业合作组织的发展，既可以作为农业生产性服务供需双方的纽带，也可以直接从事生产性服务业经营，强化整体服务质量。张学会和王礼力（2014）还建议以合作社等中间组织为中心，建立农户、合作社、农资供应企业、农产品销售企业等不同主体的利益联结机制，提高农业产前、产中、产后服务水平，深化农业纵向分工与协作。姜长云（2016）则把发展农业社会化服务上升到产业培育层面，建议明确提出发展农业生产性服务业的政策基调，促进农业分工深化，延伸产业链条，获取规模经济，加快推进农业现代化进程。

二是推动农业产业化发展，进而促进农业产业链纵向分工与专业化。小农经济转型的关键是要加快农业产业化进程，优化现代农业体系，促进农业生产的分工专业化，让农户在农业产业链条上分工合作（高刚，2015）。王亚飞（2011）认为农业产业链纵向分工可以带来分工的经济性和生产效率的提升，进而从产业链治理角度出发，提出要通过法律法规、政府政策等正式制度安排，以及信任机制、声誉机制等非正式制度安排来巩固农业产业链上的合作关系，建立稳定的农业产业化分工体系。构建合理产业链是农业规模经济实现的关键，通过农业纵向分工不断深化，延伸产业链条，可以提高最终农产品的附加价值，同时节约每个产业链环节上的成本（周镕基等，2013）。因此，迫切需要走农业产业化经营道路，以解决农业规模效益不高的问题（刘国炳和曾菊新，2004；韦曙林，2008；李春海等，2011）。史月兰（2009）认为农业规模经济的获取要从产业整体的横向和纵向关系上考虑，纵向上通过农业产前、产中、产后分工，形成产业链上不同环节的专业经营主体，实现效率提高和利益共享，同时，横向上通过联合经营，使经营主体由竞争关系转向合作关系，增强横向层面上的经营规模，最终实现整个农业产业的规模经济。姬军荣（2013）提出可以通过农业产业集群的构建来加快农业产业化步伐，明确农业产业集群载体，融合一二三产业发展，以弥补农业规模经营传统实现路径的缺陷。另外，在实施农业产业化发展，推进农业分工深化，提高规模经济效益过程中，还应该考虑不同区域经济社会水平和自然资源禀赋的差异（杜黎明，2012）。

纵观国内外关于农业经营模式和规模经济的现有研究成果，学者们在农业经营模式概念辨析和模式创新等方面进行了深入研究，同时，围绕农业规模经济的效应程度、影响因素等领域展开了积极探索，形成一系列观点。这些成果丰富了农业经营模式和规模经济领域的科学研究，提供了诸多有益的研究方法和经验借鉴，为本书的研究提供了很好的分析框架和逻辑起点，但是还存在以下问题：一是尽管有学者发现了农业经营模式正悄然改变，注意到了农业经营已逐渐由社区模式演变为市场模式，而且认识到多元化的经营模式创新有利于实现规模经济，但是少有对市场化经营模式如何影响农业规模经济的有关研究。二是有关的研究大多从资源配置角度分析要素投入对规模经济的影响，着重于分析生产环节的规模经济实现问题，少数从产业链视角对农业规模经济的研究也没有深入分析分工交易对农业规模经济影响的内在联系机制。三是规模经济的实现和分享既高度相关，又不尽相同，实现规模经济的目的在于分享规模收益，而分享机制的不同又会影响规模经济的实现，现有研究多集中于对规模经济实现的探讨，对规模收益在各利益主体间分配问题的研究还比较欠缺。

2.2　相关理论基础与借鉴

本节研究内容主要是对规模经济理论、分工与专业化理论和交易费用理论等进行理论借鉴，分类总结不同学派的思想主张、分析框架和研究经验。

2.2.1 规模经济理论

随着分工和专业化理论的不断发展，人们开始关注分工和专业化引致的生产规模扩大问题，并逐渐从分工理论中分化出来，形成一套较为系统的规模经济理论，包括古典经济学派、新古典经济学派和制度经济学派都对规模经济理论做出贡献。

1. 古典经济学的规模经济观点

斯密（2014）在其理论中提到分工有利于提高生产效率，同时会受到市场规模的限制，如果市场规模能够不断扩大，则分工得以持续深化，社会生产力稳步提高。其中就暗含了规模经济思想，即伴随规模越来越大，收益也相应地越来越高。马克思（2009）指出分散的小农经济是落后的生产方式，既不利于生产资料的积累，也不能实现生产分工。同样对小规模的生产提出疑问，认为狭小的生产规模难以提高生产效率，想要大幅提高劳动生产力必须实现大规模生产经营。不过，也有人对此持反对观点。杜阁（2013）从资本、劳动等要素投入量增减的分析中研究农业生产报酬变化的规律，详细说明了生产要素最佳投入量的选择问题，并指出随着要素投入的增加，土地报酬处于递减状态。其论述阐明了要素投入规模扩大不仅不能带来收益增加，而且还会降低产出效率。马尔萨斯（1992）则从历史长期发展的视角阐述了农业产出增长难以满足人口增长的需求，必须要对人口数量加以限制的观点，其中一个重要立论依据就是扩大生产规模不能显著提高农产品产量。上述两种观点尽管在表面上相背离，但在实质上却能够相统一，生产规模扩大在一定范围内可以提高收益，而一旦超过一个限度便会产生收益递减。因此，总结古典经济学的规模经济观点，主要有：一是生产分工促进和实现规模经济。市场规模的扩大促进分工发展，分工与专业化提高生产效率，增加生产的规模经济性。二是规模经济具有一定的范围区间。在一定范围内，扩大生产规模可以带来产出收益的增长，当规模扩大到某个限度时，随要素投入增加的产出增长将会越来越少。

2. 新古典经济学的规模经济观点

新古典经济学继承和发展了古典经济学的规模经济观点，进而通过模型予以规范化，并从动态发展的角度诠释规模经济实现与经济增长的关系。马歇尔（2012）首次明确提出“规模经济”的概念，对其内涵进行延伸和扩展，区分了不同生产要素的报酬递增（递减）规律，同时强调组织在形成规模经济中的重要性。其对于规模经济理论思想的贡献主要包括：一是规模经济可分为外部规模经济和内部规模经济。生产规模扩大产生的经济效应可以分为两类，一类是众多企业在特定地区集聚形成一定产业规模，产品改良和技术发明得以有效传播，配套辅助行业密切配合，大型机械广泛运用，通过社会分工区域内所有企业均能获取较高利益，达到外部规模经济；另一类是单个企业内部经营规模扩大，生产与管理活动相分离，生产过程中出现劳动分工与协作，大幅提高生产效率，获得更高回报，实现内部规模经济。二是不同要素表现出不同的规模报酬递增（递减）规律。对于土地等自然生产要素，在生产规模增加时通常表现出报酬递减规律，而对于资本、劳动等要素则存在报酬递增。三是组织对规模报酬递增具有积极作用。组织方式的改进，一方面，可以把生产集中于特定地区以产生外部规模经济效应；另一方面，通过改变企业内部原有生产组织形式，深化内部分工，进而产生内部规模经济效应，从而实现生产的规模报酬递增。

Young（1928）从动态演进视角阐述了规模报酬递增与经济增长的关系，进一步揭示规模经济的来源。主要表现在：一是强调规模经济源于生产分工。如果不进行分工与专业化生产，即使增加生产规模，也无法获得报酬递增，规模经济产生的原因在于规模扩大为分工与专业化生产创造了条件。二是迂回或间接生产促进规模报酬递增。使用经过加工的生产资料进行生产，能够较大程度地提升劳动生产力，通过这种迂回或间接生产方式能够实现规模经济性。三是规模报酬递增与经济增长具有动态关系。分工深化与市场规模之间存在累积循环关系，分工不断发展，规模逐步扩大，报酬持续递增，推动经济进步，而经济增长又进一步扩大市场规模和促进分工发展，形成动态演进关系。

熊彼特（1994，2009）主张从生产要素组合角度来理解报酬递增，同时提出“历史的报酬递增”规律。其规模经济的思想有两点：一是生产要素组合对报酬递增具有积极作用。不能孤立看待要素投入对经济增长的影响，对土地、资本、劳动等加以不同方式的利用，尤其是融入企业家精神，可能产生新的生产要素组合，对报酬递增产生积极影响。二是经济发展长期来看处于报酬递增。经济是一定技术条件下报酬递增而后递减的曲线，长期来看这条曲线是向上移动的，不断的报酬递增和递减过程推动经济发展。

3. 制度经济学的规模经济观点

与古典经济学和新古典经济学不同，制度经济学主要运用交易费用理论来解释企业的边界及规模经济。Coase（1937）认为市场和企业是两种可以相互替代的不同的资源配置方式，以此为基础探讨企业规模边界及其规模经济性。其规模经济思想可简述为：一是规模经济来源于交易费用的节约。市场交易需要支付昂贵的交易费用，企业规模的扩大实现了企业这种生产方式对市场的替代，从而节约了交易费用，使企业经营产生规模经济性。二是规模经济具有边界限制。以企业为组织形式的生产在降低交易费用的同时也带来管理成本的上升，当企业规模扩大超过一定边界时，交易费用的节省不再能够抵消管理成本的增加，企业经营出现规模不经济。三是组织创新可以促进规模经济实现。管理成本上升的实质可视为管理收益的规模递减，如果通过组织创新实现更加有利的制度安排，则可减少管理费用支出，进一步扩大企业规模以实现规模经济。

Williamson（1968）侧重考虑了市场效率问题，认为市场具有资金调配和激励奖惩等功能，企业并不能完全替代市场进行资源配置和生产，资产专用性、交易频率等因素均会对企业规模产生影响，如果企业经营规模过度庞大，则可能最终导致规模不经济。Chandler（1992）进一步强调了企业组织能力在规模经济实现中的作用，认为企业发展的核心动力是组织能力，企业通过发挥内部组织能力协调运用物资设备、人力资本等，生产达到规模经济状态，一旦企业生产所要求的组织能力超过现有承受能力，便会产生制度变迁以确保能够适应规模经济的要求。

回顾规模经济理论的发展历程，古典经济学首先注意到生产活动中的规模经济现象，明确了规模经济来源于分工和专业化，指出规模经济的获取只可能存在于一定区间范围内，超出特定生产规模便会导致规模报酬递减。新古典经济学明确了规模经济的概念内涵，进一步予以模型化和规范化，区分了外部规模经济和内部规模经济，刻画了土地、资本、劳动、组织等要素及不同要素组合的规模报酬递增（递减）规律，更为详尽地说明了规模经济来源于社会分工产生的迂回或间接生产，并提出报酬递增和经济增长存在长期动态关系。制度经济学则是基于交易费用理论来论述规模经济，提出企业规模经济来源于交易费用的节约，突出组织能力、制度创新在规模经济实现中发挥的作用，同时也强调了企业规模具有一定边界，超出规模范围会导致规模不经济。这些思想理论表明，规模经济产生于分工，且会受到多种因素的限制。这为本书的研究提供了很好的借鉴，但考虑到农业生产过程具有特殊性，在把规模经济理论运用于研究的过程中，还应该结合农业生产的特点进行综合考虑和理论推演。

2.2.2 分工与专业化理论

1. 古典经济学的解释

古典经济学代表人物斯密首次提出了分工与专业化理论，通过扣针制造工厂的案例详细阐述了分工与专业化对于提高生产力的作用。斯密认为分工能够提高劳动生产力水平。分工可以使劳动者的技巧由于专业化而日益精进，可以节省劳动者在不同工作之间进行转换的时间，有利于把最先进的技术运用于生产，从而全面提高劳动生产力，即“劳动生产力的大幅提升，以及运用劳动时所表现的熟练性、技巧和判断力，似乎都是分工的结果”。斯密认为劳动分工并非起源于人类的智慧或远见，而是所有人共有的一种倾向的渐进结果，即互通有无、物物交换、相互交易。然而劳动分工受制于市场范围的大小，只有通过拓宽市场，分工的全部利益才能够得以实现。他认为分工能够通过市场来协调，市场范围的扩大有助于分工的深化和专业化程度的提高，这进而也提高了资源的配置效率，促进了经济增长和国民财富的增加。因此斯密坚持主张以“看不见的手”来调节经济，促进经济增长。

马克思（2009）同样把分工视为劳动生产力提高的重要源泉，认为分工促进劳动生产专业化，生产环节的细化和分解，让每个环节实现专业化生产。他强调分工与协作能够产生一种集体力形式的生产力，即“不仅通过协作提高了个人生产力，而且创造了一种生产力，这种生产力本身必然是集体力”，分工与协作是一个问题的两个方面。马克思还认为“分工不仅是单个企业的生产组织制度，也是整个经济活动的生产组织制度”。

2. 新古典经济学的解释

与斯密认为分工和专业化产生比较优势的观点不同，李嘉图认为比较优势外生于资源配置过程，通过资源配置产生了分工和专业化。马歇尔为了避免分工和专业化研究中的角点解问题，建立了求内点解的边际分析方法，马歇尔（2012）强调的是分工与专业化形成的各部门之间互相依赖、相互促进的关系总和。其对分工理论的贡献主要体现在两个方面：一方面，首次把组织作为生产要素的一种，认为它与土地、资本和劳动力等生产要素具有同等重要性，分工经济包括熟能生巧、机械替代人、零配件的标准化、产业集聚、生产销售的规模化、经营管理的职业化。私人合伙企业、股份公司及合作社等组织促进职能分工的形成，股份公司是获得分工经济的有效组织形式。另一方面，提出生产分工可以实现报酬递增，认为把工业生产集中于特定地区，通过行业专利公开化、技术推广与扩散、科技创新及产品研发、高端机械设备投入和使用、熟练技工市场培育及众多辅助行业的发展，产生的外部经济效应带来报酬递增，同时，企业扩大生产规模，依靠内部分工实现内部经济，进而获得报酬递增。

Young（1928）沿袭斯密和马歇尔的研究思路，进一步丰富和发展了分工与专业化思想，他用个人专业化水平、间接生产链条的长度及此链条上每个环节中的产品种类数这三个概念描述分工。其思想的核心是劳动分工、报酬递增和经济组织结构（制度安排）之间的关系。他认为：一是分工深化与市场规模间具有循环累积因果关系。不同于斯密提出的分工受制于市场规模的单向因果关系，他认为市场规模大小决定了分工程度，而分工深化也会影响市场规模，两者相互作用为经济增长提供不竭动力。二是迂回或间接生产方式是实现分工经济的重要手段。

报酬递增取决于劳动分工的发展，而分工经济的获取有赖于采用迂回或间接生产方式，即通过利用生产出的生产资料及生产性服务进行生产。三是分工具有网络效应。观察单个企业难以明确报酬递增机制，企业规模大小取决于行业内其他企业的规模，某一行业规模也受其他行业规模的影响，要把产业经营看作相互联系的整体。

在此基础上，Stigler（1951）拓展了分工和市场之间关系的研究，提出分工与专业化程度和市场发展程度具有负向影响关系，分工与专业化本质上是企业职能不断分化，交由其他企业来承担的过程，分工持续深化会导致市场垄断，对市场结构产生影响。Schultz（1993）则强调了人力资本在报酬递增中的重要作用，认为劳动分工和竞争市场可以通过企业家的组织活动而相容，分工产生的作用主要是加速知识的累积，通过人力资本积累来实现报酬递增。

3. *新兴古典经济学的解释*

以罗森、贝克尔、杨小凯、惠兰、黄有光和威尔斯等为代表的新兴古典经济学采用超边际的分析方法处理了分工和专业化问题中所涉及的角点解问题，并用现代经济学的数学化分析框架分析了劳动分工与经济发展的关系及市场协调分工的功能，用专业化经济表征生产条件，描述生产率和专业化之间的关系，重点分析了专业化和交易费用的两难冲突，使分工和专业化理论研究达到了新的高度。

杨小凯（1998）在生产者与消费者完全统一、生产中存在专业化经济、消费者偏好多样化及交易费用存在等假设基础之上构建了新兴古典经济学的一般分析框架，重点分析了分工与专业化问题。关于分工与专业化理论的阐述主要有：一是分工发展受到个人专业化水平的影响。分工涉及个人与个人、组织和组织之间的协调关系，个人对某项经济活动做与不做的选择，即个人所做出的专业化决策，不仅会对自身生产效率产生影响，同时也会影响他人的专业化决策，从而影响社会分工发展。二是分工与专业化能够得到经济性。分工与专业化生产可以带来生产效率提高和生产资料节约的直接经济性，也包括由此产生的间接经济性。三是分工演进有赖于交易效率的改进和提高。分工经济和交易费用之间存在两难冲突，分工既能实现分工经济以获取分工收益，同时也会产生相应的交易成本，通过改善市场交易环境可以提高交易效率，进而降低交易费用，促进分工发展。

Becker 和 Murphy（1992）在知识、劳动分工、协调成本和产出之间构建关系模型，从分工深化引致协调成本和知识积累的角度来解释经济增长。其分工理论思想主要有：一是分工内生于经济增长。分工作为经济增长的重要推动因素，内生于经济增长之中，即便没有外生技术进步等因素的影响，经济也可以持续增长。二是分工受到协调分工的成本的制约。分工深化在实现报酬递增的同时也会产生协调成本，协调成本的增加会制约分工的进一步发展。三是社会知识积累有助于分工发展。当社会知识存量不断增加时，知识的积累可以降低协调成本，从而促使分工演进发展。

4. 制度经济学的解释

不同于古典经济学和新古典经济学的研究范式，制度经济学在对分工与专业化的解释中强调制度的重要性，同时引入了交易费用、资产专用性等约束。Coase（1937）提出“既然分工可以使生产者在市场上买卖专业化生产的产品，为什么还会出现企业这种生产组织”的悖论，进而从产权界定、交易费用和制度安排等切入点研究市场分工，其对分工理论的贡献可简述为：一是产权界定是分工与交易的充分条件。交易和分工是同一事物的不同侧面，两者互为因果关系，其成立的前提条件是拥有权利，人们可以通过分工生产和交换商品正是基于这种权利，分工和专业化生产也需要建立在生产者的产权界定基础之上。二是分工与交易会产生交易费用。基于产权界定的交易活动会产生交易费用，即人们在制定交易规则和实施交易行为所付出的代价，交易费用的存在会对分工与专业化产生影响。三是分工发展受到制度安排的影响。市场交易不仅依赖正式规则，也受到文化、道德、习惯等非正式制度的影响，正式与非正式制度安排都会左右分工的发展，分工发展受到制度变迁方向和程度的约束。

Williamson（1968）进一步论证了市场交易费用与生产组织形式之间的动态匹配关系，认为随着分工与专业化发展，交易费用会不断增加，当其达到一定边界时，一体化的企业会比市场更有效率，通过交易费用这个媒介，分工与专业化受到自身发展的制约。Alchian 和 Demsetz（1972）从剩余索取权和劳动监督等方面讨论企业存在的合理性，企业产生主要是因为分工产生的收益难以在参与的劳动者之间公平分配，劳动监督的有效性会影响分工发展，需要有相应制度安排。North（1990）则认为分工发展在增加交易费用的同时也降低了生产成本，某种制度选择是交易费用和生产成本共同作用的结果，分工取决于边际交易费用与边际生产成本的大小。

分工和专业化理论为本书的研究提供了坚实的理论基础。古典经济学建立了分工理论，论述了分工可以改变生产过程，促进劳动生产专业化，提高劳动生产力，推动经济增长，同时也受到技术进步、资本积累和市场规模等因素的影响。新古典经济学则避开了分工和专业化研究的角点解问题，转而用求内点解的方法来研究资源配置问题，而新兴古典经济学因解决了角点解的问题，以全新的分析框架探讨专业化和交易费用的两难冲突，使分工和专业化的理论研究向前迈进了一大步，此后制度经济学则通过分工和交易成本之间的关系解释了工业领域企业的出现。这些理论表明，分工是经济增长的动力源泉，但也受诸多因素的影响。考虑到农业领域生产分工的特殊性，以及我国特有的农业家庭经营生产组织形式，还需要在现有分工理论的基础上，结合农业产业特点和经营组织形式等特征对分工理论进行演绎。

2.2.3 交易费用理论

随着新制度经济学的兴起，交易费用这个概念开始应用于分析经济理论和经济现象，特别是对转型国家的经济问题具有较强的解释力，并逐渐发展成为一个独立的理论体系。

1. 交易分工视角下的交易费用理论

按照交易分工学说对交易费用的解释，交易费用的产生与生产分工和市场交易息息相关。Coase（1937）认为交易费用就是利用价格机制所需要付出的成本，包括交易准备阶段的费用、交易活动进行过程中的费用及为应对未来不确定性和风险所付出的费用，同时，企业内部也存在着内部交易费用，如行政管理费用、生产监督费用、组织费用等，内部交易费用表现为企业的管理费用，交易费用的高低决定了社会分工和企业规模的边界，而分工与专业化程度也可能会对交易费用产生影响。Yang 和 Borland（1991）、Yang 和 Ng（1995）区分了外生交易费用和内生交易费用，前者是在交易过程中直接或者间接产生，后者是交易各方决策者为了争取更多分工利益而做出非最优决策导致的总体收益降低，同时指出企业和市场并非组织之间的替代，而是劳动力市场替代产品市场，企业与市场的边界由劳动交易效率与产品交易效率比较所决定。总结交易分工学说中的交易费用理论思想，主要有：一是交易费用的产生源于分工。社会分工与专业化产生了交易行为，而为了顺利完成交易必然要支付相应费用，即使所有生产活动都集中在一个企业内完成，也会存在表现形式为管理费用的内部交易费用，这是因为企业本身也有内部生产分工。二是交易费用的高低取决于交易效率。企业和市场的取舍会根据劳动交易效率和产品交易效率的比较而决定，交易效率能够影响企业和市场这两种生产形式必定是不同交易效率水平下的交易费用存在差异，交易效率越高，需付出的交易费用就越少。三是部分交易费用产生于交易主体的“利己”决策。交易主体为了摄取更多收益，会不惜减少交易对方的所获得的分工好处，造成资源分配偏离帕累托最优，产生费用耗损。

2. 交易契约视角下的交易费用理论

交易契约学说围绕契约履行来探讨和分析交易费用，强调交易费用与契约之间的相关性。Coase（1960）发现在一份交易契约的履行过程中，需要支付一笔额外的开销，包括交易谈判、合同议价、拟定契约、监督实施等环节产生的相应费用。Dahlman（1979）把交易契约中的交易费用划分为三种，包括契约签订之前交易双方彼此了解对方意愿所消耗的时间和金钱，契约签订时根据交易条件决定支付的成本，以及契约签订之后为保证契约执行而对交易对方实施监督和控制所支付的费用。Cheung（1983）论证了产权交换、契约安排和交易费用三者之间的关系，认为每个生产要素所有者要么自己生产和销售产品，要么出售全部生产要素，或者通过委托代理的方式把生产要素的使用权委托给代理人以获得收入，前两种属于市场交易，后一种属于企业生产，这三种产权交换方式都要通过契约安排来进行，且产权交换一定会产生交易费用，因而不同的契约安排会表现出差异。Williamson（1999）从交易频率、不确定性和资产专用性三个维度论述交易费用。交易频率是一段时期内交易发生的次数，不同的交易频率会影响契约方式的选择，进而对交易费用产生影响；不确定性包括信息不对称、偶然事件发生、风险预测防范等，会对交易费用产生影响；资产专用性是指特定耐久性资产转向其他用途的难易程度，资产专用性越强，越不容易转向其他用途，交易失败产生的损失也越大，因而资产专用性与交易费用高度相关。归纳交易契约学说中的交易费用理论思想，主要有：一是交易费用贯穿契约交易的全过程。契约签订之前、契约签订过程和契约履行环节都会产生相应的交易费用，完成一个契约交易过程须支付必要的交易费用。二是不同契约安排下的交易费用有所差异。产权交换必然产生交易费用，同时产权交换可以由不同的契约方式来完成，不同契约安排下的交易费用则会有所差异。三是交易费用受到交易频率、不确定性和资产专用性的影响。交易频率越高，交易费用就越低；不确定性越大，交易费用就越高；资产专用性越强，交易费用也越高。

除此之外，还有学者主张从制度角度看待交易费用，认为交易费用本质属于一种制度成本。Cheung（1978，1983）认为只要是一个人以上的社会，就必须要有相应的制度来约束个人行为，制度的产生源于交易费用，因而交易费用可以视为一种制度成本，其发生在人与人的社会关系之中，包括信息成本、谈判成本、起草和实施的成本、界定和实施产权的成本、监督管理的成本及改变制度安排的成本。

上述几种学说都是基于新制度经济学的分析框架对交易费用理论的探讨，都反映了交易费用的不同侧面，使之形成一个较为完整的框架体系。从交易分工的角度来看，社会分工和专业化促进交易需求的增加，而交易活动中不可避免地会产生交易费用，这些交易费用的多少取决于交易活动的效率，交易效率越高，交易费用也就越低，出于节省交易费用的目的，根据交易效率的高低会有与之相适应的生产组织形式。从交易契约的角度来看，为履行契约必然会产生大量交易费用，且交易费用会贯穿契约执行的全过程，采用不同的契约方式可能会有不同水平的交易费用，因而选择适宜的契约安排至关重要，同时，交易费用会受到交易频率、不确定性和资产专用性等因素的影响。这些理论思想给予本书研究很好的启迪，在把交易费用理论应用于农户生产分工的研究时，还应该结合我国农业农村实际状况，综合考虑农户自身的禀赋个性及农业农村交易活动和合约方式的特殊性，确保不会因脱离实际而产生偏颇，保证交易费用应用的正确性。

第3章　概念界定与理论分析

3.1　主要概念和范畴的界定

3.1.1　经营模式、农业经营模式与市场化经营模式

1. 经营模式

在探讨经营模式与农业经营模式之前，有必要在社会经济语境下，对模式、形式与方式这三个概念作一个基本辨析。模式是指从生产和生活经验中经过抽象和升华提炼出来的核心知识体系，其实质是解决某一类问题的方法论和参照性指导方略；形式是指事物内在要素的结构及其外在表现，更多体现为制度范畴；方式是指在一定的生产力发展水平条件下，言行或事物所采用的方法及式样，更多体现技术范畴和社会经济发展内涵。从三者关系来看，模式的范畴更广、更宏观，涵盖了形式与方式。

基于此，经营模式可以理解为企业根据其经营宗旨，为实现企业所确认的价值定位所采取的某一类方式、方法及形式的总称，是经营形式与经营方式的有机统一。其中，包括企业为实现价值定位所规定的业务范围、企业在产业链条的位置及在其定位下实现价值的方式、方法和形式。由此可见，经营模式是企业对市场做出反应的一种范式，而且这种范式在特定的环境下是有效的。企业经营模式基于不同角度可以分为多种类型或层次，在此不赘述。

2. 农业经营模式

在经营模式概念框架下，农业经营模式可以理解为在一定的农业生产力水平下，农业的组织形式和运行方式，农业经营主体在其生产经营活动和实现价值目标过程中对市场做出反应的方式、形式等范式总称。同时，兼顾到农业的产业特性和制度特征，这种范式具体表现为农业生产经营活动所涉及的基本农业经营体

制、经营主体、经营机制等方面。上述方面在一定的所有制条件下，具象为农业经营方式和农业经营形式。因此，农业经营模式亦可视为制度层面的农业经营形式与技术层面的农业经营方式的有机统一，不同农业经营形式与不同农业经营方式结合构成不同的模式。具体而言，基于技术视角，农业经营模式是与农业生产力相联系的农业资源配置方式、技术选择路径和经营规模决策等，其核心是农业生产经营者采取何种方式和方法达到自身经营目标，属于技术进步范畴；基于制度视角，农业经营模式是关于农业自然特点所引出的农业经营者自身的权利和相关经济关系的农业生产关系范畴，是所有者和经营者相互关系的表现形式，反映以基本生产资料所有制为核心的人与人之间的利益关系和劳动分工协作关系，包括劳动者和生产资料的结合、劳动的组织、生产要素的协调和对外条件的适应及各方面关系的处理（如纵向、横向、内外关系的处理）等方式和形式。

3. 市场化经营模式

随着农业生产力水平的发展，农业经营模式不断发生演变，进而衍生出市场化经营模式。随着市场化改革的逐渐推进，在市场机制作用下，以社区为纽带的、相对封闭的自主分散家庭经营等传统双层经营模式逐渐演变为以市场为纽带的、相对开放的家庭农场、专业大户、社会化服务主体等新型经营主体跨区合作的多元化双层经营模式。根据有关专家的分析和观点，本书理解和定义的市场化经营模式，是指基于专业化分工的各农业经营主体在原有要素产权框架下突破原有社区边界限制，充分融入市场并以市场为纽带的多元化双层经营模式。其特点主要体现在：①以土地承包权等要素产权关系不变，坚持家庭经营为基础，多种经营主体有机结合。②以专业分工社会化为条件，农业生产环节外包或产业链纵向分工深化使多种经营主体卷入分工经济。③以产品和服务市场化为纽带，各个经营主体通过分工交易所需产品和服务，实现自身规模经济或收益追求。④以跨区域分工合作或交易为手段，突破各自行政社区界限，推动各类资源动态优化配置进而提高规模收益。

3.1.2 规模经济及农业规模经济

1. 规模经济与规模报酬

《新帕尔格雷夫经济学大辞典》对“规模经济”做了权威性定义：“考虑在既定的（不变的）技术条件下，生产一单位单一或复合产品的成本，如果在某一区间生产的平均成本递减，那么，就可以说这里有规模经济。”乔治·斯蒂格勒（Stigler，1958）在其论文“Economies of scale”中将规模经济定义为：“规模经济性是关于所正确选择的所有生产投入组合的规模与企业产出率之间的关系的理论。”一般来说，经济活动中出现规模经济主要有两种原因：一是分工协作。当产量足够大时，人们可以采用专门化设备与工具来提高效率，可以更好地在劳动者中实行分工，从而有利于改善劳动熟练程度与积累经验。二是生产过程中使用了不可分投入。不可分投入有一定的最大生产能力，在不可分投入品生产能力利用不足的情况下，扩大生产规模可能产生规模经济。对于不同的经济活动来说，最佳规模是不同的，因此，在一种经济组织从事多种经济活动的情况下，随着经济活动规模的扩大，非主业经济活动带来的外部规模经济也可能使整个经济组织表现出规模经济。一般而言，规模经济有内部规模经济与外部规模经济之分。前者是指经济主体在规模变化时由自身内部所引起的收益增加，可以进一步区分为基于设备、生产线、工艺过程等角度提出的工厂规模经济与基于管理、横向与纵向一体化提出的企业规模经济；后者是指整个行业（或生产部门）规模变化而使经济主体的收益增加，其中一个突出表现就是行业规模经济，它是指某个行业总产量扩张，能使行业内部的企业提高专业化程度，降低单位成本，从而使行业的长期供给曲线是向下倾斜的状态。区域行业规模经济效益主要来源于：一是集聚因素带来的平均成本费用降低；二是市场区和市场网的形成和拓展，使企业和行业的外部经济效益提高。

规模报酬是指在其他条件不变的情况下，所有生产要素投入按相同比例变化时所带来的产量变化或者产量变化率（胡代光和高鸿业，2000；高鸿业，2004）。规模报酬按照其变化方向可以分为规模报酬递增、规模报酬不变和规模报酬递减三种情况。规模报酬递增是指产量增加的比例大于各生产要素增加的比例；规模报酬不变是指产量增加的比例等于各生产要素增加的比例；规模报酬递减是指产量增加的比例小于各生产要素增加的比例。

从定义上可发现两者存在一定的联系和区别，不可混同使用。首先，由于规模报酬的条件比规模经济严格，规模报酬反映的只是全部投入要素按比例增加时产出的变化，但在实际生产中，更多的情况是投入要素并不一定按比例发生变化。规模经济则涵盖了投入要素非比例变化的情况。所以，规模经济分析包括了规模报酬变化的特殊情况。其次，规模经济讨论产出变动和成本之间的关系；规模报酬则讨论投入要素按相同的比例发生变动对产量的影响。再次，规模经济从平均成本下降角度来衡量，属于货币价值层面的分析；规模报酬的变动是通过生产技术函数来表现的，属于实物层面的分析。最后，规模报酬递增概念与规模经济密切相关，规模报酬递增是规模经济一个充分而非必要条件，这也说明用规模报酬递增，如单位产量提升或单位产值收入的提高可以衡量规模经济水平的指标，但是有缺陷。

2. 农业规模经济

根据《经济大辞典（农业经济卷）》，严格意义上的农业规模经济是指在假定技术条件不变的情况下，生产要素同比例变动所引起的超额收益增量的现象，反映了农业经营主体经营规模与成本、收益的变动关系。实现农业规模经济是解决农户生产方式低效率的重要途径。从农业规模经济的分类来看，与规模经济概念类似，其可分为农业内部规模经济和农业外部规模经济。

农业内部规模经济，是指通过对农业内部的生产要素的重新组合、克服农业生产内部效率损失而实现单位成本随着产出的增加而下降。农业生产经营主体通过增加各种生产要素的投入数量实现产出规模的扩大，可以理解为内部规模扩张。导致农业内部规模经济产生的原因主要有三：一是生产规模的扩大可使农业经营通过机械代替劳动等要素来提高产出效率；二是当要素投入逐渐增大并具备规模优势后，随着产出和收入规模的增加，单位农产品分摊的机械设备费等固定费用会降低，单位农产品分摊的生产、流通等环节的变动费用及单位融资成本和管理成本也会下降，而且经营者在购买生产要素时可以增强讨价还价能力，这些都带来农业内部规模经济；三是农业生产专业化和服务社会化市场化减少了单个经营者的固定投入而导致的固定成本节约，而分工协作条件下农业经营者学习成本也不断降低，使平均成本呈下降趋势，亦即实现内部规模经济。

农业外部规模经济是指不承担农业成本支出而获得的利益，包括与农业规模无关的制度安排的变革、管理水平的提升、市场条件的改善、物质技术服务的完善和产业集聚而带来的规模经济。在不改变农业生产原有要素投入的情况下，农业经营主体在某一特定地理区域内，通过契约、激励等制度安排，组织多个生产决策主体共同生产一种或一类农产品以实现经济规模；或通过产前、产后的合约安排，进行专业多样化分工、专业化生产，以实现经营效率的提高，可将其理解为外部规模扩张。导致农业外部规模经济产生的原因有三：一是由于农产品市场化水平的提升与市场条件的改善，农业经营主体因产品销路畅达而持续增加生产，普遍获得内部规模经济效益，降低了生产经营成本。二是整个农村经济的发展促进了农业内部的分工专业化和农业社会化服务体系的完善，使整个农业部门都能得到效率更高的服务，从而降低了生产经营成本，分享了社会分工与专业化所产生的规模经济效益。三是农业经营主体从科技进步等一系列技术外溢效应中获取了经济效益。

3.1.3　农业分工和农业适度规模经营

1. 分工、社会分工与农业分工

《新帕尔格雷夫经济学大辞典》把“分工”定义为工序的划分，即某一项工作分成几个部分，每一个部分由不同的人来完成。斯密首先提出劳动分工的概念，即人们社会经济活动的划分及独立化和专门化，是人们在经济活动过程中技术上的联合方式，即劳动的联合方式。他进一步将其划分为水平分工和垂直分工两类。哈耶克提出了知识分工的概念，即社会总体知识体系分散存在于每个个体之中，每个人掌握的知识不一样，每个人掌握的知识都只是知识体系中的一部分。马克思进一步提出了企业内分工和社会分工的划分。其中，社会分工是超越一个经济单位的社会范围的生产分工，包括社会生产分为农业、工业等部门的一般分工及把这些大的部门再分为重工业、轻工业、种植业、畜牧业等产业或行业的特殊分工。社会分工以劳动分工为基础，它因劳动分工而提高了生产效率，没有劳动分工就不会出现社会分工，但没有社会分工却可以有劳动分工。施蒂格勒（1996）认为一个企业的经济活动包含了许多职能，分工或专业化过程就是企业的职能不断地分离出去，由其他专业化的企业专门承担这些职能的过程。盛洪（2009）把分工定义为生产中不同职能或操作的分离。这种分离至少包括在社会范围内的职能分离（社会分工）和在单个行业或部门内部的职能分化（部门分工）两方面。杨小凯（2019）进一步用生产所有产品的所有人的专业化水平和模式来定义分工水平，即如果每个人在每种活动上分配同样的工作时间份额，则分工水平达到最小值，即自给自足；若每个人专业生产不同于其他所有人生产的一种产品，则分工水平达到最大值，即完全分工。

农业分工在狭义上可以理解为农业领域内生产劳动的划分，属于劳动分工的范畴。现实中，一个具体表现就是基于农事活动的农业生产环节分工。农业生产环节分工是指生产劳动在不同的农业生产环节上的划分，如有的农户专门从事粮食播种环节，有的农户专门从事粮食收割环节，等等。农业生产环节分工包括农业生产过程各环节的纵向分工和横向分工。其中，纵向分工是从整个农业生产过程各环节的先后顺序上表现为产前、产中、产后各环节的分工，或者是更细化的育种、播种、锄草、施肥、收割等各环节的分工，这也是本书主要讨论的分工范畴。横向分工则表现为某一特定的农业生产环节上农户之间的横向协作。在广义上，农业分工还包括农业部门分工和区域分工两个重要的范畴。其中，农业部门分工是指在农业行业或部门内部的职能分化，主要表现为生产劳动在不同种类的农产品之间的划分，如有的农户专门从事粮食生产，有的农户专门从事蔬菜生产，等等。农业区域分工是指不同地区因地制宜地发展各具特色的农业生产，形成专业化生产某种或某些农产品的区域专业化布局，是农业生产社会分工在地域上的体现，属于社会分工范畴。现实中的具体表现为“一村一品”等农业区域品牌发展。实现合理的农业区域分工，必须因地制宜地发挥地区生产优势，并具有较高的生产力水平和便利的交通运输条件，才能使不同地区分别生产具有地方特色的农产品，并进行区际交换。

农业分工形成了专业化经营，无论是横向分工还是纵向分工，无论是部门分工还是区域分工，都必然导致农业生产经营专业化的提高，较高的专业化都必然促进经营规模一定程度的扩大，表现在专业化生产带来微观组织，如家庭经营规模的扩大，或者是区域分工专业化布局导致农业区域规模经营的扩大，这都是农业分工深化的题中之意。

2. 农业适度规模经营

规模经营本身不是准确的经济学语言，用规模经济的表述更合经济学的规范，但约定俗成。规模经营的思想来源于西方经济学中规模经济、规模报酬概念，目的在于获取规模经济或规模报酬。由于农业生产的特殊性，所以现实中往往不存在农业生产的最优规模，只能是适度规模经营。首先，土地具有稀缺性和不可移动性，加之农业生产的自然性、季节性，农业不可能像工业生产一样规模经济效应显著；其次，农业规模经营的范围具有多层次性和差异性，无论是微观的农业经营主体单个经营还是中观的土地综合开发，甚至是宏观的城市建设用地，都存在最佳经营规模问题，即便是单个农业经营主体的经营规模也受其生产经营能力、土地的数量和质量及其获取可能性、农产品种类、区域特性、政府政策等多重因素的影响；再次，农业规模经营带来的效益具有多元性，包括经济效益、社会效益与生态效益，衡量的标准不同，最佳的经营规模也就不同；最后，农业的规模经营具有动态性，不同的经营主体、同一主体的不同经营阶段其最佳经营规模受各种因素影响而呈现动态变化过程。

鉴于此，本书对农业适度规模经营的理解为：农业适度规模经营是指在既有条件下，适度扩大生产经营单位的规模，使土地、资本、劳动力等生产要素配置趋向合理，提高土地生产率、劳动生产率和资源利用率，降低生产成本，增加产出收益，以达到最佳经营效益的活动。农业适度规模经营旨在追求农业规模经济，其核心在于“适度”，从理论上讲，“适度”的判断标准应以农产品产出的平均成本是否下降来衡量，其最低基准即规模经济与规模不经济临界点所对应的经济规模。

3.2 适度规模经营及农业规模经济特殊性及影响因素

3.2.1 农业规模经济的特殊性

讨论农业规模经济的问题，必须要考虑到农业的产业特性。在工业中，主要是由机器、设备的状况决定劳动组织的规模，现阶段采用现代化机器、设备时，其规模必然大。但是，农业生产活动是依靠土地从事有生命物质的生产，不仅生产分散，而且必须服从“有机界的规律”——经济再生产和自然生产交织在一起。因此，农业规模经济不可避免地受到农业自身特点的影响，有其特殊性。这种特殊性主要体现在不同农业部门的规模经济显著性存在很大的差别，而且普遍表现出规模经济不如工业领域明显的特征；农业中报酬递减现象比工业部门明显，投入要素达到一定的限度后，就会出现报酬递减问题，这给农业规模的扩大及其规模经济的利用带来很大限制。大规模不一定高效益，扩大规模与经济效益之间不存在绝对的正比例关系，即农业中普遍存在适度规模经营的问题。这些农业规模经济的特殊性主要源于以下几方面。

第一，农业生产具有空间分散性与时间次序性等特征，限制了农业生产的规模效应。农业生产，特别是种植业生产，对地理环境与季节有严格要求。在空间上，为了保证农作物正常生长和产量，在一定的地面和空间内只能种植数量有限的作物，既不宜移动，也不能高度密集，不能像工业生产那样把大量的生产条件集中和集结，采取平行作业等方式在同一时间或短时间内靠少数企业产出巨大数量的产品。在时间上，各种作物生长有各自的季节、时令和周期，生长的各个阶段有比较严格的间隔和时限。不但不能随便改变这些过程，像在工业生产中那样按人的意志设计投料、产品、生产周期、阶段、作业次序等，或用流水线连续生产，还必须适应和服从这些过程。

第二，农业生产劳动的分工协作相对较少且简单，制约了分工与协作效应。农作物生长发育的周期性与时序性决定了农业生产过程中同一时期内的作业比较单一，较多的操作不可分割，不同时期的不同作业多数又往往可以由同一劳动者连续完成。农业劳动者之间分工较少，相互之间协作也往往只是简单协作。农业的生产工具，从手工工具到现代化大机器几乎都是由个人操作。简单协作在许多人共同完成同一不可分割的操作时是优于独立劳动的，超过此范围，至多不过是单个劳动者力量的机械总和。

第三，农业生产中投入的不可分性相对不明显，抑制了对生产经营规模的要求。农业生产的投入可概括为土地、劳动、资本三大类。资本投入又可再分解为两类：一类为机械动力性质的资本投入品，如各类农用机械，其实质作用在于替代劳动；另一类属于农业生化性质，如化肥、农药、良种和农用薄膜等，其实质作用在于替代土地。土地、劳动和农业生化类资本投入都具有良好的可分性，唯有机械类资本投入具有一定的不可分性，对生产规模有直接的要求。但是在可以发展小型机械或出租机械服务的情况下，机械类资本投入在一定程度上也可以看作可分的。因此，这种不明显的投入不可分性，加之分散的劳动、土地等要素投入，决定了农业规模经济水平既不同于工业，同时也在农业各部门、各产品及各个规模阶段等之间产生差异。

在一些特殊情况下，农业生产可以获得较为明显的规模经济。常见的情况是，对于一些种植园作物与饲养业，采取大规模生产可以获得一定的规模经济。这些农产品同粮食作物有所不同，产品多数可常年生产，市场需求较稳定，对劳动力的需求不存在明显的农忙或农闲的界限，在某些技术问题解决以后（如机械化的推广应用），便可集中在城郊进行批量生产，可以用几乎是工业生产的方式来均匀地全天候式生产。此外，农业服务或农产品加工中的规模经济扩展到生产过程时也可以带来生产过程的规模经济。

3.2.2 农业规模经济一般影响因素

基于规模经济一般原理和农业规模经济的特殊性，简要分析表明，影响农业规模经济形成和实现的重要因素，主要有以下几方面。

第一，土地适度规模经营。一般而言，要素投入扩大，尤其是一定的土地面积投入是实现农业规模经济的基础。在一定的科学技术条件下，不仅单位土地面积对资本的容量是有限度的，而且单位土地面积上的产出也是一个相对固定量。如果土地数量不变，其他农业生产要素的投入量即使再多，也难以和土地资源进行有效配置而形成规模经济。对此需要在要素市场发展的基础上，推进承包地的流转和适度集中来实现土地适度规模经营。当然，鉴于农业的特殊性等复杂原因，土地经营规模不是越大越好，这里更为关键的是土地经营规模“适度”和土地、资本、劳动等要素配置的合理比例，农业规模经济才能达到预期。不过现有研究表明，土地经营规模受限的情况下，其他因素替代应该可以达到类似适度规模经营的效果，农业规模经济的实现应当有其他多种渠道。

第二，市场化发展程度。市场的发展是实现农业规模经济的前提。就产品或服务市场而言，其生产规模的扩大，必须以拥有一定的市场容量为前提。否则，即使生产或服务规模扩大了，生产成本下降了，由规模扩大、成本下降所带来的收益，也不能在市场上实现其价值；可能获得的技术上的规模经济，也不能转化为价值上的规模经济效益。就要素市场而言，如土地要素，其流动和集中决定经营规模大小，要素市场的发育便成为经营规模的重要影响因素。离开了市场化发展，农业规模经济就失去了前提条件。

第三，社会分工深化。在农户小规模、分散经营的情况下，农业产业在某种程度上来说只是简单的分工形态。但当农业生产融入社会化服务条件下的产业循环，其分工形态就会发生显著的变化。这种变化可能表现在以下两方面：一是在农业内部会出现以市场化、商品化和收入最大化为导向的农民专业大户或者专业化经营的家庭农场等新型经营主体。对于这些新型经营主体，追求农业规模经济，促进适度规模经营是其主要的经营特征之一。二是随着社会分工和市场化发展，高效的农业服务提升了农业生产效率，农业产业链上诸环节之间的关联效应逐步增强，提升农业规模经济整体水平。

第四，社会化服务发展。大力发展农业社会化服务是健全农业经营体系的重要方面。农业社会化服务是农业分工和专业化发展的产物，影响到专业化生产的经营规模。一般而言，农业经营规模越是扩大，农业社会化服务的需求就越强烈、需求层次越高。农业社会化服务主体与农民家庭经营有机结合，创新出了很多有效的农业社会化服务模式（王钊等，2015），通过“服务规模经营”形成服务规模经济，进而拓展了农业规模经济的层次和预期目标。相比农业生产规模的制约，农业服务规模不受人地关系和农地制度等强约束条件的制约，加快培育各种类型的农业社会化服务组织可以促进农业规模经济的实现（韩俊，2008；李春海，2011）。

第五，技术进步和制度创新。农业技术水平的提高是农业规模经济实现的重要条件。从生产的角度看，技术不外是特定的生产过程所需要的生产要素的组成及其投入组合比例的反映。因此，农业技术进步的本质就是通过促进生产过程中生产要素之间的相互替代，不断改变稀缺资源对生产规模扩张的约束，从而获得最佳的投入产出效率。由此可见，农业技术水平的进步是决定农业生产规模的关键。另外，单从推进农业适度规模经营的角度看，推动制度创新应是基本的途径，农业市场化的发展，承包地的流转和集中，以及推进社会化服务的发展，等等，都离不开制度的有效供给。

3.3 新模式促进农业规模经济的机理分析

3.3.1 基本机理分析

人们在探讨我国农业发展中规模经济的问题时，一般的分歧都不是农业规模经济是否存在，而是是否显著或采用何种组织形式或经营模式才能获取规模经济。上文的分析表明，在促进土地流转集中推行土地适度规模经营效果不太突出的情况下，人们注意到了分工经济和市场化的作用。农业经营模式的变革主要体现了农业分工社会化、服务市场化趋向。因此，农业经营模式变革对规模经济的影响与作用，基本上体现为分工和专业化、市场化对规模经济的促进作用，形成了“市场化经营模式—分工经济—农业规模经济”的内在逻辑。

Yang 和 Ng（1995）建立了一个关于企业的一般均衡模型，有效证明了企业及其规模经济的决定，并不是外生给定的，而是从分工中内生的。其理论脉络为分析农业经营模式对规模经济的积极意义提供了很好的逻辑线索。农业经营模式作为组织分工的一种特殊方式，是作为人们选择其专业化水平及其组织交易模式的结果而出现的：第一，如果交易效率很低，则自给自足是一个均衡；如果交易效率很高，则分工是一个均衡。第二，如果劳动的交易效率高于中间产品的交易效率，则分工会通过经营模式和劳动市场来协调；否则，分工就通过中间产品和最终产品市场来组织。第三，市场化经营模式会被选择来组织分工并生产规模经济，此时产品的交易和定价被相应的劳动力的交易和定价取代，而且中间产品在分工中的出现则是至关重要的必要条件。上述理论脉络有助于构建关于市场化经营模式和农业规模经济之间关联模式的理论架构或分析框架。对于农业规模经济尤其是土地的规模经济性而言，如果农地流转的效率很高，那么农业经营主体就会通过扩大土地规模来实现“土地规模经济性”。显然，土地规模经济的实现依赖于土地产权市场、企业家市场和农业服务市场的发育，但是目前农地流转的低效率及其契约的不稳定构成了极大阻碍。如果农地流转的效率很低，土地规模的扩大将受到约束，农业分工将转换为市场组织分工，中间产品的生产与劳动（服务）交易效率就具有重要作用。从农业经营主体的角度来说，意味着规模经济转换为通过农业生产性服务（如代耕、代种、代收，甚至是职业经理人的“代营”等中间性服务产品）的纵向分工与外包来实现“服务规模经济性”。农业经营模式的变革方向正是积极嵌入社会化大分工，突出市场的纽带作用。对于农户家庭经营而言，农业经营模式变革找到了农户家庭经营和社会化服务之间的交集，也带来了农户家庭经营模式的转换。正如前述引用：这种以市场为纽带的市场化经营模式，使农民家庭经营突破了社区边界，简化了农业规模经济形成和分享的条件，农民既能以社区内合作的方式分享内部规模经济的好处，又能以购买多元化服务的方式分享外部规模经济的好处，从而促进农业规模经济的实现。

3.3.2 机理结构解析

上文在解释农业经营（组织）模式变革对规模经济的促进作用时提出了一个“市场化经营模式—分工经济—农业规模经济”的内在分析逻辑，对这一逻辑进行初步演绎分析，基本上可以形成市场化经营模式对农业规模经济促进作用的解释框架。为了简化分析思路，同时基于对市场化经营模式的理解，本书将从产品内分工的视角，对分工专业化进行具体剖析，从而建构市场化经营模式实现规模经济的主要分析架构。

1. 分工专业化效应

基于农事活动的技术可分性，农产品生产过程内部不同生产环节和流程最佳规模可能存在差异，如果采用高度内置式一体化生产方式，即传统旧模式，把所有环节流程纳入同一空间点生产系统中展开，整个系统规模取决于某个关键环节最佳规模，不能同时实现多个环节最佳经济规模。针对农产品生产环节，通过环节服务外包的模式，把一体化生产系统演变为以特定环节和流程为基本单元的产品内分工系统，则可通过同时实现使更多环节流程最佳规模达到成本节省和规模经济的目标。

例如，水稻种植生产需经过整地、育秧、移栽、植保、收割五个环节流程，每个环节的成本属性派生出各自最佳规模水平差异。如果采取传统家庭内置式分工方式生产，即便没有市场需求规模的约束，整个生产系统的最佳规模也只能由某个环节的最佳规模决定。假如第一个环节的最佳规模决定了整个生产过程的最佳规模，其他四个环节就要在偏离最佳规模的数量水平上进行，由此产生机会成本。换言之，如果能够进行产品内分工，即进行农业生产环节分离与作业服务外包，这部分成本构成了潜在的资源节省对象或利益来源。

事实上，水稻生产中，多数农事活动与生产环节是可以分离外包的。例如，育秧活动能够由专业化的育秧服务组织或个体提供；整地、移栽、植保、收割等生产环节活动可以向专业化的服务组织或个体外包。尽管农业生产存在信息的不规则性，但专业化组织具有信息搜集与处理的比较优势；尽管存在服务质量的考核困难，但专业服务形成的资产专用性与服务市场的竞争，能够有效减缓监督成本问题。重点是，农事活动的分工与环节服务外包的可能性及其效率，与服务市场的规模密切相关。对于环节外包服务的需求或发包方（农户）而言，假如众多的农户能够将某个生产环节外包出去，从而构成一定的总需求规模，提供相应中间性产品即专业化服务的承接主体就能够获得进入的规模经济性，由此而形成的分工经济即可带来合作剩余。因此，一旦农事活动卷入分工，农业的土地规模经营就转化为服务规模经营，规模经济也就表达为分工经济（罗必良，2017）。在分工经济条件下，农户能够以服务规模经营替代土地规模经营，通过分工能够获得外部规模经济性。这不失为农业规模经济实现甚至增进的一个重要渠道与机制。

2. *人力资本效应*

借鉴新贸易理论中的动态比较优势论断，当且仅当一个农户在某个时点上的农业生产活动的机会成本增长率比其他农户低时，该农户在该时点上的农业生产活动才具有动态比较优势。农户根据当期比较优势进行分工，自由贸易可能导致福利损失，因为该农户可能放弃了在其他部门潜在的学习效应或称人力资本效应。因此，农户为了避免这种“比较优势陷阱”，往往是根据自身学习能力来选择专业化分工。亦即，人力资本效应是动态比较优势和专业化分工的重要来源。同时基于上述的专业化分工效应，显然，市场化经营模式下，“人力资本效应—动态比较优势—专业化分工—农业规模经济”是一条清晰的机理线索，本部分不做赘述，但更关心人力资本效应对农业规模经济的直接影响。

Romer（1986）和 Lucas（1999）的内生增长模型强调，规模报酬递增所表达的规模经济是由知识（技术）和人力资本的溢出效应引起的。Barro 和 Sala-I-Martin（1997）将生产经验对生产率的正向影响称为人力资本效应，而该效应的形成是通过投资实现的。人力资本的溢出效应不仅自身具有规模报酬递增的性质，而且使物质资本和劳动也具有了规模报酬递增的特征。Lucas（1999）所阐述的外部性是人力资本的溢出效应，这种效应也是经济可持续增长、动态比较优势和规模经济实现的重要源泉。Barro 和 Sala-I-Martin（1997）刻画了人力资本外部效应同时使物质生产部门与教育部门产生规模报酬递增的情形。如果对 Barro 和 Sala-I-Martin（1997）的具有物质和人力资本的单部门模型进行引申，分析在熟练劳动（H）和非熟练劳动（L）两种要素投入的情形下人力资本效应对规模经济的影响。在人力资本投资中，人力资本效应会使得非熟练劳动的技能水平上升，同时，人力资本效应总是要与学习吸收能力相适应，因此非熟练劳动也需要投资。采用简单的 CD 型生产函数，建立熟练劳动和非熟练劳动的投资函数，根据经济体中的代表性消费者的最大化问题构建方程，求解便可做出以下推论：人力资本效应的增强对经济增长水平和人力资本水平具有正向影响。人力资本效应引起的规模报酬递增是比较优势和规模经济的一个来源，其作用渠道正是人力资本水平。因此，在市场化经营模式下，增加人力资本投资对于农业规模经济的实现具有积极作用。

3. 成本节约效应

市场化经营模式充分发挥了分工经济的优势，通过市场交易实现资源配置的高效率，从而带来成本节约效应。正如前面分析，新模式带来的成本节约效应主要源于这些方面：一是产出和收入规模增加到一定的合适水平时，农业生产经营的固定成本得以分摊减少，同时农业经营主体的学习成本不断降低，从而带动平均成本呈下降趋势，竞争力得到加强，产生了内部规模经济。二是在分工条件下有些可以从外部获得的服务性投资将由服务主体承担而不需要农户承担，从而通过减少农业经营固定成本支出而降低规模经济临界点水平，通过共享外部规模效应而节约变动成本乃至总成本支出产生规模收益。三是分工带来专业化生产，既有利于新技术的应用和高效率社会服务的获取，提升投入产出效率，又有利于提高劳动生产率和土地产出率，降低生产经营成本，并发展适度规模经营，分享社会分工与专业化所产生的规模经济效益。

4. 资源配置效应

基于上文对市场化经营模式的定义，市场化经营模式促进形成一种新的制度安排，其形成的制度环境对农业发展及其规模经济实现具有资源配置效应。市场化经营模式，一方面，通过对生产要素的有效引导，农业规模经济实现所需要的资源向其转移；另一方面，通过提高农业生产经营活动中要素使用的效率，从而实现资源在农业规模经济实现中的更优配置。具体表现为：①与农业有关的劳动力市场制度环境的改善，通过高素质劳动力向农业产业的自由流转机制及符合农业发展的人力资源的深度开发机制，实现农业劳动力要素的资源优化配置。②农业发展相关资本市场制度环境的改善，实现农业发展所需资本要素的资源优化配置。例如，政府扶持政策对农业发展的倾斜，引导资本向农业部门流动；金融制度环境的持续探索与改善，提高农业产业资金运作的效率；等等。③与农业相关分配制度环境的改善，市场化经营模式通过市场机制的调节作用、市场回报率的增长及农业产业内外双方福利的改进等制度设计，在社会收入分配层面促进资源有序流动和优化配置。

5. 技术外溢效应

市场化经营模式下，新型经营主体通过市场不断卷入分工，在农业产业链条上发挥自身比较优势，渗入农业生产经营活动。在此过程中，具有技术优势与创新能力的各类经营主体，在技术与创新要素层面实现衔接，实现农业研发技术、生产技术、管理技术、营销技术等技术层面的提升，促进农业技术应用、推广甚至创新，形成技术应用与创新效应，或称技术外溢效应，主要表现在示范带动效应、学习模仿效应、人才培养效应、竞争激发效应、产业关联效应和市场开拓效应等方面。这种技术外溢效应通过两个方向发挥作用：一是横向上的平行外溢，对竞争性农业经营主体的技术应用与创新的示范、刺激和推动，促进竞争性相关经营者（如农户）提高技术应用水平等，实现劳动生产率和规模收益水平的提升。二是纵向上的垂直外溢，对上下游产业链关联经营主体的技术进步的示范、援助与带动，如相关服务主体从市场需求和技术规范的角度对农户提出标准化种植养殖的要求并加以培训示范等，有助于提升农业生产的科学化水平和投入产出率，进而获得一定的规模效益。市场化经营模式对农业规模经济的技术外溢效应更多地表现为隐性知识溢出。以市场化经营模式中的外包模式为例，单纯的货物外包交易主要是显性知识溢出，这在农业领域中相对较少。农业领域的外包主要是服务外包，充分体现在农业社会化服务体系的发展。农业服务外包涉及大量的双方人员面对面的交流和互动，在此过程中有意或无意地就会发生隐性知识溢出，有利于有能力的经营主体从技术模仿转向自主创新。农业服务外包中隐性知识的溢出主要以两种方式进行：一是为保证服务质量，发包方在技术、人力资源培训、质量和组织管理方面对接包方提供帮助和指导，有利于经营主体获取隐性知识；二是发包方进行研发业务等高端服务环节的外包，接包方共享部分发包方的隐性知识，可以直接促进接包方技术提升。因此，在市场化经营模式中的隐性知识溢出对于农业规模经济实现具有重要意义。

6. 规模收益互补和分享均衡效应

新模式下各经营主体参与分工交易的可持续性，取决于各主体愿意提供的产品或服务在数量上的均衡和利益的相对均衡。如果某一方面或层次经营主体在分工交易条件下获得的利益相对较少，他就会退出分工而使整个分工协作链不能持续循环。所以从理论上推演可认为，新模式的产生和发展多半演化出了这种均衡机制，通过分工交易使可能存在规模经济差异的各生产经营环节实现了规模收益的互补和分享，新模式在分工深化和市场化发展中体现了各参与方交易的公平性和利益均衡效应。这可能是市场机制的作用过程和结果，也可能是政府引导和支持下的各方相互影响的过程。通过一定的理论分析似乎可以探索到市场化经营模式对农业规模经济的整体影响及其作用机制。

第 4 章　我国农业经营模式创新及其演进逻辑

立足历史和逻辑的角度，探讨我国农业经营制度逐渐从以社区为纽带的双层经营模式向以市场为纽带的双层经营模式演进的历史轨迹，解析我国农业经营模式演进的转换轨迹和制度逻辑，探寻牵引其演进方向的主要力量和决定因素，说明农业经营体制市场化演进方向的必然性。

4.1　我国农业经营制度的发展演变

4.1.1　改革开放前农业经营制度演变

中华人民共和国成立初期，我国农村普遍实行土地改革，广大农民获得了属于自己的重要生产资料——土地。在土地改革后到人民公社建立前的一段时期内，农业经营是建立在土地私有基础上的家庭经营制度。土地改革后，我国农业生产迅速恢复，但是随即又出现了农户间“两极分化”。为了应对土地改革后农村出现的新情况、新问题，1951~1957 年，我国农业经营体制先后经历了从互助合作经营制（1951~1952 年）、初级社的合作经营制（1953~1955 年）到高级社的集中统一经营制（1955~1958 年）的转变。1958 年 8 月之后，我国农村开始迅速推行农村土地的集体所有、集体经营的人民公社制度。1962 年 2 月中共中央将农村的基本核算单位确定为生产队，以生产队为基本核算单位，确立了人民公社实行“三级所有，队为基础”的管理体制，一直维持到改革开放初期。人民公社体制的建立，并没有改变高级社“生产资料集体共有基础上的统一经营、共同劳动、统一分配”的集中统一经营特征，因此可以说，高级社的建立，是我国农村改革前农业经营制度基本形成的标志。

然而，这种“大一统”的农村经济体制，严重制约了农村生产力的发展。从1957年高级社之后到1978年农村改革之前，21年间我国粮食总产量增长了58.1%，平均每年增长2.2%；棉花总产量增长了50.0%，平均每年增长1.95%；油料总产量增长了2.6%，平均每年仅仅增长了0.12%。从三种农产品的全国人均占有量来看，1957年粮食、棉花、油料人均占有量为306千克、2.6千克、6.6千克，1978年三种农产品人均占有量分别为318.7千克、2.3千克、5.1千克，1957~1978年，全国人均占有的粮食数量仅增加了12.7千克，人均占有的棉花和油料反倒减少了0.3千克和1.5千克。这事实上说明了“大一统”的农村经济体制和农业经营制度，严重制约了农村生产力的发展。人民公社制度不仅制约了农村经济的发展，导致农业发展停滞，同时也造成农民收入增长极为缓慢。1957~1978年的21年间，农民人均年收入仅仅增加了64.22元，平均每年仅增加3元（罗必良，2002）。

4.1.2 改革开放中农业双层经营体制

党的十一届三中全会拉开了农村改革的序幕，家庭联产承包责任制成为我国农村集体经济组织的一种基本经营形式。1978年十一届三中全会召开，党和政府的工作重心从阶级斗争转移到经济建设上，同时也拉开了我国农村改革的序幕。安徽省小岗村的18位农民签下了“生死状”，将村内土地分开承包，率先实行了“包产到户”和“包干到户”等农业经营形式，开创了家庭联产承包责任制的先河。1982年1月1日，中共中央发出了关于农村经济政策的第一个“一号文件”，明确指出“我国农业必须坚持社会主义集体化的道路，土地等基本生产资料公有制是长期不变的，集体经济要建立生产责任制也是长期不变的”。同时提出发展家庭联产承包责任制，“必须与当时当地的生产需要相适应，宜统则统，宜分则分，通过承包把统和分协调起来，有统有包”。

农村改革的不断发展，逐渐瓦解了“一大二公”的人民公社体制，家庭联产承包责任制成为基本经营制度。1983年1月2日，中共中央在《当前农村经济政策的若干问题》中指出，“联产承包制采取了统一经营与分散经营相结合的原则，使集体优越性和个人积极性同时得到发挥”。首次从理论上肯定了家庭联产承包责任制，并全面推行。之后随着人民公社“三级所有，队为基础”体制的解体，绝大多数地区的集体统一经营逐渐被家庭经营代替，以联产承包为纽带、家庭经营为基础与集体统一经营相结合的“双层经营”体制走上了历史舞台。1986年的中央一号文件正式确立农业中“应当进一步完善统一经营与分散经营相结合的双层经营体制”。1991年十三届八中全会通过的《中共中央关于进一步加强农业和农村工作的决定》，首次明确了“把以家庭联产承包为主的责任制、统分结合的双层经营体制，作为我国乡村集体经济组织的一项基本制度长期稳定下来，并不断充实完善”。“家庭承包经营为基础、统分结合的双层经营体制”作为农村集体经济组织的基本经营体制，被写入 1999 年全国人大修订的《中华人民共和国宪法》。

4.1.3　农业双层经营体制的发展完善

家庭联产承包责任制推进的一系列改革，使我国农业农村经济和社会发展取得了翻天覆地的变化。随着农业农村改革的不断深化，农业现代化建设不断实现新跨越，农业“双层经营”体制也在不断地改革和完善过程中。在新的形势下，党的十七届三中全会对农村基本经营制度做出了新的政策阐述，提出要实现农业经营方式的“两个转变”：家庭经营要向采用先进科技和生产手段方向转变，增加技术、资本等生产要素投入，着力提高集约化水平；统一经营要向发展农户联合与合作，形成多元化、多层次、多形式经营服务体系方向转变。强调要“推进农业经营体制机制创新，加快农业经营方式转变”，要“发展多种形式规模经营”，通过发展多元化社会服务体系来完善农村基本经营制度。之后农村改革一直沿着这个主线展开，农业双层经营体制得到不断完善。

总体来看，我国农业双层经营体制发展完善有以下特点：第一，国家政策重点从强调农村集体经济的本质转变为探索集体经济的有效实现形式。对集体经济组织内涵的认识，扩展到农民专业合作社、农业企业、种养大户等一切可以提供农民组织化程度和提供社会化服务的所有组织。第二，“统分结合的双层经营体制”形式有所创新。在“分”的层次上，围绕着改造传统农户、培育现代农业经营主体，广泛开展多种形式的农民培训，着力提高农户融资经营能力、科技应用能力、机械使用能力和开拓市场能力。在“统”的层次上，发展集体经济，增强集体组织服务功能，培育农民新型合作组织；发展各种农业社会化服务组织，强调发展“社会化服务”，主张“统一经营”与“统一服务”并重，构建新型农业社会化服务体系，通过市场或互助合作的方式，为家庭经营提供产前、产中、产后各种相关服务；鼓励龙头企业与农民建立紧密型利益联结机制。第三，“家庭经营”的外延扩大。不管其农业的经营范围、经营方式、经营内容如何变化与更新，只要农户经营中某个农事环节一定程度上符合农业家庭经营的本质特征——家庭成员对农事活动有着控制权，家庭在农事活动中表现出独特的难以替代的能力，农户拥有坚持农业家庭经营的信念（罗必良，2017），就都属于家庭经营的经营形式。

4.2　现代农业经营模式的创新发展

4.2.1　农业经营模式演变的基本轨迹

按照上文的定义，农业经营模式是在一定的农业生产力水平下，农业的组织形式和运行方式，农业经营主体在其生产经营活动和实现价值目标过程中对市场做出反应的方式、形式等范式总称。农业经营模式是制度层面的农业经营形式与技术层面的农业经营方式的有机统一，不同农业经营形式与不同农业经营方式结合构成不同的模式。农户采用传统农业生产经营组织形式的生产经营模式称为“传统种养模式”，农户采用分工的新型农业生产经营组织形式的生产经营模式视为新型农业经营模式或者现代农业经营模式（李宾等，2015）。

20 世纪 90 年代初始，随着我国社会主义市场经济体制的初步确立及之后的迅速发展，农业市场化趋势不断增强并不断向农村渗透。市场经济的发展，给农民的经营观念带来革新，各种农业经营新形式新主体不断涌现，农业专业合作社、龙头企业、家庭农场等新型经营主体日益增多，“小而全或大而全”的自给自足传统经营模式逐步转向“精而细”的专业化市场经营模式，农业生产经营由个人全过程分散经营逐步转向专业分工协作或合作经营，并在变革过程中趋向多元化、规模化和跨区域化。本书理解和定义的市场化经营模式，就是基于专业化分工的各农业经营主体在原有要素产权框架下突破原有社区边界限制，充分融入市场并以市场为纽带的多元化双层经营模式。正如前文分析指出，坚持家庭经营为基础的多种经营主体有机结合，专业化分工、社会化服务、市场化经营、跨区域协作或合作推动资源优化动态配置，构成了市场化经营模式的主要内涵和本质特征。

与规模较小、经营单一的家户分散经营相比，现代农业经营模式或市场化经营模式不是简单的农民组织化，而是规模化、产业化、集约化、社会化的生产经营模式，与规模经济理论、农业产业化理论、交易成本理论、农业比较优势理论相契合。现代农业经营模式是建立在高新技术对传统农业的改造升级及现代管理理念的基础上，将分散的小农经济与社会服务化组织、先进工业组织有机结合起来，促进规模化生产的形成，比传统分散的农户经营具有更高的产出效率，更强的抵御风险的能力，是未来农业经营模式的发展方向。

国家为现代农业经营模式的创新发展提供了一系列的政策支持。2004 年中央一号文件《中共中央 国务院关于促进农民增加收入若干政策的意见》明确提出要“加快发展农业产业化经营”，在坚持家庭承包经营的基础上，进一步探索和促进了市场化的跨产业或行业的“统分结合”的经营模式。2013 年十八届三中全会通过的《中共中央关于全面深化改革若干重大问题的决定》中指出，要加快构建新型农业经营体系，“坚持家庭经营在农业中的基础性地位，推进家庭经营、集体经营、合作经营、企业经营等共同发展的农业经营方式创新”，“鼓励承包经营权在公开市场上向专业大户、家庭农场、农民合作社、农业企业流转，发展多种形式规模经营”。2017 年中央一号文件强调“大力培育新型农业经营主体和服务主体，通过经营权流转、股份合作、代耕代种、土地托管等多种方式，加快发展土地流转型、服务带动型等多种形式规模经营”。十九大报告强调“实施乡村振兴战略”，“构建现代农业产业体系、生产体系、经营体系，完善农业支持保护制度，发展多种形式适度规模经营，培育新型农业经营主体，健全农业社会化服务体系，实现小农户和现代农业发展有机衔接”。

4.2.2　农业经营模式变革的实质内涵

农业经营模式遵循我国农村基本经营制度的基本框架，因此，其变革也必然内嵌于基本经营制度框架下。农村基本经营制度的演变引导着农业经营模式的变革方向和内容。我国农村基本经营制度主要包括农村土地的农民集体所有制、农民对集体土地的长期承包权制度及以家庭经营为基础的农业经营制度。其中，农村土地制度作为农村基本经营制度的内核，一直是农村制度变革的主线，其变革先后经历了农民土地私有私营（1949~1953 年）、土地集体所有与集体（合作）经营（1953~1978 年）、土地集体所有与家庭承包经营（1978 年至今）三个阶段。1978 年之前的制度演变主要表现为强制性制度变迁和集体化特征，1978 年之后则体现出诱致性变迁和市场化特征。纵观我国农村基本经营制度的变迁历程，能够理出三条清晰的演变路径（罗必良和李玉勤，2014）：一是从人民公社的所有权与经营权的“两权合一”，到家庭经营制的所有权、承包经营权的分离，并进一步由以所有权为中心的赋权体系向以产权为中心的赋权体系转变；二是从改革初期承包权与经营权的“两权合一”，到要素流动及人地关系松动后承包权与经营权的分离，并进一步由以保障农户的经营权为中心的经营体系，向以稳定农民的承包权为中心的制度体系转变；三是从小而全且分散的小农经济体系，到适度规模与推进农业专业化经营以改善规模经济，并进一步在稳定家庭承包权、细分和盘活经营权的基础上，向多元化经营主体及多样化、多形式的新型农业经营体系转变。

基于农村基本经营制度的演变逻辑，加之土地细碎化、农户兼业化、劳动力弱质化、农业副业化、生产非粮化等我国农业经营格局的问题倒逼，农业经营模式也就由“小而全或大而全”的自给自足传统经营逐步转向“精而细”的专业化市场经营，由全过程个人分散转向专业分工或合作经营，并在变革过程中趋向多元化，涌现出雇佣经营型、租赁经营型、承包经营型、订单生产型、服务外包型等经营模式，同时也发展出专业大户、家庭农场等一大批新型农业经营主体，进一步丰富了我国新型农业经营体系。透析农业经营模式变革的实质，本书认为，农业经营模式变革的趋势方向在于市场化条件下的分工深化与专业化发展，其实质内容是随着市场化改革的逐渐推进，在市场机制作用下，由以社区为纽带的、相对封闭的家庭分散经营的传统双层经营模式向以市场为纽带的、相对开放的家庭农场、专业大户、社会化服务主体等新型经营主体有机结合的多元化双层经营模式演变。这一模式变革方向和内容符合专业化分工原理，可以让各参与主体参与分工经济并分享专业化的好处；符合市场经济原理，可以让各参与主体参与市场活动并分享公平交易的经济利得。

这里必须强调，鉴于我国的基本农情，在目前农业农村经济的政策和法律框架下，农业经营模式变革或创新都是在一个基本前提下演进的，或者说任何时候推进农业经营模式变革或创新都必须坚持这样一个基本前提，这个前提条件就是：必须始终坚持农村土地集体所有制；必须始终坚持不改变土地承包关系并保障农户的土地承包权；必须始终坚持家庭经营的基础性地位不动摇；必须始终严格保护耕地并强化农地用途管制等。无论农业经营模式如何变革、其组织形式如何创新，均不能削弱甚至突破我国农村基本经营制度的制度内核与制度底线。促进农业农村经济持续发展，推动农业现代化建设和乡村振兴，确保粮食食品安全和确保农民增收的双重核心目标，坚持我国农村基本经营制度，是十分重要的前提和保障。分析研究农业经营模式变革及影响的问题，都必须坚持这一前提条件。尤其是在组织形式上，必须坚持家庭经营仍然是农业经营模式的基本组织形式，并在此基础与框架下，不断发展多元化的新型农业经营主体，探索形式多样的农业适度规模经营。

4.3　市场化经营模式演进的逻辑解释

从最直接影响层面去分析，市场化经营模式变革演进的逻辑主要是以下几方面，很多因素既单独影响或诱导模式演进的过程或结果，又在某种条件下形成综合交错的动因力量导致这一演进过程。

1. 经济利益驱动

经营主体对农业经营收益的追求，是推动农业经营模式创新的内在动力。改革开放之初，以家庭为基础，统分结合的双层经营模式在一定时期内促进了农业生产力发展，已有研究表明，1978~1984 年，农业增长速度由原来的 2.9%提高到 7.7%,而家庭联产承包责任制改革对农业产出增长的贡献约占 46.89%(Lin,1992)。但是，伴随市场经济迅猛发展和国际竞争加剧，传统经营模式面临土地细碎化、农户兼业化、劳动力弱质化、农业副业化和生产非粮化等问题（罗必良等，2012）。以农村土地细碎化、经营规模小微化为特征的传统经营方式，不仅增加了农户的交易成本，而且使单个农户难以承担农业生产所面临的自然风险及农产品销售所面临的市场风险，极大地限制了农业生产经营的规模效益和农业专业化、集约化发展（温涛等，2015）。适度规模经营有利于规模经济优势的发挥，不仅为现代农业生产技术的导入提供便利，还有助于分摊先进技术的引入成本。因此，国家出台了大量的政策，推动农地流转集中并实现规模经营，但是实施效果较微。1986 年我国农户户均耕地面积 9.2 亩、分散为 8.4 块，2008 年下降为 7.4 亩、分散为 5.7 块（何秀荣，2009），2011 年户均耕地面积进一步下降到 5.58 亩，2015 年底，经营耕地 10 亩以下的农户数量仍然多达 2.1 亿户，占全部农户的 79.6%[①]，小规模、分散化的农业经营格局并未改变。家庭农户生产经营模式渐渐满足不了复杂多变的市场需求，为寻找经营出路，提高农业经营效率，农民开始自发探索新农业经营模式。随着农业市场化程度不断提高，也需要新型经营主体创新农业经营模式。与传统的自给自足的小规模农户相比，新型农业经营主体多采取企业化运作，以农业经营的最大化利润为首要目标，所以其生产经营活动必须要紧盯市场。一方面，培育专属品牌，提升品牌知名度，以扩大农产品市场份额；另一方面，着力迎合消费者的各种需求，充分发掘市场潜力。农业经营主体在原有要素产权框架下，逐渐突破原有社区边界限制，对于市场的反应积极主动、对市场的利用充分，开展跨区作业、生产服务外包等，农业开始向专业化、多元化、市场化的方向演进，推动农业经营模式不断创新。

2. 分工与专业化

分工和专业化改变了农业规模经营的实现条件。Young（1928）认为，规模经营能增加收益的原因不是土地规模的扩大，而是土地规模的扩大促进了分工和专业化生产，进而实现了报酬递增。农业规模经济的实现与生产规模大小不一定直接挂钩。在一定生产规模条件下（如农户家庭经营），农业产前、产中、产后甚至是生产各环节分工可能都有利于改善规模经济的实现条件。农业分工和专业化发展是农业经济发展的动力和源泉，而农业自身经济再生产和自然再生产相交织的特征决定了农业分工的有限性，阻碍了农业分工演进和农业专业化发展。家庭生

① 资料来源：《中国农村发展报告》（2017）。

产方式下，单个农户参与农业分工需要支付高额的交易费用，使农民在市场竞争中处于劣势地位，同时分散经营难以及时掌握市场行情变化，导致农业经营的结构趋同，而进行专业化生产需要承担巨大的专业化风险，这些成本和风险往往会使单个农户面临生存威胁，因此家庭生产方式下单个农户更倾向于多样化生产或自给自足的生产。农村的分工分业的深化，打破了农户家庭“小而全”的经营格局，大量“附属性”劳动逐步从农业经营中分离出来，成为为农业生产提供产前（如机耕、机播）、产中（如除草、施肥、病虫害防治、水利灌溉、农艺改革）、产后（如机收、农产品收购）服务的社会化服务机构。这些社会化服务机构，以市场为纽带，在保持家庭生产经营方式不变的制度条件下，能够帮助农户有效降低交易成本并规避专业化风险，使农户在保证家庭安全的前提下获得更多分工收益和专业化经济收益，诱制农户参与分工并从事农业专业化生产，进一步促进农业分工演进和农业专业化发展。随着农业分工和专业化的发展，原来具有“小农经济”特征的传统农业生产经营模式必然要求被具有现代社会化生产特征的新型农业生产经营模式取代，这也是世界农业发展的普遍规律。因此，可以说是家庭经营条件下农业分工和专业化发展的需要诱发了市场化经营模式的产生。

3. 农业经营兼业化

随着农业大量剩余劳动力的兼业化转移，务农劳动力数量和质量都呈现结构性下降，对市场化经营模式的产生与发展提出了迫切需求。剩余劳动力的兼业性转移，是社会经济发展和农业生产特点共同作用的结果。随着现代农业生产方式的推广和现代农业技术的广泛应用，大量农村剩余劳动力从土地中游离出来。农业的生产过程和劳动过程存在的非一致性，使得农业劳动力的使用存在着季节性和间歇性，农村劳动力兼业性转移更有利于农村家庭获得更多经济收益。家庭联产承包责任制使农户有了生产经营的自主权，取得了独立的经济利益，可以依据对市场价格信号的反应，合理地配置其所拥有的经济资源，尤其是劳动力资源，农户可以把自然赋予的时间有选择地配置于闲暇需求、农业生产和非农兼业之中。农业剩余劳动力大量兼业化转移，农村家庭呈现结构性变迁，对农业生产经营产生巨大的影响。一方面，推动了农业机械化水平。家庭联产承包责任制的初期，“化整为零”的土地分配方式造成了机械化成为不经济的选择。然而，农户家庭结构的变化，劳动力使用成本的上升，使得机械替代劳动成为农民的理性选择；同时，非农就业收入的增长造成农民从事农业生产的机会成本增加，用农业机械来节省劳动时间成为有效选择。另一方面，促进了土地流转和农业生产方式的转变。工业化和城市化的发展使得农民不再依赖土地，推动了土地流转，研究表明，农业劳动力多的农户转入土地可能性大，而非农就业的劳动力多的农户更希望转出土地，外出农民工特别是举家外出农民工数量的增长，有利于农地的流转和规模化程度的提高。土地的流转，推动了土地适度规模经营，土地经营规模的扩大又增加了对农业劳动力的需求，使得农业雇佣劳动的比例上升。截至 2016 年底，农村流转土地面积已超过 35%，流转出土地的农户已占 30.8%，促进了土地规模经营的发展。然而，农业劳动的非农化转移，也会对农业发展带来负面的影响。根据《中国统计年鉴》的数据，改革开放以来我国第一产业就业人员比例从 1978 年的 70.5%下降到 2016 年的 27.7%，下降 42.8 个百分点，同时国家统计局数据显示，1996 年全国农户中纯农户占 62.81%，1999 年占 40.00%，2012 年则减少到 18.28%，大量农村剩余劳动力转移到第二、第三产业，而留守农业的劳动力呈现老龄化和妇女化特征。上海财经大学对 931 个村庄进行的抽样调查结果显示，2011 年，外出务工及从事非农兼业的劳动力已经占到农村劳动力的 48.62%，在留村劳动力中，51 岁以上劳动力占 39.80%，妇女占比则高达 69.89%。农业剩余劳动力大量兼业化转移与农村家庭结构性变迁，增强了新型经营主体创新农业经营模式的紧迫感。

综上，随着市场化程度的不断加深，传统农户家庭的闭合式的“亲缘性”分工模式被突破，为以“市场货币”为核心的市场性分工所取代：市场是农户实现分工与专业化的外在动力，市场化不断冲击着传统农户家庭经营的自给自足的特征，加深了其对市场的依赖性；经济利益是推进农户参与分工的内在动因，在经济利益的驱动下，农户参与社会分工的程度进一步提升。当前“农民分工与专业化”所形成的劳动力结构性变化，为农业规模化经营的发展提供了前提：一方面，分工与专业化促使兼业农民越来越多地脱离农业生产，为农户家庭实施非农经营创造了机会，实现农业剩余劳动力的真正转移；另一方面，分工与专业化反过来会加快土地等农业生产要素的集中，从而逐步扩大农业的生产与服务经营规模，使规模经济的实现成为可能。

第5章　农业规模经济水平及其市场关联

5.1　农业规模经济总体水平及基本特征

5.1.1　测度模型及变量选择

1. 模型及说明

一般认为，规模效应是构成全要素生产率的三个重要来源之一。全要素生产率是用来衡量生产效率的指标，它有三个来源：一是效率的改善；二是技术进步；三是规模效应。其中，规模效应作为农业全要素生产率的重要来源之一，是农业经营中规模经济水平的反映。鉴于此，要测度农业规模经济水平，可以先通过测度农业全要素生产率，然后用其分解出规模效率来刻画。在本节研究中主要通过DEA（data envelopment analysis，数据包络分析）效率和Malmquist指数的计算，从静态和动态两个角度来刻画我国农业生产效率及农业规模经济水平。其中，DEA主要利用数学规划和统计数据确定最优的生产前沿，并通过比较决策单元偏离生产单元的前沿程度来评价它们的相对有效性。但根据规模报酬是否可变的假设，可以将DEA方法分为以下两类。

第一，CCR模型。其基本假定是规模报酬不变，利用线性规划的方法推导生产前沿边界，进而得到决策单元的相对效率值。在该模型中，每一个决策单元 j 都对应一个效率评价指数 h_j，其数学表达式如式（5-1）：

$$h_j = \frac{\sum_{r=1}^{s} u_r y_{rj}}{\sum_{i=1}^{m} v_i x_{ij}}, j = 1, 2, \cdots, n \tag{5-1}$$

式中，x_{ij} 表示决策单元 j 对第 i 种类型输入的投入总量并且满足条件 $x_{ij} \geqslant 0$；y_{rj} 表示决策单元 j 对第 r 种类型输出的产出变量并且满足条件 $y_{rj} \geqslant 0$；u_r 和 v_i 分别表示产出变量和投入变量的加权系数。一般来说，对 j 个决策单元来说，h_j 大就表明决策单元可以运用较少的投入获得相对较多的产出。例如，如果要对决策单元 j_0 在所有 n 个决策单元中的相对最优性进行判断，那么以 j_0 决策单元的效率指数为目标，以所有决策单元的效率指数为约束，就可以得到 CCR 模型。令 $t = \dfrac{1}{\sum\limits_{i=1}^{m} v_i x_{ij}}$，再令 $\mu = tu$，$v = tv$，得到线性规划模型：

$$
\begin{aligned}
& \max \sum_{r=1}^{s} u_r y_{rj} \\
& \text{s.t.} \sum_{r=1}^{s} u_r y_{rj} - \sum_{i=1}^{m} v_i x_{ij} \leqslant 0 \\
& \sum_{i=1}^{m} v_i x_{ij} = 1 \\
& v \geqslant 0, \mu \geqslant 0
\end{aligned}
\tag{5-2}
$$

将式（5-2）转为线性规划和投入产出变量的线性组合就可以求解出相对效率值，其介于 0~1 区间范围内。决策单元的效率值越接近 1，说明其所代表的效率值也就越高。

第二，BCC 模型。其立足的前提假设是规模报酬递增，该模型主要是增加了规模效率，认为技术效率主要由纯技术效率和规模效率构成。从某种意义上来说，BCC 模型是对 CCR 模型的修正和改进。其数学表达式如下：

$$
\begin{aligned}
& \max \sum_{r=1}^{s} u_r y_{rj} - \mu_0 \\
& \text{s.t.} \sum_{r=1}^{s} u_r y_{rj} - \sum_{i=1}^{m} v_i x_{ij} - \mu_0 \leqslant 0 \\
& \sum_{i=1}^{m} v_i x_{ij} = 1 \\
& v \geqslant 0, \mu \geqslant 0, \mu_0 \in (-\infty, +\infty)
\end{aligned}
\tag{5-3}
$$

式中，x_{ij} 和 y_{rj} 分别表示投入变量和产出变量；u_r 和 v_i 表示加权系数。另外，无论是 BCC 模型还是 CCR 模型都包括投入导向型和产出导向型。其中，投入导向型主要是要求在不增加产出的情况下，使得投入最小化；产出导向型则是在要素投入不变的情况下，如何使产出最大化。事实上，严格意义上的农业规模经济强调要素投入同比例变动时的产出增量，因此，本节研究主要运用产出导向型 BCC 模型来测度农业技术效率并通过分解得到规模效率。此外，为了使研究更具可信度和增强决策单元之间的效率比较，主要采用面板数据来扩充样本容量和进行效应测度。当然，为了反映其动态效应，进一步引入 Malmquist 指数，用 DEA-Malmquist 方法来测度与分解生产效率。该方法设定全要素生产率的变化是技术效率的变化和技术进步指数的乘积，具体可以表示为式（5-4）：

$$M\left(x^t,y^t,x^s,y^s\right)=\sqrt{\frac{d^s\left(x^t,y^t\right)d^t\left(x^t,y^t\right)}{d^s\left(x^s,y^s\right)d^t\left(x^s,y^s\right)}}=\frac{d^t\left(x^t,y^t\right)}{d^s\left(x^s,y^s\right)}\sqrt{\frac{d^s\left(x^s,y^s\right)d^s\left(x^t,y^t\right)}{d^t\left(x^s,y^s\right)d^t\left(x^t,y^t\right)}} \tag{5-4}$$

式中，$\frac{d^t\left(x^t,y^t\right)}{d^s\left(x^s,y^s\right)}$代表从时期 s 到时期 t 的技术效率变化指数；$\sqrt{\frac{d^s\left(x^s,y^s\right)d^s\left(x^t,y^t\right)}{d^t\left(x^s,y^s\right)d^t\left(x^t,y^t\right)}}$ 代表从时期 s 到时期 t 的技术进步变化指数。一般而言，当二者的值大于 1 时，表示技术效率和技术进步不断提高。

2. 变量选择和数据来源

（1）产出变量。本节研究所确定的产出变量是粮食产量。

（2）投入变量。投入变量主要确定为粮食生产的劳动力数量、粮食播种面积、农机投入、化肥投入四个变量。由于粮食产量和人均粮食产量两个指标是给定的，粮食生产中的劳动力数量通过粮食产量除以人均粮食产量得到。由于农机和化肥投入量给定的是总额数据，在具体的处理中按照粮食播种面积占农作物播种面积的比重来进行折算。

（3）数据说明。本节研究运用的数据类型是我国 31 个省区市 2001~2014 年省际面板数据，所有数据均来自历年《中国统计年鉴》。各变量的描述性统计信息如表 5-1 所示。

表 5-1　各变量描述性统计信息

变量	粮食产量/万吨	劳动力数量/万人	粮食播种面积/万公顷	农机投入/万千瓦	化肥投入/万吨
均值	1 674.82	4 244.09	345.277	1 748.94	113.94
中位数	1 368.98	3 764.02	311.976	1 233.44	96.64
最大值	6 242.19	10 684.35	1 169.641	8 830.91	501.14
最小值	58.03	170.39	12.017	39.69	2.53
标准差	1 354.28	2 643.85	263.061	1 833.53	96.05
观测值	434	434	43.4	434	434

5.1.2　测度结果及特征分析

1. 静态视角

选择二阶段 BCC 模型，运用 DEAP 2.1 测度粮食生产中的规模效率。测度结果如表 5-2 所示。总体来看，我国粮食生产中的平均技术效率为 0.953，说明其是非 DEA 有效的。分解来看，粮食生产中的纯技术效率为 0.989，逼近 DEA 有效水平，这说明在粮食生产中科技进步速度较为显著。另外，其规模效率为 0.963，并未达到DEA 有效水平，这表明我国粮食生产中规模经济效应不够明显的现实特征。同时，从规模报酬识别来看，不同区域的规模报酬变动也存在异质性。这意味着实现农业规模经济不能“一刀切”，应立足区位条件、资源禀赋、要素结构等前提条件，同时注重创新经营模式。

表 5-2　静态测度结果

地区	技术效率	纯技术效率	规模效率	规模报酬
北京	0.923	1.000	0.923	递增
天津	0.864	1.000	0.864	递增
河北	0.704	1.000	0.704	递增
山西	0.781	1.000	0.781	递增
内蒙古	0.875	0.945	0.926	递增
辽宁	0.899	0.925	0.972	递增
吉林	0.912	0.964	0.946	递增
黑龙江	1.000	1.000	1.000	不变
上海	0.988	0.989	0.999	递减
江苏	0.924	0.925	0.999	递减
浙江	1.000	1.000	1.000	不变
安徽	1.000	1.000	1.000	不变
福建	1.000	1.000	1.000	不变
江西	0.880	1.000	0.880	递增
山东	1.000	1.000	1.000	不变
河南	0.993	1.000	0.993	递增
湖北	0.994	1.000	0.994	递增
湖南	0.939	0.998	0.941	递增
广东	0.965	1.000	0.965	递增
广西	0.980	1.000	0.980	递增
海南	1.000	1.000	1.000	不变
重庆	0.996	1.000	0.996	递增

续表

地区	技术效率	纯技术效率	规模效率	规模报酬
四川	1.000	1.000	1.000	不变
贵州	0.996	0.996	1.000	不变
云南	0.997	1.000	0.997	递增
西藏	0.958	0.962	0.996	递增
陕西	1.000	1.000	1.000	不变
甘肃	0.987	0.987	1.000	不变
宁夏	1.000	1.000	1.000	不变
新疆	0.987	0.987	1.000	不变
青海	1.000	1.000	1.000	不变
平均值	0.953	0.989	0.963	—

就区域层面而言，首先看技术效率，黑龙江、浙江、安徽等 10 个省区的粮食生产技术效率均为 1.000，达到 DEA 有效水平。其余省区市均为非 DEA 有效水平，这也是造成我国整体粮食生产技术效率非 DEA 有效的结构性原因。从纯技术效率来看，北京、黑龙江、重庆等 21 个省区市的纯技术效率都为 1.000，达到 DEA 有效水平。剩余省区市的纯技术效率则均未达到 DEA 有效水平。从规模效率来看，黑龙江、山东、四川等 13 个省区的规模效率均为 1.000，达到 DEA 有效水平，其他省区市的规模效率均未达到 DEA 有效水平。综合而言，规模效率低下是造成河北、辽宁、广东等 18 个省区市粮食生产技术效率非 DEA 有效的重要成因，这一问题背后所隐匿的矛盾问题值得进一步探究。

从规模报酬来看，各省份的情况也存在显著的差异。河北、山西、湖南等 16 个省区市的规模报酬是递增的，这说明投入要素的同比例增加将会导致粮食产出的增加，具有规模经济性。因此，在这些区域实现农业规模经济可以取得预期目标。但浙江、四川、贵州等 13 个省区的规模报酬是不变的，这说明投入要素的同比例变化并不会导致粮食产出的显著增加。换言之，若在这些区域推进要素导向型的适度规模经营可能并不会取得显著的效果。需要注意的是，一些区域，如上海、江苏的规模报酬是递减的，也就是说，投入要素的同比例增加，不但不会导致产量的增加，反而会适得其反。

2. 动态视角

基于 Malmquist 指数测度的动态结果如表 5-3 所示。由表 5-3 可知，2002~2014 年我国粮食生产的全要素生产率平均值为 1.057，整体上达到 DEA 水平；技术效率指数和技术进步指数的平均值分别为 0.997 和 1.063。由于用 Malmquist 指数方法测度的全要素生产率变动是技术效率指数和技术进步指数的乘积，因此，综合来看，样本区间内全要素生产率的变动主要是由于技术进步的变动所引起的。如果进一步将技术效率分解为纯技术效率和规模效率，从结果中可以看到，样本区间内，我国粮食生产中的纯技术效率指数平均值为 1.000，整体上达到 DEA 水平。但规模效率指数平均值则为 0.997，小于 1.000，说明其水平未达到 DEA 有效，这也和前面的分析不谋而合。综合来看，当前我国粮食生产中规模效率低下的事实已经成为我国全要素生产率提高的重要制约因素。

表 5-3　2002~2014 年动态测度结果

年份	技术效率指数	技术进步指数	纯技术效率指数	规模效率指数	全要素生产率
2002	0.904	1.217	0.954	0.948	1.101
2003	1.054	1.402	1.003	1.051	1.478
2004	1.068	1.119	1.026	1.041	1.195
2005	0.997	0.680	1.001	0.996	0.678
2006	0.997	0.936	1.007	0.990	0.934
2007	0.976	1.077	0.990	0.986	1.051
2008	1.044	1.039	1.028	1.016	1.085
2009	0.938	0.948	0.990	0.948	0.890
2010	0.962	0.944	0.991	0.971	0.907
2011	1.049	1.003	1.007	1.041	1.052
2012	1.017	0.878	0.971	1.048	0.893
2013	1.037	0.886	1.027	1.010	0.919
2014	0.923	1.690	1.007	0.917	1.560
平均值	0.997	1.063	1.000	0.997	1.057

为了更为直观地体现我国粮食生产中的效率指数变动趋势，我们将表 5-3 中的技术效率指数、技术进步指数和全要素生产率绘制成图 5-1，以此从结构层面反映全要素生产率变动的钳制因素。由图 5-1 可知，整体而言，技术效率指数在 2002~2014 年围绕 DEA 有效标准 1.000 上下平缓浮动；全要素生产率和技术进步指数的变动轨迹基本一致，呈现相对较为明显的波动状态，先后经历了 2003 年的波峰、2005 年的波谷和 2014 年的波峰，表明虽然技术效率表现平稳，但是技术进步与全要素生产率的联系紧密，对其影响较大。具体来看，2002~2004 年、2007 年、2014 年阻滞粮食生产中的全要素生产率变动的主要因素是技术效率相对较低。2005~2006 年、2009~2010 年两个时期内，粮食生产中的全要素生产率的变动主要是由于技术效率和技术进步的改进都不显著造成的。2012~2013 年的农业全要素生产率提高受阻主要是由于农业技术进步效率的不显著造成的。另外，我们也要看到在 2003~2004 年、2008 年、2011 年的全要素生产率的变动就是粮食生产中的技术效率变动和技术进步变动联合驱动的结果。

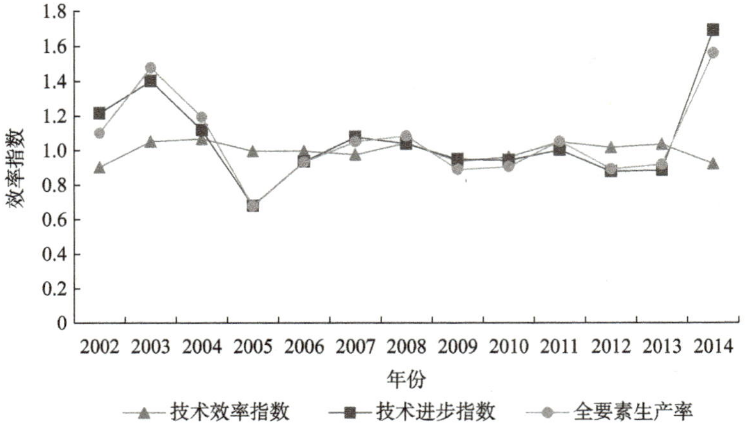

图 5-1　全要素生产率的分解情况

接下来，进一步从时间维度揭示农业技术效率、纯技术效率和规模效率的变动情况并绘制成图 5-2。由图 5-2 可知，整体而言，技术效率指数、纯技术效率指数与规模效率指数三者除了 2012 年这个时点外，均呈现较为相似的变动轨迹。具体来看，2002 年、2007 年、2009 年和 2010 年粮食生产中的技术效率改进不显著主要是由纯技术效率变动和规模效率较低造成的；2005 年和 2006 年的情况是技术进步与规模效率改进不足导致的；2014 年的情况主要是规模效率改进不明显造成的。2003 年、2004 年、2008 年和 2011 年粮食生产中的技术效率之所以出现显著的变动则主要是由纯技术效率提高和规模效率提高共同推进的；2012 年技术效率的显著变动则是规模效率提高导致的；2013 年的技术效率改进则是由纯技术效率提高和规模效率提高共同促成的。

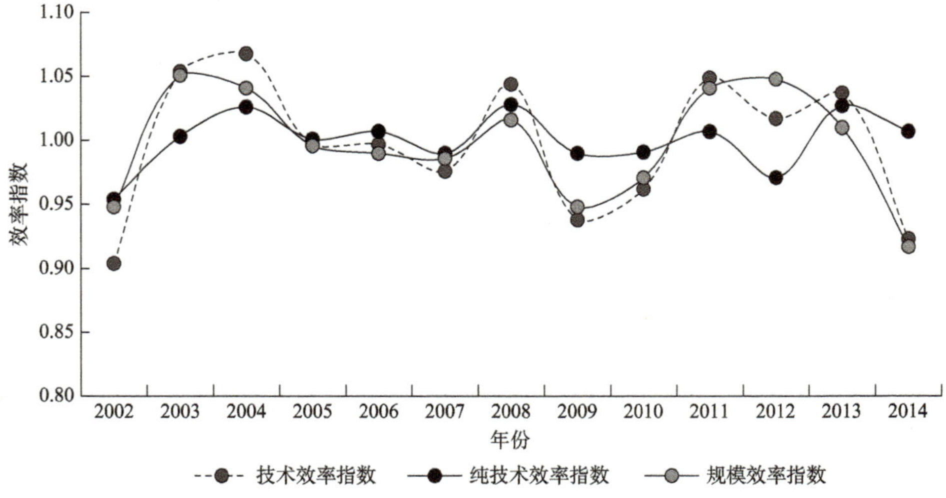

图 5-2　技术效率分解情况

综合而言，在样本区间内，规模效率变动不显著的年份有 7 年，占比为 53.85%，而纯技术效率不显著的年份有 5 年，占比为 38.46%。可见，规模效率仍是制约粮食生产技术效率变动的主要因素。因此，进一步将规模效率的变动情况绘制成图 5-3。由图 5-3 可知，2002 年、2005~2007 年、2009~2010 年、2014 年的粮食生产的规模效率都小于 1.000，尚未达到 DEA 有效水平。这也进一步从侧面说明新时期纵深推进农业适度规模经营模式、实现规模经济已经势在必行，已经成为制约我国农业发展的重要因素。

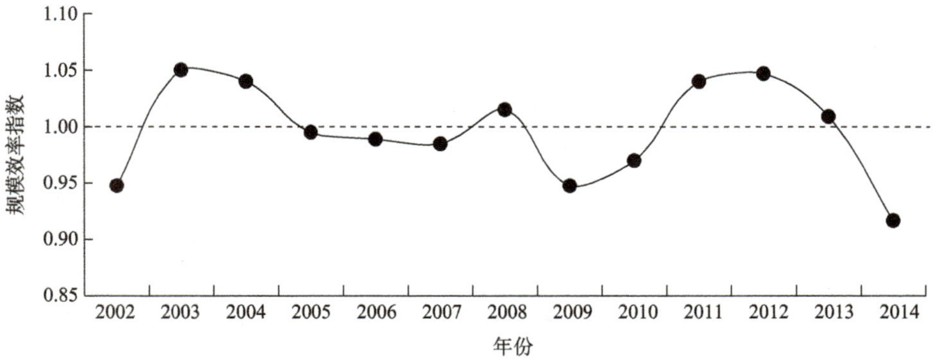

图 5-3　规模效率变动情况

5.2　农户规模经济水平测度及差异特点

5.2.1　农户规模经济水平测度及特征分析

1. 量化方法与测度

在对宏观层面农业规模经济水平掌握的基础上，本节通过构建随机前沿生产函数（stochastic frontier production function）来测度微观层面的农业规模经济。借鉴 Battese 和 Coelli（1992）的方法，构建包含技术无效率的前沿生产函数：

$$Y_i = f\left(D_i, K_i, L_i; \lambda\right) \times \exp\left(\nu_i - \mu_i\right) \tag{5-5}$$

式中，i 表示第 i 个农户；Y_i 为农业产出；D_i、K_i、L_i 分别表示土地要素、资本要素和劳动要素的投入量，即农户播种面积、物质费用和劳动力数量；$f\left(D_i, K_i, L_i; \lambda\right)$ 为随机前沿函数的确定性前沿产出部分，λ 为待估参数，反映要素产出弹性；ν_i 为随机前沿生产函数中一个服从独立分布的随机误差项，且服从 $N \sim \left(0, \sigma_\nu^2\right)$；$\mu_i$ 为第 i 个农户的技术无效率程度，服从 $N^+ \sim \left(\mu, \sigma_\mu^2\right)$ 的非负断尾正态分布，且与 ν_i 相互独立。

对式（5-5）两边取对数，选择超越对数型前沿生产函数形式，得到：

$$\begin{aligned}\ln Y_i = &\lambda_0 + \lambda_d \ln D_i + \lambda_k \ln K_i + \lambda_l \ln L_i + 0.5\lambda_{dd}\left(\ln D_i\right)^2 + 0.5\lambda_{kk}\left(\ln K_i\right)^2 + 0.5\lambda_{ll}\left(\ln L_i\right)^2 \\ &+ \lambda_{dk}\ln D_i \ln K_i + \lambda_{dl}\ln D_i \ln L_i + \lambda_{kl}\ln K_i \ln L_i + \nu_i - \mu_i\end{aligned} \quad (5\text{-}6)$$

对式（5-6）进行随机前沿估计，可以得到参数 λ 和 μ_i 的估计值。此时，土地、资本和劳动要素弹性及农户要素产出弹性可以根据式（5-7）计算得到：

$$\begin{cases}\mathrm{FOE}_{id} = \lambda_d + \lambda_{dd}\ln D_i + \lambda_{dk}\ln K_i + \lambda_{dl}\ln L_i \\ \mathrm{FOE}_{ik} = \lambda_k + \lambda_{kk}\ln K_i + \lambda_{dk}\ln D_i + \lambda_{kl}\ln L_i \\ \mathrm{FOE}_{il} = \lambda_l + \lambda_{ll}\ln L_i + \lambda_{dl}\ln D_i + \lambda_{kl}\ln K_i \\ \mathrm{FOE}_i = \mathrm{FOE}_{id} + \mathrm{FOE}_{ik} + \mathrm{FOE}_{il}\end{cases} \quad (5\text{-}7)$$

式中，FOE_{id}、FOE_{ik} 和 FOE_{il} 分别为第 i 个农户的土地、资本和劳动要素弹性；FOE_i 为要素产出弹性之和，即农户生产的规模报酬，反映要素资源等比例投入增加带来的产出增长，若 FOE_i 大于 1，则说明农业生产处于规模报酬递增阶段，若 FOE_i 小于 1，则说明农业生产处于规模报酬递减阶段，若 FOE_i 等于 1，则表明规模报酬不变。根据本书对于农业规模经济的定义，若 $\mathrm{FOE}_i > 1$，则说明具有规模经济；若 $\mathrm{FOE}_i \leqslant 1$，则不具有规模经济或者规模经济性不明显。

按照课题组调研获得的农户问卷调查资料，鉴于农户生产经营会种植多种作物的实际情况，选择农户种植两种最主要作物的销售收入之和来反映农业产出指标 Y_i，选择两种主要作物播种面积之和来表示土地要素投入 D_i，选择两种主要作物物质费用（包括肥料、农药、雇用工人、土地租金、购买社会化服务等）之和来表示资本要素投入 K_i，选择农户家庭从事农业经营的劳动力人数来衡量劳动力投入 L_i。需要说明的是，部分农户从事农业生产但是农产品主要供家庭内部消费，没有销售收入，由于农户种植的不同作物在产量上无法进行加总，不能计算得到一致性的农业产出指标数据，因而在农业规模经济总体分析中剔除这部分农户。最终，农户观测样本数量为 710 个。

在此基础上，运用 Frontier 4.1 软件对式（5-6）进行估计，最终得到的随机前沿生产函数估计结果如表 5-4 所示。表 5-4 显示，所有待估参数 λ 均能通过显著性检验，说明超越对数型随机前沿生产函数设定正确，可以用于后续分析。运用表 5-4 所示的参数估计结果，按照式（5-7）进行计算，得到 710 个农户生产经营的规模经济水平。

表 5-4　随机前沿函数估计结果

参数	系数	T 值	参数	系数	T 值
λ_0	19.239***	17.751	λ_{dl}	−0.370***	−2.865
λ_d	5.401***	13.401	λ_{kl}	0.285***	2.949
λ_k	−4.294***	−13.401	$\sigma_s^2=\sigma_v^2+\sigma_\mu^2$	2.251	
λ_l	−1.691***	−2.972	σ_μ^2/σ_s^2	0.884	
λ_{dd}	0.793***	7.662	μ	−0.282	
λ_{kk}	0.773***	14.997	Log-likelihood	−748.781	
λ_{ll}	0.366*	1.786	观测数	710	
λ_{dk}	−0.792***	−11.737			

***、*分别表示在 1%、10%显著性水平上显著

注：σ_s^2 为随机前沿生产函数的总方差，σ_μ^2/σ_s^2 为技术无效率方差占总方差的比重，μ 为技术无效率均值

2. 总体特征描述

本节研究所涉及的 710 个样本农户的农业规模经济的统计信息如表 5-5 所示。

表 5-5　农业规模经济总体统计信息

项目	数值
平均值	1.074
标准差	0.232
最大值	2.045
最小值	0.205
规模报酬大于 1 的样本数	469
样本总数	710

从表 5-5 所反映的情况来看，农业经营具有一定规模经济性，多数农户生产处于规模报酬递增阶段。在测算的 710 个样本农户中，要素弹性之和平均值为 1.074，说明农业生产经营处在规模报酬递增阶段，扩大要素投入能够有效促进农业产出增长，具有规模经济性。从不同规模报酬阶段的农户数量上看，469 个农户的要素弹性之和大于 1，占比达到 66.06%，表明多数农户的生产是具有规模经济的，其等比例追加生产要素投入能够带来报酬递增，只有 33.94%的农户处在规模报酬递减阶段，这些农户的农业生产处于规模不经济状态。

在对农业规模经济进行测算的基础上，还需要掌握样本农户规模经济的大致分布情况，观察每个规模经济区间上农户数量的多少，以便于开展后续分析。本节选

择核密度估计（kernel density estimation）方法来描绘样本农户规模经济的分布特征。本质上，核密度估计是一种估计概率密度函数的非参数方法，基本原理是假设每个农户规模经济 $\mathrm{FOE}_1,\mathrm{FOE}_2,\cdots,\mathrm{FOE}_n$ 是从一个具有未知密度函数 $f_k(\mathrm{FOE})$ 的总体中抽样出的独立的、具有相同分布特征的样本，把这些样本数据的值域分为若干相等的区间，每组数据的个数和总参数个数的比率就是每个区间的概率值，即根据每个 FOE 估计其在某个特定点 FOE_0 处的概率密度 $\hat{f}_k(\mathrm{FOE}_0)$。具体公式是

$$\hat{f}_k(\mathrm{FOE}_0)=\frac{1}{nh}\sum_{i=1}^{n}K\left(\frac{\mathrm{FOE}_i-\mathrm{FOE}_0}{h}\right) \tag{5-8}$$

式中，$K(\bullet)$称为核函数，满足非负、均值为 0、积分为 1 的条件，是一种权函数，利用数据点 x 到 x' 的距离来决定在 x' 处估计点的密度时起到的作用，距离近的样本作用较大，其权值也较高，距离远的样本作用较小，其权值也较低；h 为带宽，h 取值越大，估计的密度函数就越平滑，偏差也会越大，h 取值越小，密度曲线和样本观测点拟合越好，但是密度函数可能不平滑，通常情况下以均方误差最小为选择原则；n 为观测值个数。

在对式（5-8）进行核密度估计之前，需要选定核函数 $K(\bullet)$的具体形式，通常有 Epanechnikov 核、Gaussian 核、Triangular 核等多种核函数可供选择。本节选择 Gaussian 核函数 $1/\sqrt{2\pi}\exp(-0.5x^2)$ 来进行估计，同时，为避免带宽选择不当导致的估计偏误，运用 Silverman（1986）提出的自适应核密度法（adaptive kernel method），根据样本来自动选择带宽。农业规模经济核密度估计结果如图 5-4 所示。

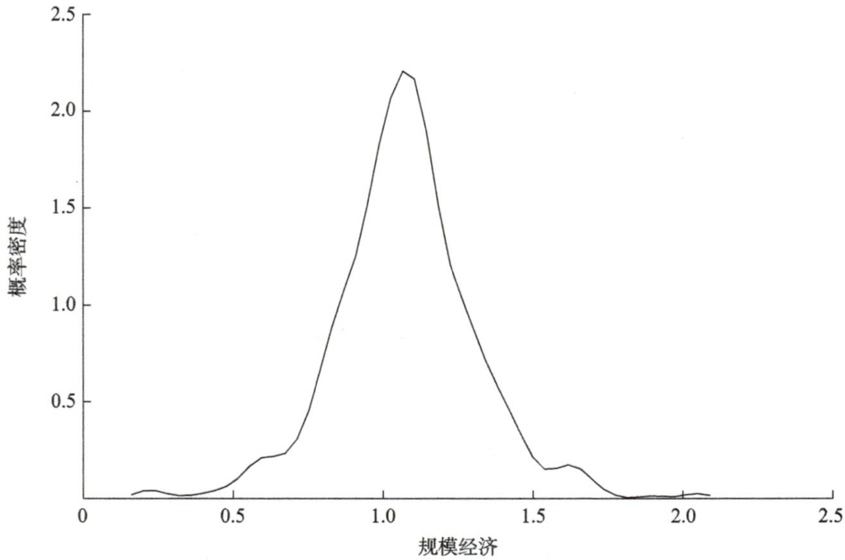

图 5-4　农业规模经济总体核密度估计结果

根据图 5-4 反映的情况看，农户生产经营的规模经济水平呈单峰分布，主要集中在规模报酬不变点周围，处在明显的规模报酬递增或递减阶段的农户数量较少。图 5-4 属于较为标准的正态分布图形，不同农户在规模经济为 1 的期望值点左右两边均匀分布，随着规模经济性越来越高或者越来越低，农户数量越来越少，表明总体样本中农户之间的农业规模经济差异不大。

综上所述，农业规模经济总体特征表现在两个方面：一方面，农业经营具有一定规模经济性，多数农户生产处于规模报酬递增阶段；另一方面，农业规模经济没有出现两极分化，不同规模经济水平农户分布较为平均。

5.2.2　不同产区农户规模经济测度及比较

针对农业规模经济可能存在的地区差异问题，结合农户样本数据实际情况，把 710 个样本农户按照地域划分为两组，一组样本农户来自东部、中部地区，另一组样本农户来自西部地区，用以对比分析不同地区规模经济水平之间的差距，其中，东部、中部农户有 252 个，西部农户有 458 个。对东部、中部和西部两组农户按照前述方法测算农业规模经济，得到的统计信息结果如表 5-6 所示。

表 5-6　农业规模经济分区域统计信息

项目	东部、中部	西部
平均值	1.191	1.016
标准差	0.322	0.275
最大值	2.067	1.978
最小值	−0.547	0.323
规模报酬大于 1 的样本数	206	229
样本总数	252	458

同时，根据前述核密度分析方法分别得到东部、中部和西部农业规模经济的核密度分布图，如图 5-5 所示。

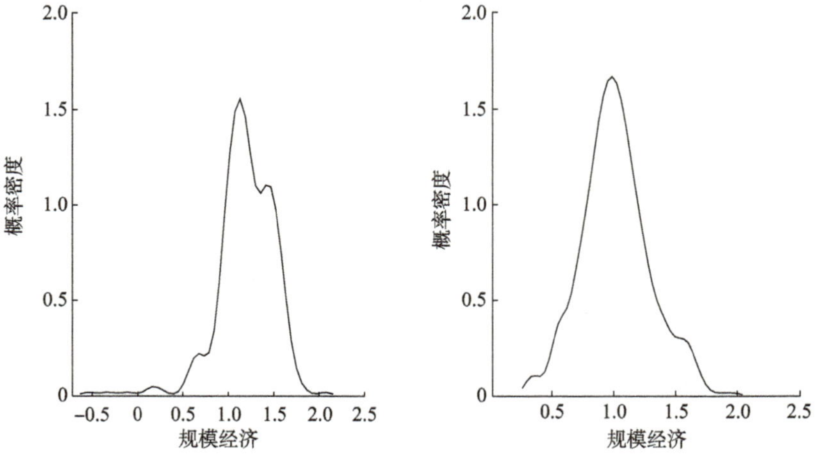

图 5-5　农业规模经济分区域核密度估计结果

通过对表 5-6 和图 5-5 包含的数据统计信息进行分析，发现不同农业产区之间规模经济水平具有差异性，主要表现在以下方面。

第一，东部、中部地区农业规模经济水平高于西部地区。从区域平均水平上看，东部、中部地区要素弹性之和平均值达到 1.191，明显高于要素弹性之和为 1 的规模报酬平衡点，农业生产经营规模报酬递增现象明显，农业生产具有较为显著的规模经济性，而西部地区要素弹性之和平均值则为 1.016，略微高于要素弹性之和为 1 的规模报酬平衡点，具有一定规模经济性，但是这种规模经济性不够显著，且低于东部、中部地区农业规模经济水平。

第二，东部、中部地区绝大多数农户都处于规模报酬递增阶段，西部地区则还有一半农户处在规模报酬递减阶段。从区域内农户位于规模报酬不同阶段的情况看，东部、中部 252 个农户中只有 46 个农户的要素弹性之和低于 1，81.75%的农户生产都处在规模报酬递增阶段，而在西部地区的 458 个农户中，有 229 个农户生产经营属于规模报酬递增，比重恰好达到 50%，仍然有一半的农户要素弹性之和低于 1，处在规模报酬递减阶段。

第三，西部地区农户间规模经济水平差距小于东部、中部地区。从农业规模经济统计信息上看，西部地区规模经济水平标准差为 0.275，而东部、中部地区标准差为 0.322，表明西部地区农户间规模经济水平差异没有东部、中部地区明显。进一步地，从两个区域农业规模经济核密度估计结果看，西部地区呈现标准的正态分布，不同规模水平农户分布均匀，而东部、中部地区则呈现右偏分布，且具有一定的“双峰”分布特征，说明不同农户规模经济水平差距较大。

5.2.3　不同部门农户规模经济测度及比较

由于不同农作物生产方式和过程具有明显差异性，因而在对农业规模经济效益展开分析时须细致比较不同农产品生产的规模经济水平。为此，结合农户问卷调查资料，本书选取水稻、小麦、玉米、土豆、油菜、花生、蔬菜和水果 8 种农作物进行测度，比较和分析农业部门规模经济水平。对于上述 8 种农作物规模经济水平的测度，基本上沿袭前述随机前沿生产函数估计的方法，需要说明的是，在对各种农作物分别进行随机前沿估计时，采用的农业产出指标 Y_i 是农作物的总产量而非销售收入，这样可以避免农产品销售价格波动产生的影响，同时把一些不销售农产品的农户也纳入分析中。在被调研的 710 个农户中，每户统计了两种主要农作物，最终形成 1 358 个有效样本数据，其中，水稻农户样本有 441 个，小麦农户样本有 188 个，玉米农户样本有 343 个，土豆农户样本有 87 个，油菜农户样本有 123 个，花生农户样本有 48 个，蔬菜农户样本有 63 个，水果农户样本有 65 个。为比较分析不同农作物生产的规模经济水平，按照种植不同农作物的农户进行重新分类。根据前述方法计算得到的分部门的农业规模经济统计信息如表 5-7 所示。同时，根据前述方法分别得到各种农作物的规模经济的核密度分布图，如图 5-6 所示。

表 5-7　农业规模经济分部门统计信息

项目	水稻	小麦	玉米	土豆	油菜	花生	蔬菜	水果
平均值	0.882	1.079	1.104	1.188	1.142	0.518	1.231	0.532
标准差	0.189	0.067	0.155	0.238	0.226	0.592	0.895	2.494
最大值	1.601	1.304	1.630	1.659	1.906	1.596	3.006	8.757
最小值	0.034	0.649	0.580	0.677	0.685	−0.800	−0.998	−5.588
规模报酬大于 1 的样本数	98	178	260	71	93	11	41	26
样本总数	441	188	343	87	123	48	63	65

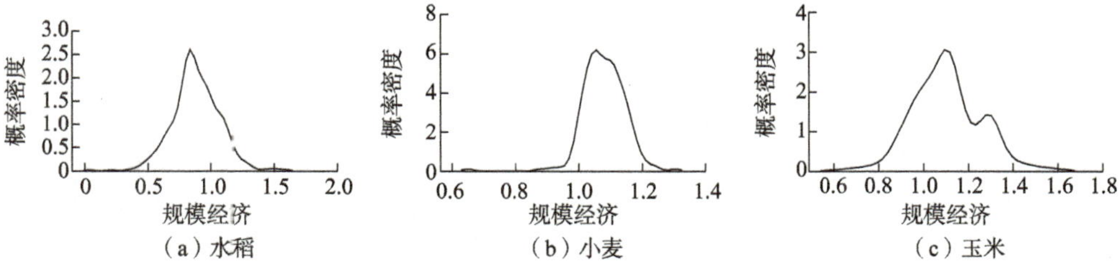

（a）水稻　（b）小麦　（c）玉米

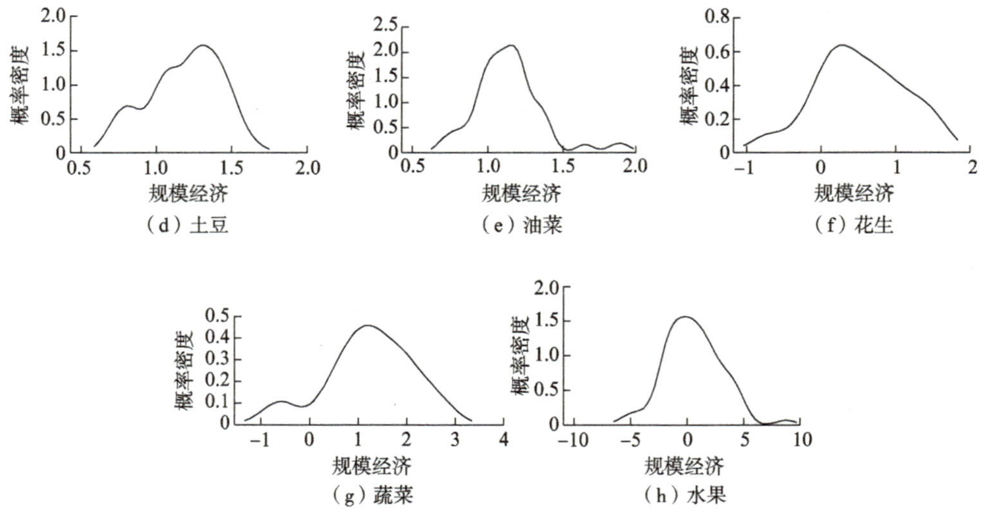

图 5-6 农业规模经济分部门核密度估计结果

从表 5-7 和图 5-6 所反映的信息来看，不同农业部门规模经济水平具有一定差异，差异特征主要体现在以下方面。

第一，粮食作物种植户的规模经济水平略高于经济作物种植户。通过对比不同农作物要素弹性之和的平均值，可以明显看出粮食作物的要素弹性之和高于经济作物。在考察的 4 种粮食作物中，除了水稻的要素弹性之和低于 1 之外，小麦、玉米和土豆的要素弹性之和分别达到 1.079、1.104 和 1.188，表明多数粮食作物种植经营基本处在规模报酬递增阶段，具有一定的规模经济性。在 4 种经济作物中，只有油菜和蔬菜的要素弹性之和高于 1，分别是 1.142 和 1.231，花生和水果的要素弹性之和分别仅有 0.518 和 0.532，处于严重的规模不经济状态，这两种作物等比例追加要素投入只能获得大致一半水平的产出增长，说明部分经济作物生产经营基本处在规模报酬递减阶段。可能的原因在于，不同农作物具有不同的规模经济性要求。对于粮食作物而言，市场需求弹性较低，产品价格相对较低，通过交易环节获得的利润空间有限，这就要求在生产环节能够以同样比例的要素投入得到更多的产品产量，在生产环节达到规模报酬递增，从而在市场交易环节以成本节约的方式获得相应利润，使农户收入得以增长，进而稳定其粮食生产的积极性。对于经济作物而言，市场需求弹性较大，市场价格容易随消费者收入增长而提高，从而具有更大的获利空间，这样，即使生产环节同比例追加要素投入得到的产量增长有限，但由于经济作物市场销售价格较高，仍可以通过交易环节提高农户收益水平。因此，与经济作物相比，粮食作物在生产环节上要取得规模经济效益具有更高更严格的要求。

第二，经济作物种植户的规模经济水平差异大于粮食作物种植户。从 4 种粮食作物种植户规模经济水平的标准差来看，最大的土豆种植户标准差也只有 0.238，处于较低水平，说明种植粮食作物的农户之间在规模经济水平上差距较小，而油菜、花生、蔬菜和水果组内标准差分别达到 0.226、0.592、0.895 和 2.494，表明种植经济作物的农户规模报酬差异较大。进一步观察不同农作物规模经济核密度分布图发现，粮食作物中除了玉米和土豆在“主峰”两侧有一个小的“峰度”之外，基本上呈现正态分布状态，农户之间的规模经济水平差距不大，未出现明显的两极分化，但在经济作物的核密度估计图中，“主峰”两侧跨度都比较大，呈现出一定的分化特征，部分农户规模报酬处于递增阶段，而有的农户则是处在严重的规模不经济状态。

第三，除了水稻、花生和水果种植户之外，在其余作物生产经营中，处在规模报酬递增阶段的农户比重较高。从要素弹性之和大于 1 的农户数量来看，小麦、玉米、土豆、油菜和蔬菜种植户的比重分别达到 94.68%、75.80%、81.61%、75.61% 和 65.08%，均大于 50%，表明生产这些作物的农户普遍都处在规模报酬递增阶段，只有少部分农户追加要素投入不能得到相应产出增长。与之相反的是，水稻、花生、水果种植户中，要素报酬之和大于 1 的农户比例分别只有 22.22%、22.92%和 40%，这些作物种植户普遍处在规模报酬递减阶段，仅有少部分农户生产具有规模经济性。值得一提的是，水稻种植户要素弹性之和平均值为 0.882，只是略低于要素弹性之和为 1 的规模报酬平衡点，但只有少部分农户的生产经营是处在规模报酬递增阶段。

5.3　不同经营模式下农业规模经济比较

5.3.1　总体统计分析与描述性对比

1. 概念操作和变量选择

农业经营模式是在一定的农业生产力水平下，农业的组织形式和运行方式，农业经营主体在其生产经营活动和实现价值目标过程中对市场做出反应的方式、形式等范式总称。农业经营模式可从技术层面和制度层面两方面理解，基于技术视角，农业经营模式是与农业生产力相联系的农业资源配置方式、技术选择路径和经营规模决策等，其核心是农业生产经营者采取何种方式和方法达到自身经营目标。从这个视角理解农业经营模式，实际就是农户在经营过程中如何组织和配置资源投入农业生产中的经营方式问题。从如何组织和配置资源的角度去理解农业经营模式，似乎又可以狭义地等同于农业生产组织模式。农户或农业经营者组织和配置资源进行生产的经营方式很多，如果按照获得资源要素的途径来划分，可以分为市场化组织模式和非市场化组织模式，前者是在市场上通过交易得到农户生产所必需的商品或服务，后者则是通过农户家庭自身或者其他非市场交易手段获取必要生产资源。

为了说明市场化经营模式对农业规模经济的影响效应，这里必须对“市场化经营模式”概念进行操作化，以便采用相应的变量指标进行分析。根据前述对农业经营模式概念内涵和特征的分析，本节研究的农业市场化经营模式正是体现了专业化分工、社会化服务、市场化经营、跨区域协作或合作的本质特征。市场化程度其实能概括性地反映分工专业化和生产服务社会化程度，而市场交易活动本身就是开放的跨社区跨区域的，自然也能反映市场化模式“跨社区”双层经营的特点。为了简化分析，选择分工条件下农户多大程度上通过市场购买社会化服务来组织农业生产这个变量，来分析不同经营模式下农业规模经济的变化趋势和比较特征，从市场化视角探索农业经营模式与规模经济的关联关系。

2. 不同模式的规模经济差异性

基于此，本节对农户在整地、育种、播种、灌溉、施肥、植保、收割、包装、储运、加工、销售 11 个生产环节上的分工状况进行调查，若农户通过购买社会化服务来完成某个生产环节的工作，则说明农户利用了市场交易途径来获取经营所需的生产性服务，这样，该农户生产组织就属于市场化经营模式。进一步地，如果农户在多个环节均购买了社会化服务，则把这些分工生产环节数量进行加总，即农户分工生产环节总数，就能得到反映农户市场化组织程度的量化指标。分工生产环节数量越多，表明农户组织和调配生产要素越依赖于市场交易，市场化程度越高。对于分工生产环节数量为 0 的农户，其所有生产劳动均由家庭成员完成，不依赖于市场，其生产模式是非市场化的。对于分工生产环节数量在 1~3 个的农户，其部分生产活动是通过购买社会化服务来完成，部分参与市场分工，属于低市场化的经营模式。对于分工生产环节数量在 4 个及以上的农户，其多数生产活动都是由市场上的专业化服务组织来提供生产性服务，市场分工程度较高，属于高市场化的经营模式。

根据非市场化、低市场化和高市场化经营等不同模式，对 1 358 个按作物统计的样本农户进行分组，求解每组农户的农业规模经济水平的统计信息，如表 5-8 所示，不同模式农户的农业规模经济表现出一定差异性特征，具体表现在以下几方面。

表 5-8　不同经营模式农户的农业规模经济对比

项目	非市场化经营模式	低市场化经营模式	高市场化经营模式
平均值	1.061 2	0.953 3	1.111 3
标准差	0.310 0	0.260 7	0.595 1
最大值	3.006 5	4.355 3	8.757 0
最小值	−0.799 7	−5.587 6	−4.288 8
规模报酬大于 1 的样本数	208	531	48
样本总数	351	889	118

第一，随着生产组织市场化程度的提升，农户规模经济水平变化呈“U”形分布。在高市场化经营模式组中，农户生产经营的规模报酬平均值达到 1.111 3，属于规模报酬递增，且规模经济水平明显高于其他两组。低市场化经营模式组中，农户生产经营的规模报酬平均值只有 0.953 3，处在规模报酬递减阶段。但是非市场化经营模式组中农户生产经营的规模报酬平均值为 1.061 2，虽然低于高市场化经营模式组，却也处于规模报酬递增生产阶段。这反映了农户生产由非市场化经营模式向市场化方向发展，规模经济呈现先降后升的“U”字形变化态势，分工和市场化达到一定程度才能提高规模收益水平。主要在于分工生产在促进效率提高的同时必然带来交易费用的提高，当农户处在生产分工程度较低阶段时，分工带来的效益提升无法弥补分工产生的交易成本，从而使低市场化经营模式的农户规模经济水平低于非市场化经营模式的农户。只有当分工深化到一定程度时，其对农业生产经营产生的促进作用才能抵消分工交易费用，使得高市场化经营模式的农户具有较高的规模经济水平。

第二，高市场化经营模式农户的农业规模经济水平差异性较大。对于高市场化经营模式而言，其组内农户的规模经济水平差异性较大，标准差为 0.595 1，高于低市场化模式组的 0.260 7 和非市场化模式组的 0.310 0。此外，在高市场化经营模式组中，规模报酬大于 1 的样本数只有 48 个，占该组样本总数的 40.68%，而在低市场化和非市场化经营模式组中，分别有 59.73%和 59.26%的农户规模报酬大于 1。可能原因是高市场化经营模式的农户多与市场打交道，使不同能力的农户通过高度市场化分工交易获取的规模经济水平具有明显差异。同时，鉴于农业生产是一个连续性的过程，各个分工环节生产衔接好不好将对最终产出带来巨大影响，因而生产性服务发展水平等外部影响因素对农业规模经济会产生较大影响，从而使不同农户的农业规模经济水平具有明显的差异性。

5.3.2 不同模式的核密度估计比较

在总体性的描述与统计对比基础上，进一步按照细分产品类型来比较不同模式下的农户规模经济水平。本节选用非参数核回归法（nonparametric kernel regression）来实现，定义 $\text{FOE} = m(\text{DOL})$，$m(\bullet)$ 是函数形式未知的未知函数，可以较好地反映不同模式与规模经济之间真实的关系。

非参数核回归法的原理在于通过对 i 个样本进行分别估计，得到对于 $m(\text{DOL})$ 的估计值。假设对于 DOL 的某个特定取值 DOL_0 都有对应的若干个 FOE 的观测值，则可以把若干个 FOE 观测值的平均值作为 $m(\text{DOL}_0)$ 的估计量。但是在样本数据中，观测值的个数可能很小，从而导致估计量的方差过大，因而需要对 DOL_0 附近领域中的观测值也进行加权平均，即"局部加权平均估计量"（local weighted average），来得到 $m(\text{DOL}_0)$ 的估计值：

$$\hat{m}(\text{DOL}_0) = \sum_{i=1}^{n} W_{i0,h} \text{FOE}_i \tag{5-9}$$

式中，权重 $W_{i0,h}$ 为 FOE_0、FOE_i 和 h 的函数，且满足 $\sum W_{i0,h} = 1$；FOE_i 为 FOE_0 附近的点；h 为带宽。借鉴 Nadaraya（1964）与 Watson（1964）提出的方法使用核函数 $K(\bullet)$ 来定义权重：

$$W_{i0,h} = \frac{K\left[(\text{DOL}_i - \text{DOL}_0)/h\right]}{\sum_{i=1}^{n} K\left[(\text{DOL}_i - \text{DOL}_0)/h\right]} \tag{5-10}$$

根据式（5-10）的权重，核估计量可以写为

$$\hat{m}(\text{DOL}_0) = \frac{K\left[(\text{DOL}_i - \text{DOL}_0)/h\right]\text{FOE}_i}{\sum_{i=1}^{n} K\left[(\text{DOL}_i - \text{DOL}_0)/h\right]} \tag{5-11}$$

对式（5-11）进行非参数核回归估计，核函数 $K(\bullet)$ 选择 Gaussian 核函数，h 选取自适应最优带宽，分作物类型得到的结果如图 5-7 所示。

根据图 5-7 反映的情况看，农户规模经济水平随分工环节数量提升的变化在不同作物种植中体现出一定特征。具体而言：

第一，从总体趋势上看农户规模经济水平随着生产组织市场化程度的提升而提高。通过水稻和玉米两种作物的规模经济水平在不同市场化程度的表现看，可以发现随着生产分工环节数量增加，规模经济水平趋于明显的增长变化。尽管图 5-7 中曲线在末端位置有一个下降趋势，但是下降幅度非常陡峭，只是个别高市场化程度农户处在规模报酬递减生产阶段，不影响规模经济水平随市场化程度提

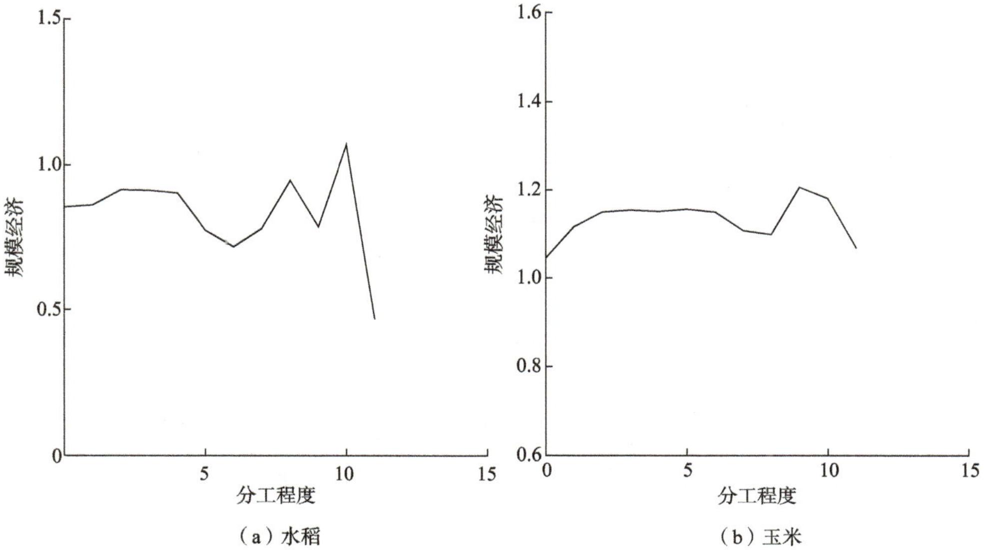

图 5-7　分作物类型的不同模式农户规模经济水平比较

由于核密度回归对样本数量要求较高，只有水稻农户样本（441 个）和玉米农户样本（343 个）符合要求，因而以水稻和玉米为代表进行核密度估计分析

升而提高的总体趋势。这与前述分组考察农户规模经济水平变化的结果相一致，表明农户通过转变生产组织模式，更多地依靠市场化途径来获取生产要素和服务，可以更好地优化自身要素资源配置，利用专业化的生产性服务来提高农业生产各个环节的工作效率，从而实现同等比例要素投入的报酬递增。

第二，农户规模经济水平不完全由生产组织市场化程度所决定。尽管总体趋势上农户规模经济水平随生产组织市场化程度提高而呈现明显上升趋势，但是通过对水稻和玉米两种作物核密度估计图的观察，两种作物的规模经济水平变化的波动性比较突出，表明除了农户生产组织市场化程度外，可能还有其他因素影响或“干扰”农户生产的规模经济性，使得农户规模经济水平“偏离”由生产组织市场化程度决定的递增“轨迹”，从而表现出如图 5-7 所示的波动变化特征。这些影响因素可能来自不同农户的异质性生产条件，如要素禀赋、经营管理能力、社会资源等，也有可能来自不同农户所处的外部环境的差异性，如农业社会化服务发展、农业生产基础设施等，须在后续分析中进一步梳理和实证测度。

第三，不同作物种植户规模经济水平随生产组织市场化程度变化的趋势有一定差别。对比水稻和玉米的核密度估计图，可以观察到水稻种植户的规模经济水平在市场化程度较低一端就处在一个较高位置，随着市场化程度的提高规模经济水平表现出先降低后上升再降低再上升的趋势，而玉米种植户的规模经济水平则是在市场化程度较低一端处在较低位置，随着市场化程度的提高规模经济水平迅速上升，经过一段平稳变化后有所下降，后再次提升。由此可见，不同作物类型本身也是影响农户规模经济水平变化的因素，规模经济水平与市场化程度的关联关系在不同作物类型上表现有所差别。

5.4 本章小结

其一，总体上看农业经营具有一定规模经济性，多数农户生产处于规模报酬递增阶段，不同规模经济水平农户分布较为平均。只是我国粮食生产的规模效率为 0.963，并未达到 DEA 有效水平，表明我国粮食生产规模经济效应不够明显。从分区域规模报酬来看，不同区域的规模报酬变动存在异质性，全国过半省区市（主要集中在东部、中部地区）的规模报酬递增，具有规模经济性。就 710 个农户样本的调查分析和分类比较看，一是多数农户生产处于规模报酬递增阶段。要素弹性之和平均值为 1.074，说明农业生产经营处在规模报酬递增阶段，其中 66.06%的样本农户的生产具有规模经济性；同时农户规模经济水平呈倒“U”形分布，农业规模经济没有出现两极分化，不同规模经济水平农户分布较为平均。二是不同产区之间规模经济水平具有差异性，东部、中部地区农业规模经济水平（1.191）高于西部地区（1.016）；东部、中部地区绝大多数（81.75%）农户都处于规模报酬递增阶段，西部地区则还有一半农户处在规模报酬递减阶段，但是西部地区农户间规模经济水平差距小于东部、中部地区。三是不同农业部门规模经济也有差异性，粮食作物种植户的规模经济水平略高于经济作物种植户；经济作物种植户的规模经济水平差异大于粮食作物种植户；除了水稻、花生和水果种植户之外，在其余作物生产经营中，处在规模报酬递增阶段的农户比重较高。

其二，为了初步分析市场化经营模式与规模经济的关联或因果关系，对 1 358 个作物统计样本的农户根据非市场化、低市场化和高市场化等不同生产经营模式进行分组分析，结果显示：不同模式农户的农业规模经济表现出一定差异性，两者存在统计相关性，在一定程度上反映了它们的因果联系。一是随着生产组织市场化程度的提升，农户规模经济水平变化呈“U”形分布。随着农户由非市场化模式向市场化方向发展，农业规模经济呈现先下降后上升的趋势，说明分工和市场化达到一定程度才能提高规模收益水平。二是高市场化模式农户的农业规模经济水平差异性较大。也就是说，虽然高市场化模式规模经济平均值较高，但是其组内农户规模经济水平差距较大，农业规模收益稳定性不如低市场化和非市场化模式。

其三，进一步按照细分类型来比较不同模式农户规模经济水平，结果表明：

农户规模经济水平随市场化程度提升的变化在不同作物种植中体现出差异性。一是农户规模经济水平总体是随着生产组织市场化程度的提升而提高。观察水稻和玉米两种作物的规模经济水平，可以发现随着市场化购买的环节数量的增加，规模经济水平处于明显的增长变化趋势中。这与前述分组考察农户规模经济水平变化的结果相一致，表明农户通过经营模式转换，更多地依靠市场化的途径来获取生产要素和服务，可以更好地利用专业化社会服务来提高生产效率，从而实现规模经济。二是基于水稻和玉米两种作物核密度估计图的对比可知，两种作物的规模经济水平变化的波动性比较突出，表明除了农户生产组织市场化程度之外，可能还有其他因素影响或“干扰”农户生产的规模经济性，使得农户规模经济水平“偏离”由市场化程度决定的递增“轨迹”。其他影响因素可能包含诸如农户的异质性生产条件、外部环境的差异性等。三是不同作物种植户规模经济水平随市场化程度变化的趋势有一定差别。水稻种植户规模经济水平随着市场化程度的提高表现出先降低后上升再降低再上升的趋势，而玉米种植户规模经济水平则是随着市场化程度的提高迅速上升，经过一段平稳变化后有所下降，后再次提升。由此可见，不同作物类型本身也是影响农户规模经济水平变化的因素，规模经济水平与市场化程度的关联关系在不同作物类型上表现有所差别。

第 6 章　市场化经营模式对农业规模经济的促进影响

6.1　市场化经营模式对规模经济影响效应：数理分析

6.1.1　市场化经营模式的规模经济效应：基本逻辑

农业市场化经营模式是市场分工达到一定程度时的产物，它以分工为基本前提条件，通过市场交易实现农业生产经营效率的改进，充分体现了分工内涵。同时，分工作为规模经济的重要来源之一，它在市场化经营模式下进一步得以深化，此时的规模经济亦将进一步得以促进。鉴于上述理论脉络，在分工既定条件下，探讨市场化经营模式的分工逻辑及其对农业规模经济的影响效应具有较高学术价值。

借鉴 Yang 和 Borland（1991）、庞春（2010）基于分工经济、交易费用与经济组织变迁的新兴古典一般均衡分析框架，本节模型基于分工经济与交易费用之间的冲突来分析农业经营模式由传统模式向市场化模式的转变逻辑及其带来的经济效应。模型内生于与交易效率和生产学习成本都有关的劳动专业化，通过最终品（指某种农产品）生产和中间投入品的专业化水平的变化，来揭示传统模式和市场化模式发生及转变的经济性质。本节把生产者-消费者的专业化水平内生，引入农产品及迂回生产农产品所需的中间产品的交易费用及生产的学习成本参数，基于分工经济与交易费用之间的冲突，探讨市场化经营模式的分工逻辑。在此基础上，还将分析劳动力跨结构的迁移，揭示市场化经营模式分工网络的正效应；探讨市场化经营模式的出现对农产品的市场容量的正效应；对比传统模式和市场化经营模式结构，分析市场化经营模式下生产率与农产品生产率之间的关系；分析生产率、市场容量之间的交互作用及其对人均实际收入的效应。

1. 基本模型

考虑经济中有 M 个生产者-消费者，且每个生产者-消费者都有自身的效用函数、生产函数、时间约束和预算约束。同时他们需要消费最终产品 y。假定某种农产品的生产内嵌于 C-D 生产函数模型与机制，其生产除了劳动投入外，还需要两种中间产品作为投入：围绕资本要素的农业生产服务 x 与农业生产中所涉及的技术研发、流程设计等无形知识 r。为简化，本节把后者视作一类产品-技术服务，将分工经济与交易费用之间的冲突内生。这意味着，分工能带来生产力的提高，但市场分工意味着有交易发生，从而将产生交易费用。当分工产生的好处超过交易费用造成的损失时，交易生利；反之，若交易费用带来的损失大于分工所产生的好处时，交易就得不偿失。为聚焦研究目标，模型设置不考虑中间商等中介组织参与市场交易。农业生产服务 x 的生产函数为

$$x^p = x + x^s = \max\left[0, \left(l_x - a\right)\right] \tag{6-1}$$

式中，x^p、x、x^s 和 $\left(x^p, x, x^s \geqslant 0\right)$ 分别表示农业生产服务产出量、自给量和卖方供应量；$l_x \in [0,1]$ 为个人用于农业生产服务的劳动投入的份额；$a \in (0,1)$ 为农业生产服务的学习成本参数。相应地，技术服务 r 的生产函数为

$$r^p = \max\left[0, \left(l_r - b\right)\right] = \begin{cases} r, \text{若自用} \\ r^s, \text{若出售} \end{cases} \tag{6-2}$$

式中，$r^p \geqslant 0$ 为技术服务产出；$l_r \in [0,1]$ 为个人用于技术服务的劳动投入的份额。由于技术服务是无形产品，不可被分割，因此，要么 $r^p = r$，要么 $r^p = r^s$（其中 r、$r^s \geqslant 0$ 分别为技术服务自用量和供应量）。$b \in (0,1)$ 为技术服务的学习成本参数。最终产品 y 的生产函数为

$$y^p = y + y^s = \max\left\{0, \left[\left(x + Sx^d\right)^{\beta}\left(r + Tr^d\right)^{1-\beta}\right]^{\gamma}\left(l_y - c\right)^{1-\gamma}\right\} \tag{6-3}$$

式中，y^p、y、$y^s \geqslant 0$ 分别为农产品的产量、自给量和供应量；x^d、$r^d \geqslant 0$ 为从市场购买的农业生产服务和技术服务需求量；$l_y \in [0,1]$ 为个人用于农产品生产的劳动投入的份额；$c \in (0,1)$ 为农产品生产的学习成本参数；参数 β、$\gamma \in (0,1)$。为了简便运算，设定农产品生产的 C-D 生产函数呈现规模报酬不变[即 $\beta\gamma + (1-\beta)\gamma + 1 - \gamma = 1$]，因而 $\beta\gamma$、$(1-\beta)\gamma$ 和 $1-\gamma$ 分别反映用于最终品生产的三种投入的相对份额。由于市场交易产生交易费用，所以当农业生产服务和技术服务从市场购买时，实际交易就有损失。用 $1-S$ 和 $1-T$ 分别表示农业生产服务和技术服务的交易费用系数（单位交易费用），这里 $0 < 1-S < 1$、$0 < 1-T < 1$；相应地，S 和 T 分别为农业生产服务和技术服务的交易效率系数（简称交易效率），因而买

方从市场购买所得到的农业生产服务和技术服务的实际量分别为 Sx^d 和 Tr^d 。S 和 T 既与基础设施条件、运输和通信条件及各种制度等因素有关，也与寻找供方的效率有关。此外，后文将看出：当 $r=0$ 时，农产品的生产实现产品内的市场分工。由于涉及农业生产服务、技术服务和农产品生产这三种活动，因而个人的时间禀赋约束为

$$l_x+l_r+l_y=1 \tag{6-4}$$

式中，l_x、l_r、$l_y\in[0,1]$ 分别为这三种活动的劳动份额，即相应的专业化水平。预算约束条件为

$$p_x\left(x^s-x^d\right)+p_r\left(r^s-r^d\right)+p_y\left(y^s-y^d\right)=0 \tag{6-5}$$

式中，p_x、p_r、$p_y\geqslant 0$ 分别为农业生产服务、技术服务和农产品的交易价格。假定模型满足瓦尔拉斯价格机制。因此，生产者–消费者的效用函数为

$$U=y+Ky^d \tag{6-6}$$

式中，y、$y^d\geqslant 0$ 分别为农产品的自给量和市场需求量；$K\in(0,1)$ 为农产品的交易效率系数，它也与 S、T 一样受制于类似的因素，因此农产品的需求方从市场实际得到的量为 Ky^d 。式（6-1）~式（6-5）为模型的约束条件，式（6-6）为最大化目标函数。其中，x^p、x、x^s、x^d、y^p、y、y^s、y^d、r^p、r、r^s、r^d、l_x、l_y、l_r 和 U 为下面决策分析中的变量。

2. 市场化经营模式结构与主体的超边际决策

为比较传统经营模式和市场化经营模式的差异，假定农业生产服务者为专业供应商 $(l_x=1)$，自己不使用农业生产服务 $(x=0)$，只生产和出售农业生产服务 $\left(x^p=x^s\right)$。如此，集中分析如下四种直接与传统经营模式和市场化经营模式结构相关的超边际决策（下角标 IS 和 OS 分别代表传统经营模式和市场化经营模式）。

首先，考察传统经营模式下的“农产品生产者决策”(yr/x)，即农产品生产者从专业提供农业生产服务供应商那里买进农业生产服务 $\left(x^d>0\right)$，将农产品的技术服务 $\left(r^p=r>0\right)$ 与生产活动都内部化，进行非专业化技术服务和生产 $\left(l_r、l_y>0\right)$，然后出售农产品（$y^p>0$、$y^s>0$）。作为消费者，其自用量为 $y>0$，其他决策变量 $l_x=x^p=x=x^s=y^d=r^s=r^d=0$ 。因而最大化问题如下：

$$\max_{y,y^s,x^d,r,l_r,l_y} U_{\text{IS}}^{yr}=y$$
$$\text{s.t.}r^p=r=l_r-b$$
$$y^p=y+y^s=\left[\left(Sx^d\right)^\beta r^{1-\beta}\right]^\gamma\left(l_y-c\right)^{1-r} \tag{6-7}$$
$$l_r+l_y=1$$
$$p_y y^s=p_x x^d$$

从而解得

$$l_y=\frac{(1-\beta)\gamma c+(1-\gamma)(1-b)}{1-\beta\gamma},\quad l_r=\frac{(1-\beta)\gamma(1-c)+(1-\gamma)b}{1-\beta\gamma}$$
$$r^p=r=\frac{(1-\beta)\gamma(1-b-c)}{1-\beta\gamma},\quad x^d=\frac{\beta\gamma(1-b-c)}{1-\beta\gamma}\left(\frac{\theta p_y S^{\beta\gamma}}{p_x}\right)^{1/(1-\beta\gamma)} \tag{6-8}$$
$$y^p=\frac{1-b-c}{1-\beta\gamma}\left[\left(\theta\frac{p_y S}{p_x}\right)^{\beta\gamma}\right]^{1/(1-\beta\gamma)},\quad U_{\text{IS}}^{yr}=(1-b-c)\left[\left(\theta\frac{p_y S}{p_x}\right)^{\beta\gamma}\right]^{1/(1-\beta\gamma)}$$

式中，$\theta=\left[\beta^\beta\gamma(1-\beta)^{1-\beta}\right]^\gamma(1-\gamma)^{1-\gamma}$ 且 $b+c<1$。

此时，“农业生产服务专业供应商的决策”（x/yr），即农业生产服务提供者专业化供应生产服务（$l_x=1$，$x^p=x^s>0$）。作为消费者，他们需要买进农产品（$y^d>0$）。因而其他变量为 $l_r=l_y=r^p=r=r^s=r^d=y^p=y=y^s=x=x^d=0$，最大化问题如下：

$$\max_{y^d,x^s} U^x=Ky^d$$
$$\text{s.t.}x^p=x^s=l_x-a \tag{6-9}$$
$$l_x=1$$
$$p_x x^s=p_y y^d$$

由此解得

$$x^p=x^s=1-a,\quad y^d=\frac{p_x(1-a)}{p_y},\quad U^x=\frac{p_x K(1-a)}{p_y} \tag{6-10}$$

其次，分析市场化经营模式下“农产品生产者决策”（y/xr）。市场化经营模式下，农产品生产者往往不进行技术服务，而是与专业技术服务商分工，获取技术服务 $r^d>0$，并从农业生产服务专业供应商那里买进所需农业生产服务 $x^d>0$，进行农产品的专业化生产（$l_y=1$，$y^p>0$），然后向市场出售（$y^s>0$）。作为消费者，其自用量 $y>0$。其他决策变量为 $l_r=l_x=r^p=r=r^s=x^p=x=x^s=y^d=0$。因而最大化问题为

$$
\begin{aligned}
&\max_{y,y^s,x^d,r^d} U_{\mathrm{OS}}^y = y \\
&\text{s.t.}y^p = y + y^s = \left[\left(Sx^d\right)^\beta \left(Tr^d\right)^{1-\beta}\right]^\gamma \left(l_y - c\right)^{1-r} \\
&l_y = 1 \\
&p_y y^s = p_x x^d + p_r r^d
\end{aligned}
\tag{6-11}
$$

从而解得

$$
\begin{aligned}
&x^d = \frac{\beta\gamma(1-c)}{1-\gamma}\left[\frac{\theta p_y S^{\beta\gamma}}{p_x}\left(\frac{Tp_x}{p_r}\right)^{(1-\beta)\gamma}\right]^{1/(1-\gamma)} \\
&r^d = \frac{(1-\beta)\gamma(1-c)}{1-\gamma}\left[\frac{\theta p_y S^{\beta\gamma} T^{(1-\beta)\gamma}}{p_x}\left(\frac{p_x}{p_y}\right)^{1-\beta\gamma}\right]^{\gamma(1-\gamma)} \\
&y^p = \frac{1-c}{1-\gamma}\left[\theta\left(\frac{Tp_y}{p_r}\right)^\gamma \left(\frac{Sp_r}{Tp_x}\right)^{\beta\gamma}\right]^{1/(1-\gamma)},\quad y^s = \gamma y^p,\quad y = (1-\gamma) y^p \\
&U_{\mathrm{OS}}^y = (1-c)\left[\theta\left(\frac{Tp_y}{p_r}\right)^\gamma \left(\frac{Sp_r}{Tp_x}\right)^{\beta\gamma}\right]^{1/(1-\gamma)}
\end{aligned}
\tag{6-12}
$$

式中，$\theta = \left[\beta^\beta \gamma (1-\beta)^{1-\beta}\right]^\gamma (1-\gamma)^{1-\gamma}$。

此时，“技术服务商的供应决策”（r/xy），即技术服务商从事专业技术服务活动（$l_x = 1$），不购买农业生产服务、不生产农产品，向农产品生产者提供技术服务（$r^p = r^s > 0$），同时作为消费者购买农产品（$y^d > 0$）。该决策意味着 $l_x = l_y = x^p = x = x^s = x^d = r = r^d = y^p = y = y^s = 0$，因而最大化问题为

$$
\begin{aligned}
&\max_{y^d,r^s} U_{\mathrm{OS}}^r = Ky^d \\
&\text{s.t.}r^p = r^s = l_r - b \\
&l_r = 1 \\
&p_r r^s = p_y y^d
\end{aligned}
\tag{6-13}
$$

由此解得

$$
r^p = r^s = 1-b,\quad y^d = \frac{p_r(1-b)}{p_y},\quad U_{\mathrm{OS}}^r = \frac{p_r K(1-b)}{p_y}
\tag{6-14}
$$

3. 传统经营模式与市场化经营模式：超边际均衡分析

理论上而言，以上四种决策通过市场的交互作用，将内生形成传统经营模式和市场化经营模式这两种结构。传统经营模式下，农业生产服务专业供应商和农

产品生产者构成一对贸易伙伴。农产品生产者从专业供应商那里购买农业生产服务，将技术活动和农产品生产都内部化。显然，除农业生产服务和农产品外，技术服务没有发生贸易，市场种类数为两个。由于农产品生产者没有完全专业化，因此，传统经营模式结构呈现为部分分工状态。在市场化经营模式下，农产品的专业生产者从农业生产服务专业供应商那里购进农业生产服务，承接专业技术服务者的发包，买进技术服务，从而生产农产品并供应市场。农产品生产者通过市场分别与农业生产服务供应商和技术服务商构成两对交易关系，市场种类数为三个。在市场化经营模式结构下，农产品的生产通过市场实现完全分工。

传统经营模式和市场化经营模式结构出现在均衡点的必要条件（角点均衡条件）分别为 $U_{\rm IS}^{yr}=U^{x}$ 、$M_{\rm IS}^{yr}y^{s}=M_{\rm IS}^{x}y^{d}$ 或 $M_{\rm IS}^{x}x^{s}=M_{\rm IS}^{yr}x^{d}$（一体化结构的效用均等和市场出清），以及 $U_{\rm OS}^{y}=U_{\rm OS}^{r}=U^{x}$ ，$M_{\rm OS}^{y}y^{s}=M_{\rm OS}^{r}y^{d}+M_{\rm OS}^{x}y^{d}$ ，$M_{\rm OS}^{r}r^{s}=M_{\rm OS}^{y}r^{d}$ 和 $M_{\rm OS}^{x}x^{s}=M_{\rm OS}^{y}x^{d}$ 中的任何两个方程（市场化经营模式结构的效用均等和市场出清）。其中，$M_{\rm IS}^{yr}$ 、$M_{\rm IS}^{x}$ 分别为传统经营模式结构中的农产品生产者和农业生产服务供应商的人数；$M_{\rm OS}^{y}$ 、$M_{\rm OS}^{r}$ 和 $M_{\rm OS}^{x}$ 分别为市场化经营模式结构中的农产品生产者、技术服务商和农业生产服务供应商的人数。由以上条件，解得这两个结构内的均衡相对价格、均衡相对人数和均衡人均实际收入，见表 6-1。

表 6-1　均衡相对价格、均衡相对人数和均衡人均实际收入

组织结构	传统经营模式	市场化经营模式
均衡相对价格	$\frac{p_x}{p_y}=\theta S^{\beta\gamma}\left[\frac{1-b-c}{K(1-a)}\right]^{1-\beta\gamma}$	$\frac{p_x}{p_y}=\frac{\theta S^{\beta\gamma}\left[T(1-b)\right]^{(1-\beta)\gamma}(1-c)^{1-\gamma}}{K^{1-\gamma}(1-a)^{1-\beta\gamma}}$，$\frac{p_x}{p_r}=\frac{1-b}{1-\gamma}$，$\frac{p_r}{p_y}=\frac{\theta T^{(1-\beta)\gamma}\left[S(1-a)\right]^{\beta\gamma}(1-c)^{1-\gamma}}{K^{1-\gamma}(1-b)^{1-(1-\beta)\gamma}}$
均衡相对人数	$\frac{M_{\rm IS}^{yr}}{M_{\rm IS}^{x}}=\frac{1-\beta\gamma}{\beta\gamma K}$	$\frac{M_{\rm OS}^{y}}{M_{\rm OS}^{x}}=\frac{1-\gamma}{\beta\gamma K}$，$\frac{M_{\rm OS}^{x}}{M_{\rm OS}^{r}}=\frac{\beta}{1-\beta}$，$\frac{M_{\rm OS}^{r}}{M_{\rm OS}^{y}}=\frac{(1-\beta)\gamma K}{1-\gamma}$
均衡人均实际收入	$U_{\rm IS}^{*}=\theta\left[SK(1-a)\right]^{\beta\gamma}(1-b-c)^{1-\beta\gamma}$	$U_{\rm OS}^{*}=\theta K^{\gamma}\left[S(1-a)\right]^{\beta\gamma}\left[T(1-b)\right]^{(1-\beta)\gamma}(1-c)^{1-\gamma}$

*表示均衡值

注：$\theta=\left[\beta^{\beta}\gamma(1-\beta)^{1-\beta}\right]^{\gamma}(1-\gamma)^{1-\gamma}$

由超边际一般均衡存在的充分条件可知，传统经营模式或市场化经营模式结构处于均衡状态必须分别满足 $U_{\rm IS}^{*}>U_{\rm OS}^{*}$ 和 $U_{\rm OS}^{*}>U_{\rm IS}^{*}$ ，其中 $U_{\rm IS}^{*}$ 和 $U_{\rm OS}^{*}$ 由表 6-1 给出。进而可以得到表 6-2，当 $b+c<1$ 时（当技术服务和农产品生产的总学习成本较低时），传统经营模式和市场化经营模式结构都可能处于均衡状态。至于哪一个结构处于均衡状态，取决于技术服务的交易效率与农产品的交易效率的乘积 TK（这里定义为综合交易效率）的子空间：如果 $TK<W_0$，那么传统经营模式结构处于均

衡状态；如果 $TK > W_0$，那么市场化经营模式结构处于均衡状态。但是，当 $b+c \geqslant 1$ 时（当技术服务和农产品生产的总学习成本较高时），只有市场化经营模式结构处于均衡状态。

表 6-2　超边际一般均衡及其比较静态

技术服务与农产品生产的总学习成本	$b+c<1$		$b+c \geqslant 1$
综合交易效率	$TK < W_0$	$TK > W_0$	市场化经营模式
均衡结构	传统经营模式	市场化经营模式	

注：综合交易效率 TK 的临界值 $W_0 = \left(\frac{1-b-c}{1-b}\right)\left(\frac{1-b-c}{1-c}\right)^{(1-\gamma)/(1-\beta)\gamma}$

表 6-2 有以下几点含义。

（1）技术服务和农产品生产的总学习成本对均衡结构有影响。传统经营模式下，农产品生产者在生产的同时，还将技术服务活动内部化（进行非专业化的生产和技术服务——产品内的生产没有分工），那么生产者只可承担较低的总学习成本（$b+c<1$）。市场化经营模式下，部分农产品生产者可以专业化于技术服务活动，成为技术服务商，那么他和农产品生产者承担的学习成本将分别降低到 b 和 c。由于 b 和 c 都小于传统经营模式下农产品生产者的总学习成本（$b+c$），因此技术服务商与农产品生产者作为一对交易伙伴，通过市场分工可以分别节省生产和技术服务的学习成本。简言之，学习成本对生产与技术服务之间的分工有影响：学习成本越高，则越需要生产和技术服务的专业化，实现分工合作。

（2）在技术服务和农产品生产的总学习成本较低（$b+c<1$）的情形下，均衡结构由综合交易效率 TK（综合交易费用$1-TK$）决定。如果综合交易费用较高（$1-TK>1-W_0$），那么非专业化生产和技术服务的传统经营模式结构所产生的利大于弊。在部分分工结构下，尽管专业化的好处不能充分实现，但可避免高交易费用。相反，如果综合交易费用较低（$1-TK<1-W_0$），农产品生产者通过市场分工为生产者与技术服务商，可以节省学习成本，还可获得生产和技术服务的专业化经济的好处，从而弥补低交易费用所造成的损失。

同时亦可见，传统经营模式向市场化经营模式结构的转变有两种途径：一是受较高的技术服务和生产的总学习成本所迫；二是交易效率的提高所致。但是，第一种途径对人均实际收入有负效应（因为有 $\partial U^*/\partial b<0$、$\partial U^*/\partial c<0$）；相反，交易效率的提高不仅可推动市场化经营模式结构的出现，还同时带来人均实际收入的提高。所以，第二种途径具有经济发展和增长的双重含义。市场化经营模式结构出现在均衡点意味着，农产品的生产通过市场交易实现“产品内的分工”，这种分工将技术服务活动卷入市场交易。市场化经营模式结构比传统经营模式结构有更长的生产和交易链。综上可得到如下命题：

命题 6-1：当传统经营模式下的生产者在技术服务和生产的总学习成本不高时，随着技术服务和农产品的综合交易效率的提高，低分工水平的传统经营模式将向高分工水平的市场化经营模式结构演变；当传统经营模式下生产者的总学习成本较高时，市场化经营模式结构取代传统经营模式结构。不过与较高的总学习成本的影响不同，充分改进的综合交易效率所导致的市场化经营模式伴随有诸多共生现象：技术服务和生产专业化提高、农产品生产的市场分工（产品内分工）、技术服务市场形成、市场种类数增多、生产和交易链条拉长、人均实际收入提高。

6.1.2 市场化经营模式的规模经济效应：解析与拓展

在前述分析基础上，继续拓展分析伴随传统经营模式向市场化经营模式转变的其他共生现象，如劳动力迁移、市场容量增加、生产率提高，从而揭示市场化经营模式对经济发展，尤其是对实现农业规模经济的积极内涵。

（1）劳动力人数和比例的变化及分工网络的正效应。当 $TK < W_0$ 且 $b + c > 1$ 时，传统经营模式结构处于均衡状态。根据传统经营模式结构的均衡相对人数（表 6-1）和人口方程 $M_{\text{IS}}^{x} + M_{\text{IS}}^{yr} = M$（其中，$M$ 为给定的劳动力总人数）得到：

$$M_{\text{IS}}^{x} = \frac{\beta\gamma KM}{1-\beta\gamma(1-K)},\quad M_{\text{IS}}^{yr} = \frac{(1-\beta\gamma)M}{1-\beta\gamma(1-K)} \tag{6-15}$$

可看出 $\mathrm{d}M_{\text{IS}}^{x}/\mathrm{d}K > 0$，$\mathrm{d}M_{\text{IS}}^{yr}/\mathrm{d}K < 0$。这意味着，在传统经营模式结构中，随着农产品交易效率的提高，农业生产服务供应商增加，而农产品生产者减少，即一些生产者转变成农业生产服务供应商。这可以解释传统经营模式结构中的跨部门劳动力迁移。当 $TK > W_0$ 或 $b + c \geqslant 1$ 时，传统经营模式结构转变为市场化经营模式结构，专业技术服务商出现，从而使得劳动力部门由 2 个变为 3 个。由市场化经营模式结构的均衡相对人数（表 6-1）和人口方程 $M_{\text{OS}}^{x} + M_{\text{OS}}^{r} + M_{\text{OS}}^{y} = M$ 得到：

$$M_{\text{OS}}^{x} = \frac{\beta\gamma KM}{1-\gamma(1-K)},\quad M_{\text{OS}}^{r} = \frac{(1-\beta)\gamma KM}{1-\gamma(1-K)},\quad M_{\text{OS}}^{y} = \frac{(1-\gamma)M}{1-\gamma(1-K)} \tag{6-16}$$

可看出 $\mathrm{d}M_{\text{OS}}^{x}/\mathrm{d}K > 0$，$\mathrm{d}M_{\text{OS}}^{r}/\mathrm{d}K < 0$，$\mathrm{d}M_{\text{OS}}^{y}/\mathrm{d}K < 0$。这表明，在市场化经营模式结构中，随着农产品交易效率的增加，农业生产服务供应商和技术服务承接商都增加，而农产品生产者减少。这反映了市场化经营模式结构内的跨部门劳动力迁移的情况。

现在分析传统经营模式向市场化经营模式结构的转变所带来的各部门劳动力的变化。在市场化经营模式下，专业技术服务商出现，即 $M_{\text{OS}}^{r} > 0$；又由农业生产服务生产者人数的变化量 $\Delta M^{x} = M_{\text{OS}}^{x} - M_{\text{IS}}^{x} > 0$ 看出，市场化经营模式结构相较于传统经营模式结构有更多的农业生产服务生产者。综上可得到以下命题。

命题 6-2：在传统经营模式或市场化经营模式结构中，农产品交易效率的提高将提高农业生产服务供应商和技术服务商的人数、降低农产品生产者人数。随着传统经营模式向市场化经营模式结构的转变，一些传统生产者将迁移到农业生产服务和技术服务部门，从而引起中间产品生产的劳动力比例的提高。与传统经营模式结构相比，市场化经营模式下农产品交易效率的改进导致劳动力向中间产品生产的迁移，并呈现出更广泛和显著的分工网络正效应。

由命题 6-2 可推论：在市场化经营模式下，农产品生产者人数减少，并转移到农业生产服务和技术服务等中间产品领域，意味着：一方面，农业生产要素人均量的扩大，尤其是土地的劳均单位面积扩大，为土地流转集中和其他要素流动创造了有利条件，有助于农业经营规模的适度扩大，从而促进农业规模经济的实现；另一方面，农业劳动力的跨部门转移，农业劳动力兼业程度及专业化程度均将提升，基于部门间的劳动力价格差，实现农民增收。

（2）传统经营模式和市场化经营模式结构的市场容量及其效应。按照杨小凯（2003）的定义，市场容量为产品（或服务）的总需求量，即需求者人数与需求量之乘积。但是，由于有中间产品和农产品的交易费用，因此将交易效率纳入分析中，能更准确地反映实际市场容量（这里仍简称市场容量）。在传统经营模式下，由于没有技术服务的交易发生，因而其市场容量 $E_{\mathrm{IS}}^{r}=0$，而农业生产服务和农产品的市场容量分别为

$$
\begin{aligned}
E_{\mathrm{IS}}^{x} &= M_{\mathrm{IS}}^{yr}Sx^{d}=\frac{\beta\gamma(1-a)SKM}{1-\beta\gamma(1-K)}\\
E_{\mathrm{IS}}^{y} &= M_{\mathrm{IS}}^{x}Sy^{d}=\frac{\theta\beta\gamma(1-b-c)^{1-\beta\gamma}\left[SK(1-a)\right]^{\beta\gamma}KM}{1-\beta\gamma(1-K)}
\end{aligned}
\qquad (6\text{-}17)
$$

式中，M_{IS}^{yr} 和 M_{IS}^{x} 由式（6-15）给出；x^{d} 和 y^{d} 分别由式（6-8）和式（6-10）给出。在市场化经营模式结构中，农业生产服务、技术服务和农产品的市场容量分别为

$$
\begin{aligned}
E_{\mathrm{OS}}^{x} &= M_{\mathrm{OS}}^{y}Sx^{d}=\frac{\beta\gamma(1-a)SKM}{1-\gamma(1-K)}\\
E_{\mathrm{OS}}^{r} &= M_{\mathrm{OS}}^{y}Tr^{d}=\frac{(1-\beta)\gamma(1-b)TKM}{1-\gamma(1-K)}\\
E_{\mathrm{OS}}^{y} &= K\left(M_{\mathrm{OS}}^{x}y^{d}+M_{\mathrm{OS}}^{r}y^{d}\right)=\frac{\theta\gamma\left[S(1-a)\right]^{\beta\gamma}\left[T(1-b)\right]^{(1-\beta)\gamma}(1-c)^{1-\gamma}K^{1+\gamma}M}{1-\gamma(1-K)}
\end{aligned}
$$

（6-18）

式中，M_{OS}^y、M_{OS}^x 和 M_{OS}^r 由式（6-16）给出；x^d 和 r^d 由式（6-12）给出；E_{OS}^y 中的第一个 y^d 由式（6-10）给出，第二个 y^d 由式（6-14）给出。

对比式（6-15）和式（6-16）可看出：其一，$E_{\text{OS}}^x > E_{\text{IS}}^x$。这表明，市场化经营模式结构相较于传统经营模式结构有更大的农业生产服务市场容量。其二，市场化经营模式下，由于技术服务市场出现，显然 $E_{\text{OS}}^r > E_{\text{IS}}^r = 0$，因此 $E_{\text{OS}}^x + E_{\text{OS}}^r > E_{\text{IS}}^x$。这表明，市场化经营模式结构相较于传统经营模式结构有更大的中间产品市场容量——中间产品贸易规模提高。其三，容易证明，当 $TK > W_0$，$E_{\text{OS}}^y > E_{\text{IS}}^y$。这表明，市场化经营模式将带来更大的农产品市场容量。总之，在市场化经营模式下，技术服务市场出现、农业生产服务和农产品的市场容量都增加，因而市场化经营模式结构相较于传统经营模式结构有更大的市场总容量。

就交易效率对市场容量的作用而言，这两个结构有一些相似之处，然而，存在一个差别：在传统经营模式结构中，农产品的市场容量随着农业生产服务和农产品交易效率的提高而增加，但是在市场化经营模式结构中，它除了随这两种交易效率的提高而增加外，还随技术服务交易效率的提高而增加。又由于 $\partial U_{\text{OS}}^* / \partial T > 0$（从表 6-1 得出），因而技术服务市场的出现可产生正外部性。综上总结出如下命题。

命题 6-3： 传统经营模式向市场化经营模式结构转变不仅导致更大的中间产品和农产品的市场容量，而且这个转变所形成的技术服务市场可通过其交易效率的改进，对农产品的市场容量和人均实际收入产生正效应。

由命题 6-3 可推论：在市场化经营模式下，农业生产服务、技术服务等中间产品尤其是农产品的市场容量的扩大，表明市场需求的提升，这将进一步刺激经营主体追加投入与扩大经营规模，增强其追求规模经济的动力。

（3）技术服务和农产品的生产率的影响因素及两者关系。平均劳动生产率（简称生产率）是指一种产品（或服务）产出与其专业化水平之比（Yang，2001）。在传统经营模式结构中，农产品生产者技术服务和农产品的生产率分别为

$$
\begin{aligned}
D_{\text{IS}}^r &= \frac{r^p}{l_r} = \frac{(1-\beta)\gamma(1-b-c)}{(1-\beta)\gamma(1-c)+(1-\gamma)b} \\
D_{\text{IS}}^y &= \frac{y^p}{l_y} = \frac{\theta(1-b-c)^{1-\beta\gamma}\left[SK(1-a)\right]^{\beta\gamma}}{(1-\beta)\gamma c+(1-\gamma)(1-b)}
\end{aligned}
\qquad (6\text{-}19)
$$

式中，r^p、l_r、y^p 和 l_y 由式（6-8）给出。在市场化经营模式结构中，技术服务商的生产率和农产品生产者的生产率分别为

$$D_{\text{OS}}^{r}=\frac{r^{p}}{l_{r}}=1-b$$

$$D_{\text{IS}}^{y}=\frac{y^{p}}{l_{y}}=\frac{\theta\left[S(1-a)\right]^{\beta\gamma}\left[T(1-b)\right]^{(1-\beta)\gamma}(1-c)^{1-\gamma}K^{\gamma}}{1-\gamma} \tag{6-20}$$

式中，第一个式子的 r^p 和 l_r 由式（6-14）给出，第二个式子的 y^p 和 l_y 由式（6-12）给出。

从式（6-19）得到 $\partial D_{\text{IS}}^{y}/\partial S>0$，$\partial D_{\text{IS}}^{y}/\partial K>0$；从式（6-20）得到 $\partial D_{\text{OS}}^{y}/\partial S>0$，$\partial D_{\text{OS}}^{y}/\partial T>0$，$\partial D_{\text{OS}}^{y}/\partial K>0$。这些结果表明：无论是传统经营模式结构，还是市场化经营模式结构，农产品生产率均为农业生产服务和农产品交易效率的增函数；但在市场化经营模式结构中，农产品生产率也是技术服务交易效率的增函数。对比式（6-19）和式（6-20）可以看出：其一，$D_{\text{OS}}^{r}>D_{\text{IS}}^{r}$。这表明在市场化经营模式下，技术服务商的技术服务生产率必定高于传统经营模式下农产品生产者的技术服务生产率；其二，可证明，当 TK 充分提高，$D_{\text{OS}}^{y}>D_{\text{IS}}^{y}$。这表明市场化经营模式下农产品生产者的生产率将超过传统经营模式下生产者的农产品生产率。综上可得如下命题。

命题 6-4： 综合交易效率的充分提高所导致的传统经营模式向市场化经营模式的转变，不仅能同时带来更高的技术服务和农产品的生产率，还可使技术服务交易效率在提高时对农产品的生产率产生正效应。

特别是，综合命题 6-1、命题 6-2、命题 6-3 和命题 6-4 表明在市场化经营模式结构中，农产品的生产率除受到农业生产服务和农产品交易条件的影响外，还将受到新形成的技术服务市场的交易条件的影响。这进一步反映出市场化经营模式下分工的网络特性。从式（6-19）和式（6-20）还可看出，学习成本对技术服务和农产品的生产率也有影响（表 6-3）。其一，在两种模式结构中，技术服务和农产品的生产率都将随技术服务的学习成本 b 和农产品生产的学习成本 c 的降低而提高；其二，在传统经营模式下，农产品生产者的技术服务生产率随 c 的降低而提高，但在市场化经营模式下，技术服务商由于专业化，其生产率不受 c 的影响；其三，在市场化经营模式下，农产品生产者的生产率随 b 的降低而提高；但在传统经营模式下，农产品生产者的生产率相对 b 却无单调递减关系。

表 6-3　农产品生产和技术服务的学习成本对生产率的影响

学习成本	传统经营模式		市场化经营模式	
	技术服务活动	农产品生产活动	技术服务商	农产品生产者
农产品生产的学习成本 c	$\mathrm{d}D_{\text{IS}}^{r}/\mathrm{d}c<0$	$\mathrm{d}D_{\text{IS}}^{y}/\mathrm{d}c<0$	—	$\mathrm{d}D_{\text{OS}}^{y}/\mathrm{d}c<0$
技术服务的学习成本 b	$\mathrm{d}D_{\text{IS}}^{r}/\mathrm{d}b<0$	$\mathrm{d}D_{\text{IS}}^{y}/\mathrm{d}b$ 需讨论	$\mathrm{d}D_{\text{OS}}^{r}/\mathrm{d}b<0$	$\mathrm{d}D_{\text{OS}}^{y}/\mathrm{d}b<0$

注：—表示不存在的情形

而且，在市场化经营模式下，技术服务商降低技术服务的学习成本可提高其技术服务生产率，而其技术服务生产率的提高将促进农产品生产者的生产率提高。但在传统经营模式下，农产品生产者的技术服务生产率对其农产品生产率的促进作用会受到技术服务的学习成本范围的影响。这进一步表明：传统经营模式下，由于农产品生产者既不是专业技术服务商，也不是专业生产者，因此既不可承担太高的技术服务和生产的总学习成本，也不能同时从技术服务和生产专业化中获益，因而技术服务生产率对农产品生产率的作用就会受到学习成本和专业化水平的制约；在市场化经营模式下，农产品生产者与技术服务商实现分工，进行不同的专业化活动，从而可从技术服务生产率的提高中相互受益。因此，基于这种分工网络的正效应，当市场化经营模式结构出现，技术服务商和农产品生产者的生产率的提高可分别促进技术服务的市场容量和农产品的市场容量的增加；农产品的市场容量的增加还可由技术服务商的生产率的提高推动生产者的生产率的提高来实现；技术服务的市场容量和农产品的市场容量可相互促进。人均实际收入则在这些正效应的交互作用中得到提高。

以上分析表明，市场化经营模式下，技术服务商与农产品生产者在市场的分工互动中，内生地搭建了一个无形的正反馈网络。在该网络中，技术服务商生产率的提高、农产品生产者生产率的提高、技术服务市场容量的增加与农产品市场容量的增加之间产生因果循环的正效应，而农业规模经济则通过这个正反馈机制得以实现。

6.2　市场化经营模式对规模经济影响实证：总体视角

6.2.1　实证设计与说明

1. 模型设计与估计方法

前述已在新兴古典一般均衡框架下对市场化经营模式影响农业规模经济的机理进行了理论探讨。但是，市场化经营模式对农业规模经济的具体影响效应及其结构性差异亟待通过实证予以揭示。市场化经营模式以促进农业适度规模经营、实现农业规模经济为内在目标，通过分工深化、市场化与组织演进等关键因子或途径实现农业生产规模经济，并拓展规模经济维度实现农业产业规模经济。但农业规模经济是一个相对的、动态的概念，因地而异、由若干可变因素决定，实现方式也是多样的。此外，从农户角度而言，农业规模经济的实现离不开其自身要素禀赋和所拥有生产要素条件的理性决策，农户上一期甚至于前几期的决策惯性可能将继续影响当期决策，存在路径依赖特征。鉴于此，如果要实证市场化经营模式对农业规模经济的影响，还应将农户规模经济决策的路径依赖特征考虑其中，用农业规模经济水平的平方项将往期规模经济决策进行综合平滑，为此建立如下模型：

$$\text{Ase}_{it} = \beta_0 + \beta_1 \text{Ase}_{it}^2 + \beta_2 \text{Nom}_{it} + \beta_3 \text{Con}_{it} + \mu_{it} \tag{6-21}$$

式中，Ase_{it}表示农业规模经济水平；Ase_{it}^2表示农业规模经济的路径依赖性特征变量，其弹性系数为β_1；Nom_{it}表示市场化经营模式变量，其弹性系数为β_2；Con_{it}表示引入模型的控制变量，其弹性系数为β_3；β_0表示常数项；μ_{it}表示随机误差项。

本节实证所用数据类型为调研所获取的截面数据，若采用普通最小二乘法（ordinary least squares，OLS）直接进行估计会存在异方差的问题，进而致使回归结果的可信度受损。因此，为了克服异方差问题，将运用加权最小二乘法（weighted least Squares，WLS）对模型进行常规估计。WLS 的主要操作原理是通过对原模型进行加权，使之成为一个新的不存在异方差的模型，然后再运用最小二乘法进行参数估计。

通过运用 WLS 进行参数估计就可以得到市场化经营模式对农业规模经济的影响方向及程度。但一般来说，运用 WLS 回归所揭示的市场化经营模式对农业规模经济的影响效应仍是传统意义上的“均值回归”，反映的是自变量对因变量的条件期望的边际影响。从现实层面而言，我们所关心的往往是自变量对因变量整个条件分布的影响。为此，继续运用 Koenker 和 Bassett（1978）所提出的分位数回归（quantile regression，QR）的方法对模型（6-21）进行估计。由于各分位数能够全面刻画农业规模经济水平的层次分布情况，因此，以农业规模经济的不同层次水平的分位数为被解释变量的回归不但能够反映市场化经营模式在农业规模经济不同水平组的影响效应的动态变化，而且拓展规模经济的比较维度，从而揭示更为深层次的问题。

2. 变量设定与说明

（1）被解释变量。实证模型的被解释变量为农业规模经济水平，选取规模报酬系数，即投入要素弹性之和，来反映农业规模经济水平。前文已构建超越对数型前沿生产函数对农业规模经济水平进行测度。

（2）核心解释变量。本节重点考察市场化经营模式对农业规模经济的总体影响，因此，实证模型的核心解释变量是农户参与市场化经营程度。依据前文的分析框架在分工条件下选择市场化程度作为操作化变量，具体采用农业社会化服务的购买行为予以表征，如农机的跨区服务购买、生产托管等，用农业社会化服务购买支出占总生产支出的比重来近似反映市场化经营模式及其市场化程度。

（3）控制变量。为了尽可能地包含潜在的变量，以提高模型估计结果的科学性与现实贴合性，同时基于前文的理论分析及现有研究成果的梳理借鉴，引入一系列控制变量，主要包括以下几个维度。

一是农户禀赋特征。在现行条件下，规模狭小、零星分散是家庭经营的基本现状，且户主在各类家庭生产经营决策中往往起到了举足轻重的作用。因此，这里所定义的农户禀赋特征，是以农户户主的个人特征为代表，主要包括学习能力和是否担任村干部等维度。其中，学习能力用受教育程度表示，户主受教育程度越高，其面临的学习成本往往越低、学习能力亦越强，从而直接影响其对农业规模经济及其适度规模经营的认知能力和需求程度；是否担任村干部往往反映了农户的社会资源及其资源整合与协调能力，同时也能够对农业生产经营的相关政策更加了解，有助于其农业生产经营的开展。

二是家庭经营特征。虽然农村家庭经营决策主要取决于户主，但是家庭具体情况和禀赋现状无疑是影响户主经营决策的重要方面。对家庭经营特征的归纳基于以下几方面：其一，土地经营规模，主要是指家庭耕地面积大小及其细碎化程度，其中耕地细碎化程度为耕地块数与耕地面积之比。一般地，家庭耕地面积尤其是集中连片面积越大，农户经营的规模经济水平越高，而耕地细碎化对农业规模经济的实现起到抑制作用。其二，家庭劳动禀赋，主要是指家庭务农劳动力数量与家庭劳动力结构，后者用外出务工人数占比表示。家庭务农劳动力数量越多，外出务工人数占比越小，农户可调配的劳动力资源越丰富，从而其扩大经营规模、追求规模经济的资源条件也越好。其三，家庭资本要素，主要是指家庭农机保有量，农机保有量越大，其农业生产的机械化水平越高，在适度规模经营时往往也更有效率。

三是外部经济环境。农业规模经济的实现离不开有利的外部经济发展环境，可以将其主要设定为地域经济水平和政策环境条件两个维度。一般而言，经济发展相对落后地区的农户对农业追加投资的动机与能力相对较弱，因而追求规模经济的需求与动力较弱；反之，经济发达地区的农户则对实现农业规模经济的需求较强。为了考量地域经济特征的影响，选取农户所在村的人均纯收入作为代理变量。同时，在市场化经营模式下，利于农业适度规模经营的利好政策与组织制度往往可以为农户开展适度规模经营、实现农业规模经济提供一个良好的政策激励和运行环境。选取相关农业培训政策的落实作为代理变量，而非简单地以是否有相关政策来衡量，具体以家庭成员是否参加过相关农业培训来表示。农业培训政策的有效落实，一方面，让农户了解相关农业适度规模经营政策；另一方面，有利于增强农户的农业生产经营意识与技能。

3. 数据来源与说明

本节研究所用数据均来自课题组的一手问卷调查数据。共回收有效问卷 842 份，但是鉴于前文农业规模经济水平测度中，已将部分无法测算结果的农户问卷剔除，最终使用的有效问卷为 710 份。在此便以这 710 份有效问卷数据进行实证分析。具体的变量内涵、赋值与描述性统计信息见表 6-4。

表 6-4　变量说明及其描述性统计

变量类型		指标选取	定义或赋值	均值	标准差	最小值	最大值
被解释变量		农业规模经济水平	规模报酬系数，即投入要素弹性之和；记为 ASE	1.07	0.23	0.21	2.05
核心解释变量		市场化经营程度	农业社会化服务购买支出占总生产支出的比重；单位：%，记为 NOM	30.14	17.18	0	71.32
农户禀赋特征		受教育程度	文盲=1，小学=2，初中=3，高中或中专=4，大专及以上=5；记为 EDU	2.78	0.92	1	5
		是否担任村干部	是=1，否=0；记为 SNK	0.22	0.41	0	1
家庭经营特征	土地经营规模	耕地面积	单位：亩；记为 LAD	20.91	128.84	0.5	3 000
		土地细碎化程度	耕地块数与耕地面积之比；单位：%，记为 LAF	1.44	1.51	0	19.23
	家庭劳动禀赋	务农劳动力数量	60 岁以下劳动力数量，单位：人；记为 LBQ	2.75	1.39	0	8
		家庭劳动力结构	常年在外务工人数与家庭劳动力总数之比；单位：%，记为 LBS	26.94	18.79	0	80
	家庭资本要素	家庭农机保有量	自有生产性农用机械数量；单位：台，记为 FOM	1.44	2.19	0	20
外部经济环境		地域经济水平	农户所在村的人均纯收入，单位；万元；记为 AIN	1.06	0.70	0	3
		政策环境条件	家庭成员是否参加过相关农业培训；是=1，否=0；记为 POL	0.45	0.50	0	1

资料来源：描述性统计结果由课题组根据问卷数据整理所得

6.2.2　实证结果与分析

依据微观问卷调查数据，基于农户规模经济水平测算，构建以市场化经营程度为核心解释变量，以农户禀赋特征、家庭经营特征和外部经济环境为控制变量的回归模型实证市场化经营模式对农业规模经济的影响，并运用 WLS 和分位数估计方法实现上述回归模型的估计。其中，以农户规模经济水平低、中、高分组为基准，形成三个分位数及其模型，以此通过不同农业规模经济水平模型结果对比以揭示可能的影响效应差异。具体估计结果如表 6-5 所示。进一步，把分位数回归系数随着分位数的变化情形更直观地图示，结果如图 6-1 所示。

表 6-5　模型估计结果

变量		WLS 模型	分位数模型		
			QR_10	QR_50	QR_90
农业规模经济平方项 ASE^2		−0.535 0*** （0.003 7）	−0.542 0*** （0.010 3）	−0.526 8*** （0.005 5）	−0.516 9*** （0.005 0）
市场化经营程度 NOM		0.010 1*** （0.002 16）	0.010 5** （0.002 2）	0.009 8*** （0.001 03）	0.008 45** （0.000 45）
农户禀赋特征	受教育程度 EDU	0.003 3** （0.001 4）	0.005 8 （0.003 6）	0.000 5 （0.000 6）	0.000 1 （0.000 1）
	是否担任村干部 SNK	0.000 3 （0.002 9）	−0.003 8 （0.006 4）	−0.001 2 （0.001 5）	0.000 3 （0.000 3）
家庭经营特征	耕地面积 LAD	0.000 009 （0.000 006）	0.000 006 （0.000 01）	0.000 000 8 （0.000 005）	−0.000 000 3 （0.000 003）
	土地细碎化程度 LAF	−0.002 3*** （0.000 8）	−0.011 5*** （0.004 0）	−0.000 01 （0.000 5）	0.000 02 （0.000 05）
	务农劳动力数量 LBQ	0.002 1*** （0.000 8）	0.003 3 （0.002 6）	0.000 5 （0.000 4）	0.000 09 （0.000 08）
	家庭劳动力结构 LBS	−0.000 2*** （0.000 06）	−0.000 3* （0.000 2）	−0.000 07*** （0.000 03）	−0.000 002 （0.000 006）
	家庭农机保有量 FOM	−0.000 8 （0.000 6）	−0.003 1 （0.001 4）	−0.001 4** （0.000 7）	−0.000 2 （0.000 1）
外部经济环境	地域经济水平 AIN	0.002 5* （0.001 6）	0.004 8 （0.004 9）	0.001 5** （0.000 6）	0.000 2 （0.000 1）
	政策环境条件 POL	0.006 9*** （0.002 5）	−0.001 5 （0.007 9）	−0.001 9 （0.001 3）	−0.000 4 （0.000 3）
常数项 *C*		0.449 2*** （0.006 4）	0.424 7*** （0.023 6）	0.469 9*** （0.005 0）	0.482 8*** （0.004 9）
F 值		2 560.60	—	—	—
调整后 R^2		0.977 9	—	—	—
Pseudo R^2		—	0.814	0.897	0.939

*、**和***分别表示估算结果在 10%、5%和 1%的显著性水平上显著

注：上述结果由 Stata 15.1 估算得出。其中，“（ ）”中数值为相对应的标准误差

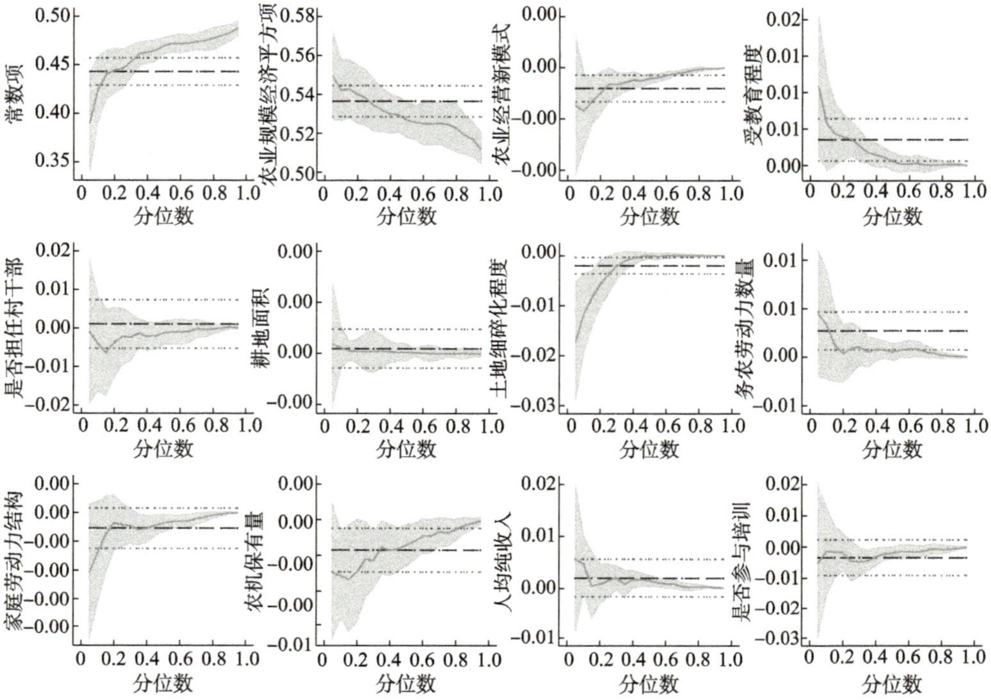

图 6-1　分位数回归系数变化

由表 6-5 的估算结果可知，整体而言，各模型估计结果整体上较好地通过了显著性检验，调整后 R^2 和 Pseudo R^2 结果均较为理想，表明模型拟合度较好，回归结果具有一定可信度。

（1）市场化经营模式对农业规模经济的影响。由 WLS 模型结果可知，市场化经营程度对农业规模经济的影响显著为正，影响系数为 0.010 1。由分位数模型结果可知，市场化经营程度对农业规模经济低位数的影响要略大于对其平均数的影响。而且，随着分位数的增加（1/10→5/10→9/10），市场化经营程度的分位数回归系数呈现下降的趋势。这表明，市场化经营模式对农业规模经济水平的条件分布的前端之影响最大。也就是说，市场化经营程度对于规模经济中等水平和高水平的农户的影响相对较小，而最大受益者是规模经济低水平的农户。同时，三个估计系数的标准误差显著不同，呈下降的趋势，说明对于条件分布的中端和后端的分位数回归系数的估计较为准确。因此，上述实证结果也预示着市场化经营模式在规模经济水平或条件降低的农户群体中实行或推广的积极意义。

（2）农户规模经济决策路径依赖性对规模经济的影响。由 WLS 模型结果可知，农户规模经济决策路径依赖性对农业规模经济的影响显著为正，影响系数为 −0.535 0 且在所有变量影响系数中最大。由分位数模型结果可知，农户规模经济路径依赖性对农业规模经济低位数的影响要略大于对其平均数的影响。而且，随着分位数的增加（1/10→5/10→9/10），农户规模经济路径依赖性的分位数回归系数（绝对值）呈现下降的趋势。这表明，农户规模经济路径依赖性对农业规模经济水平的条件分布的前端之影响最大。亦即，农业规模经济的原有路径对于规模经济中等水平和高水平的农户的影响相对较小，而规模经济低水平的农户最容易形成路径依赖，进而被“锁定”在规模经济低水平。因此，规模经济低水平农户突破原有路径依赖，提升规模经济水平的重要性不言而喻。

（3）农户禀赋特征对规模经济的影响。由 WLS 模型结果可知，受教育程度对农业规模经济的影响显著为正，影响系数为 0.003 3，但在分位数模型中的结果均不显著，这表明受教育程度的影响效应限于对农业规模经济平均水平的影响。无论是在 WLS 模型还是分位数模型中，是否担任村干部对农业规模经济的影响均不显著，亦即农户家庭中是否有人担任村干部对农业适度规模经营和追求规模经济的影响作用不显著。

（4）家庭经营特征对规模经济的影响。表 6-5 结果显示，WLS 模型中耕地面积大小对农业规模经济的影响不显著，且在分位数模型中亦是如此。WLS 模型中，土地细碎化程度对农业规模经济的影响显著为负，影响系数为−0.002 3，亦即土地细碎化程度提高 1%，农业规模经济将下降 0.002 3；分位数模型中，土地细碎化程度对农业规模经济的低位数的影响显著为负，且影响程度略大于对农业规模经济平均水平的影响，但其对农业规模经济的中位数和高位数的影响不显著。家庭务农劳动力数量对农业规模经济平均水平的影响显著为正，其影响系数为 0.002 1，但分位数模型结果表明其对农业规模经济低位数、中位数和高位数的影响均不显著。家庭劳动力结构即务工劳动力占比对农业规模经济的平均水平具有显著的负向影响，影响系数为−0.000 2。这表明在当前农村劳动力结构性失衡背景下，家庭常年务工劳动力尤其是青壮年劳动力的外出流失已严重制约农户实现规模经济。由分位数回归结果可知，务工劳动力占比对农业规模经济低位数的影响要略大于对其平均数的影响。而且，随着分位数的增加（1/10→5/10→9/10），务工劳动力占比的分位数回归系数呈现下降的趋势，但高位数回归系数不显著。这同样表明，务工劳动力占比对农业规模经济水平的条件分布的前端之影响最大，这在图 6-1 中也能得到验证。此外，WLS 模型中，家庭农机保有量对农业规模经济的影响不显著，但在分位数模型中，其对农业规模经济中位数的影响显著为负，表明了家庭农机的持有成本和低效率使用等对规模经济中等水平农户提升规模经济水平起到了制约作用。

（5）外部经济环境对规模经济的影响。由 WLS 模型结果可知，以行政村人均收入表示的地域经济水平对农业规模经济的影响显著为正，影响系数为 0.002 5。由分位数模型结果可知，地域经济水平对农业规模经济中位数的影响要略小于对其平均数的影响，但其对农业规模经济低位数和高位数的影响均不显著。在 WLS 模型中，政策环境条件对农业规模经济的影响显著为正，影响系数为 0.006 9，但其在分位数模型中对农业规模经济的影响效应均不显著。

6.3 市场化经营模式对规模经济影响实证：结构视角

6.3.1 变量选取与说明

1. 变量选取

根据前述研究结果，不同生产组织模式下农户生产经营的规模经济性具有一定差异，表现出随着生产组织市场化程度的提高先降低而后升高的特征，因而农业经营模式对农户生产的规模经济性肯定会产生一定影响。此外，前述核密度估计结果显示，农户的规模经济水平虽然随着其市场化程度的变化而变化，但是这种变化并非一条清晰的“轨迹”，而是围绕该“轨迹”波动变化，说明除了农业经营模式外，还有其他影响农业规模经济的主要变量。本节选择的分析影响农业规模经济的主要变量如下。

（1）农业生产组织模式。农户在经营过程中组织和调配要素资源，合理投入农业生产中的具体方式会对农业规模经济产生影响。这种影响可能来自两方面：一方面，随着生产组织市场化程度的提升，农户能够接触到的生产资料市场范围也在不断扩大，一些新的生产要素，如社会化生产服务可以从市场上购买得到，与以往农户独立完成生产工作相比，这种由专业组织提供的生产环节服务可以显著提高劳动生产效率，从而增进农户经营的规模经济性；另一方面，市场化程度提高在给农户生产经营带来便利的同时，肯定会带来成本负担的增加，表现为寻求市场交易所产生的交易费用，如在购买社会化分工服务过程中，可能会由于服务契约签订、工作监督、履约保证等对农户产生额外的资金或者时间成本，这些交易费用会直观体现在农户生产经营的成本利润中，若交易成本大于由市场化带来的收益，则市场化程度的提升反而会造成农户规模经济水平的降低。因此，市场化经营模式对农业规模经济的影响取决于其带来的收益增进与交易费用之间的差额。

（2）农户生产经营条件。农业生产是一种自然再生产与社会再生产的结合，其自然再生产的特性决定了生产经营离不开环境条件的影响。主要包括三方面：一是土壤质量。土壤质量的高低直接决定了土壤肥力水平，这是农作物生产的必要条件，虽然不同农作物对于土壤质量的要求可能参差不齐，但是总的规律是土壤肥力越高，农作物生长就越旺盛，越有可能获得产量的提升，从而增进农户经营的规模经济性，反之，贫瘠的土壤则会阻碍农作物生产，进而降低农户生产的规模经济水平。二是农机拥有状况。农业机械是通过机器替代人工劳作从而提高生产经营效率，如果农户家庭自己备有生产农机，则能够直接利用机械替代来促进生产力的提升，增进规模经济水平，反之，若农户没有农用机械，则需要通过其他途径来进行弥补，在提升农业规模经济过程中可能会受到一些阻碍。三是土地细碎化程度。土地若能集中在一起进行连片经营，则能够统一组织生产和管理，有利于扩大规模经济效益。虽然通过社会化分工和服务开展生产可以让分散的小农户通过外部规模经济实现收益提升，但是如果每户农户的土地过于细碎，仍然会对农业规模经济的实现产生影响。

（3）农户户主个人特征。农户户主是家庭经营的主要决策者，不同的个人对于农业生产活动的把控和抉择具有一定差异，进而影响农业生产的规模经济性。本书主要考察受教育程度和村干部身份这两方面的个人特征对于农业规模经济的影响。对于受教育程度而言，一般情况下，受教育程度越高，农户知识面越广，越能够根据已有资源做出最有利的决策，从而提高生产效率。不过，具体到农业生产中，受教育程度在多大程度上影响生产经营绩效是值得商榷的，因为农业生产活动除了受受教育程度影响外，更多是受经验积累所影响，加之现阶段农村地区种植经营户多为中老年人，在受教育程度上存在着被动的“逆向选择”，即受教育程度高的农村居民多进城务工，而从事农业生产的多为低学历人群，因此，受教育程度对农业生产规模经济影响甚至有可能是负向的。对于村干部身份而言，其对农业规模经济的影响同样可能存在两种截然相反的影响，一方面，农户担任村干部能够获得更多的政治资源、经济资源和社会资源，可以接触到更为先进的生产要素，有利于提高生产的规模经济性；另一方面，村干部身份使得该农户不能专一从事农业生产，需分出大量时间组织村集体各项事务活动，这样有可能对农业的规模经济水平产生负面影响。

2. 数据说明

对上述影响农业规模经济的变量进行量化，其中，生产组织市场化程度如前所述，通过农户生产过程中购买社会化服务的分工生产环节数量（DOL）来反映，即对农户在整地、育种、播种、灌溉、施肥、植保、收割、包装、储运、加工、销售11个生产环节上的分工状况进行调查，若农户通过购买社会化服务来完成在某个生产环节的工作，则说明农户利用了市场交易途径来获取经营所需的生产服务，这样，该农户的生产组织就属于市场化模式。进一步地，如果农户在多个环节上均购买了社会化服务，则把这些分工生产环节数量进行加总，就能得到反映农户市场化组织程度的量化指标，同时，鉴于前述分析生产组织市场化程度与农业规模经济具有“U”形变化的趋势，还需要将农户分工生产环节数量的平方值（DOL^2）也纳入后续的实证分析中。

土壤质量（FER）按照所调查的农户数据进行赋值量化，具体方法是“1=低肥力，2=中等肥力，3=高肥力”。农机拥有状况（MAC）根据农户是否具有农业机械来赋值量化，方式是“0=没有，1=有”。土地细碎化程度（FRA）以农户耕地的单位面积来衡量，通过计算农户拥有的总耕地量除以地块数量来反映，需要指出的是，该量化指标属于逆向化指标，即该指标数值越小，表明土地的细碎化程度越严重。户主受教育程度（EDU）通过户主学历赋值得到，具体是“1=文盲，2=小学，3=初中，4=高中及中专，5=大学及以上”。户主村干部身份（CAD）通过户主是否担任过村干部来赋值量化，方式是“0=没有，1=有”。

需要指出的是，本节主要从结构视角切入分析市场化经营模式对农业规模经济的影响，采用的是前述分作物统计的 1 358 个样本观测值，数据描述性统计如表 6-6 所示。

表 6-6　变量描述性统计

变量	均值	标准差	最大值	最小值
DOL	2.00	1.97	11	0
DOL^2	7.89	15.70	121	0
FER	2.06	0.61	3	1
MAC	0.26	0.45	1	0
FRA	2.99	32.58	1 120	0.04
EDU	2.78	0.92	5	1
CAD	0.22	0.41	1	0

6.3.2　实证结果与分析

在对农业规模经济影响因素进行梳理的基础上，本节建立如下实证模型进行回归估计：

$$\text{FOE} = \beta_0 + \beta_1\text{DOL} + \beta_2\text{DOL}^2 + \beta_3\text{FER} + \beta_4\text{MAC} + \beta_5\text{FRA} + \beta_6\text{EDU} + \beta_7\text{CAD} + \mu \quad (6\text{-}22)$$

式中，$\beta_1 \sim \beta_7$ 为待估计参数，分别为生产组织市场化程度及其平方值、土壤质量、农机拥有状况、土地细碎化程度、户主受教育程度、户主村干部身份对农业规模经济的影响系数；β_0 为常数项；μ 为随机误差项。由于截面数据可能存在异方差性，选择“OLS+稳健标准误”的方法来予以克服，确保回归结果的准确，最终结果如表 6-7 所示。

表 6-7　农业规模经济影响因素总体回归结果

变量	总体						
	模型（1）	模型（2）	模型（3）	模型（4）	模型（5）	模型（6）	模型（7）
DOL	−0.004 （−0.25）	−0.137*** （−5.05）	−0.137*** （−5.01）	−0.136*** （−5.02）	−0.131*** （−4.90）	−0.130*** （−4.88）	−0.131*** （−4.91）
DOL^2	—	0.018*** （3.68）	0.018*** （3.68）	0.018*** （3.72）	0.017*** （3.46）	0.017*** （3.46）	0.017*** （3.47）
FER	—	—	0.015 （0.80）	—	—	—	—
MAC	—	—	—	0.124 （1.08）	—	—	—
FRA	—	—	—	—	0.002*** （5.02）	0.002*** （5.06）	0.002*** （4.97）
EDU	—	—	—	—	—	−0.009 （−0.67）	—
CAD	—	—	—	—	—	—	−0.013 （−0.39）
常数项	1.003 （34.25）	1.123 （45.25）	1.091 （25.91）	1.092 （30.34）	1.115 （44.94）	1.141 （24.74）	1.112 （43.06）
R^2	0.06	0.041	0.041	0.049	0.055	0.055	0.055
F 值	0	15.15	10.06	10.01	25.05	19.30	18.90
样本数	1 358	1 358	1 358	1 358	1 358	1 358	1 358

***表示在 1%显著性水平上显著

注：( ) 内为 T 检验值

在表 6-7 中，模型（1）至模型（7）分别是逐步添加影响因素的回归结果，除了模型（1）的 F 值不能通过显著性检验外，其余模型的 F 值都在 1%显著性水平上显著，说明这些模型整体回归结果准确、有效，而模型（1）无法通过显著性检验也说明了生产组织市场化程度对农业规模经济的影响效应不是线性的。

生产组织市场化程度影响系数在模型（1）至模型（7）中的估计值在 −0.130~−0.137，且都能通过 1%的显著性检验，表明市场化程度对农业规模经济具有显著的负向影响。但是这种简单的线性关系不能反映规模经济变动过程的完整轨迹及其复杂性，所以我们将市场化指标进行平方处理，市场化程度的平方值的参数估计结果在各个模型中介于 0.017~0.018，也都能通过显著性水平为 1%的显著性检验，说明市场化程度对农业规模经济的影响可能存在由负转正的拐点。结合上述两者的估计结果进行分析，为简便起见，且影响系数在各个模型中的差异不大，不妨把模型（2）的估计结果代入式（6-18）中进行分析，得到：

$$\text{FOE} = 0.018\text{DOL}^2 - 0.137\text{DOL} + 1.123 \quad (6\text{-}23)$$

式（6-19）是一个典型的二次函数。根据二次函数性质，由于 $a = 0.018 > 0$，因此该函数图像是开口向上的，即市场化程度对农业规模经济的影响是先抑制后促进的“U”形效应。其函数的最低点对应的 X 轴上的值为 $\text{Min} = -b/2a = -(-0.137)/(2 \times 0.018) = 3.81$，该结果的经济意义是：只有当农户采取分工方式进行生产的环节数量达到 4 个及以上时，生产组织市场化程度对农业规模经济才能产生积极影响，如果农户只是选择 1~3 个生产环节进行分工生产，则市场化经营模式所带来的影响不仅不能促进农业规模经济，反而会对农业规模经济水平的提升产生抑制效应。

从其他变量影响效果上看，表征土地细碎化程度的逆向化指标单位地块规模对农业规模经济的影响系数为 0.002，且能够通过显著性水平为 1%的显著性检验，表明土地细碎化程度会对农户提升规模经济产生抑制作用，过于细碎的土地不利于农业生产和经营。土壤质量和农机拥有状况对农业规模经济的影响系数分别为 0.015 和 0.124，但未能通过显著性检验，说明提高土壤质量及购买农用机械对农业生产规模经济性的提高具有一定的促进作用。户主受教育程度和村干部身份对农业规模经济的影响系数均为负数，分别是−0.009 和−0.013，同样也未能通过显著性检验，说明种植经营户确实存在一定的受教育“逆向选择”现象，担任村干部也确实分散了农户对种植经营的专注度，从而对生产的规模经济性产生不利影响。

6.4 本章小结

1. 经营模式转换逻辑及其规模经济效应

本书理论模型基于分工经济与交易费用之间的冲突来分析农业经营模式由传统经营模式向市场化经营模式的转变逻辑及其带来的经济效应。模型内生于与交易效率和生产学习成本都有关的劳动专业化，通过农产品生产和中间投入品的专业化水平的变化，来揭示传统经营模式和市场化经营模式发生及转变的经济性质。理论分析表明：

（1）生产者的总学习成本水平变化导致经营模式结构演变和转换。当传统经营模式下的生产者在技术服务和生产的总学习成本不高时，随着技术服务和农产品的综合交易效率的提高，低分工水平的传统经营模式将向高分工水平的市场化经营模式结构演变；当传统经营模式下生产者的总学习成本较高时，市场化经营模式结构取代传统经营模式结构。相比之下，充分改进的综合交易效率导致的市场化经营模式将伴随有诸多共生现象，如技术服务和生产专业化提高、农产品生产的市场分工（产品内分工）、技术服务市场形成、市场种类数增多、生产和交易链条拉长、人均实际收入提高。

（2）市场化经营模式下农产品交易效率的改进导致农业分工深化和劳动力向中间产品（服务）生产转移，为土地流转集中和农民增收创造条件。分析表明，农产品交易效率的提高将提高农业生产服务供应商和技术服务商的人数、降低农产品生产者人数。随着传统经营模式向市场化经营模式结构的转变，一些传统生产者将转移到农业生产服务和技术服务部门，从而引起农业生产部门劳动力份额下降。与传统经营模式结构相比，市场化经营模式下农产品交易效率的改进导致劳动力向中间产品生产的迁移，并呈现出更广泛和显著的分工网络正效应。在市场化经营模式下，农产品生产者人数减少，并转移到农业生产服务和技术服务等中间产品领域。这意味着，一方面，农业生产要素人均量的扩大，尤其是土地的劳均单位面积扩大，为土地流转集中和其他要素流动创造了有利条件，有助于农业经营规模的适度扩大，从而促进农业规模经济的实现；另一方面，农业劳动力的跨部门转移，农业劳动力兼业程度及专业化程度均将提升，基于部门间的劳动力价格差，实现农民增收。

（3）在市场化经营模式下农产品生产者与技术服务商实现分工，进行不同的专业化活动，从而可从技术服务生产率的提高中相互受益。基于这种分工网络的正效应，当市场化经营模式结构出现，技术服务商和农产品生产者的生产率的提高可分别促进技术服务的市场容量和农产品的市场容量的增加；农产品的市场容量的增加还可由技术服务商的生产率的提高推动生产者的生产率的提高来实现；技术服务的市场容量和农产品的市场容量可相互促进。农业生产服务、技术服务等中间产品尤其是农产品的市场容量的扩大，表明市场需求的提升，这将进一步刺激经营主体追加投入与扩大经营规模，增强其追求规模经济的动力。人均实际收入则在这些正效应的交互作用中得到提高。

2. 市场化经营模式促进农业规模经济的实证解析

总体视角下，以农户为单位选取样本量，以购买服务的市场化程度衡量市场化经营模式，同时引入农户禀赋特征、家庭经营特征、外部经济环境三个维度的控制变量进行分析，实证结果表明：市场化经营模式对农业规模经济的影响显著为正；由分位数模型结果可知，市场化经营模式对农业规模经济低位数的影响要略大于对其平均数的影响。而且随着分位数的增加，市场化经营程度的分位数回归系数呈现下降的趋势。这表明，市场化经营程度对低端农业规模经济水平的影响较大。市场化经营程度对中高端规模经济水平农户的影响相对较小，而最大受益者是规模经济低水平的农户。这预示着市场化经营模式在规模经济水平较低的农户群体中实行或推广具有积极意义。其他方面，受教育程度对农业规模经济的影响显著为正；土地细碎化程度对农业规模经济的影响显著为负；务农劳动力数量对农业规模经济平均水平的影响显著为正；家庭劳动力结构对农业规模经济的平均水平具有显著的负向影响；区域经济水平和政策环境条件对农业规模经济的影响均显著为正。

结构视角下，以结合农户样本量及种植部门的加总样本量为实证样本，从生产环节分工外包数量角度衡量市场化经营模式，同时引入生产组织市场化程度及其平方值、土壤质量、农机拥有状况、土地细碎化程度、户主受教育程度、户主村干部身份等变量进行分析，实证结果表明：在既定分工条件下服务产品市场化程度越高，即农户生产购买外包生产环节越多，市场化经营模式对规模经济的影响就越大。样本分析结果是：只有当农户采取分工方式进行生产或购买的环节数量达到 4 个及以上时，生产或经营市场化程度对农业规模经济才能产生积极影响，如果农户购买的生产环节仅在 1~3 个环节进行分工生产，则其市场化程度太低会对农业规模经济水平的提升产生抑制效应。

显然，双重视角的实证结果具有可比性和互补性，通过对比分析总结出如下要点：第一，无论是市场化购买的成本角度还是生产环节分工外包数量角度衡量的市场化经营模式，对农业规模经济的影响总体上显著为正，充分体现了理论模型分析中的分工逻辑。进一步地，这种正向影响呈现“U”形的非线性特征，即影响效应随着市场化程度的提升由消极影响逐渐转变为积极影响。第二，农户的受教育程度对农业规模经济的正向影响显著，充分体现农户学习效应及其成本的理论逻辑。亦即在市场化经营模式下，高度的市场化和分工特征对农户的学习能力（受教育程度为其显性表征）提出更高的要求，市场化经营模式经由受教育程度正向效应的传导，促进农业规模经济的实现。

第7章　市场化经营模式对农业规模经济的整体促进效应

7.1　农业规模经济多重性及其互促关系

7.1.1　农业多重规模经济内在联系简析

1. 农业多重规模经济及其均衡效应

根据规模经济理论的一般分析，规模经济这个范畴其实是一个多维多层次的立体的概念体系，如包含产业（行业）规模经济、企业（工厂）规模经济等概念。农业规模经济概念也包含了多维多层次的各类范畴。从农业产业链来看，产前生产资料（农机具、化肥、农药、种子等）生产，产中种养殖业，产后储运、加工和销售业，各个环节都需要追求产业（行业）规模经济。从农业产业链整体规模经济来看，如果产业链上各环节都获得了规模经济并且实现增长，那么全产业链整体便可获得规模经济并且增长，反之农业产业链整体规模经济又制约和影响各环节局部的产业规模经济。各环节之间规模经济也存在相互促进和影响的内在联系。农业产中环节产业（行业或部门）规模经济，对应存在一个类似于企业（工厂）规模经济的范畴，那就是农户生产规模经济。显然，农业的产业（行业或部门）规模经济既受到产业整体及其各环节规模经济的影响，也受到农户生产规模经济的影响。就是说，农户生产规模经济的实现和增长，也制约和影响了农业的产业（行业或部门）规模经济水平。一般而言，农户获得生产规模经济的基本条件之一是达到了最低要求的经营规模或适度经营规模。

农业规模经济还有内部规模经济和外部规模经济之分，农户生产规模经济应属于内部规模经济范畴，而农业外部规模经济或因制度变革、产业集聚、专业化分工生产等的效率提升，或因专业化布局产生的区域规模经济，等等，与其他农业外部规模经济来源因素一起构成了农业规模经济共生互促的多维特征。农业区域规模经济反映在一个区域内通过生产专业化布局形成大规模种植，如果家庭经营基础被卷入这种区域分工专业化生产布局，那么尽管土地承包经营没有改变，仍然是家庭生产经营，区域内部的分工专业化效应也可直接转化为农户的外部经济分享，即农户除了内部规模经济之外，还可以享受外部经济性，这就促进了农户生产规模经济或农业内部规模经济。显然，农业内部规模经济不是一个孤立的范畴，努力提升农业外部规模经济则是促进农业内部规模经济乃至整体农业规模经济的重要途径或条件。

不言而喻，多重农业规模经济之间具有深刻的内在联系，并以产业链整体生产经营良性循环，各经营主体合理分享利益，以及产业组织协同等为条件产生互动影响。

第一，从产业链整体良性循环的视角看，假定农产品的生产和消费与农业服务的提供和消费全部由农业产业链条上的经营主体来完成，不考虑产业链之外的经营主体参与生产和消费的情形，那么农业多重规模经济共生互促的条件之一是，各环节的生产规模和产量水平刚好满足彼此的需要，顺畅实现产销均衡衔接。就是说，从产量或数量规模上看，农业生产者提供的产品总量，不多不少刚好能满足除自己消费之外加工、储运和直销的需要，尤其是刚好达到与加工、储运等的产能大小相匹配的数量水平。农林业产品全部都能够投入加工和消费，没有剩余浪费，这应该是农业生产经营主体，如农户、家庭农场等能够继续再生产的基本条件，因而也是其能够追求规模经济的基本前提。如果农产品生产过多或卖不出去，那么经营者就会遭遇"谷贱伤农"而减少生产供给。另外，各类农业服务主体提供的服务包括产中生产服务和产后加工销售等服务，也应该与农产品生产的需要相匹配，这就是农产品产量规模和农业服务规模的匹配问题。如果各类服务主体分别提供的服务也都能够被农户、家庭农场等全部购买并消费，没有剩余和浪费，他们就能够继续提供服务并促进产业链整体良性循环。反之，如果服务产品供给大于农民具有实际购买力的服务需求，那么过多的农业社会化服务产品也会强制退出市场。从这个意义上讲，促进农业产前、产中和产后各环节产业的协调发展，不仅是提升现代农业产业体系的需要，而且是促进农业产业循环和提高规模经济水平的需要。

第二，从产业链整体良性循环的可持续性看，各经营主体相对于提供的产品或服务获得必要的利益回报，是他们愿意继续参与分工协作并持续经营的前提之一。市场经济主体对经济利益的追求，是他们参与市场经济活动的动力来源，而参与利益分享的合理性或均衡性更直接影响持续参与的积极性。概言之，农业产业链纵向均衡和协调发展，取决于各经营主体在分工体系中的利益分享的均衡状态。一般地，在纯粹市场经济条件下，各主体都是按照利润平均化原理去判断是否值得投资或生产。然而，由于农业的特殊性及不同生产环节和不同经营主体的差异性等，农业中利润平均化机制尚未真正形成，但是各经营主体获得平均利润率意义上的利益回报或者相对满意的经营收益，应该不失为一般标准。这个利益分享满意均衡的基本尺度，至少是其出售产品或服务的收入大于成本费用而有所获利，这样才能确保组织内价值链良性循环及其再生产正常进行。从微观主体正常经营的角度看，获取一定的投资收益率的渠道较多，如成本不变而产品价格上升，或价格不变而成本下降，或农产品质量和竞争力增强，等等。从内部规模经济的视角看，如果生产规模或者服务规模远低于损益平衡点，那么获得相对满意的收益率的机会就会大大减少。从这个意义上可以说，农户生产达到最低要求的经营规模或适度经营规模是赚取最低利润水平的条件之一，因此，获得最低水平的规模经济效益应是农户或农业微观经营主体获得相对满意收益率的途径之一。换言之，如要获得各自相对满意的收益率或利润水平，那么达到适度经营规模或者说实行适度规模经营，至少是必要条件，尽管未必是充分条件（分工深化和市场化也可提升经营收益）。

第三，从企业或经营者应达到最低生产规模或适度规模经营的要求来看，这既是分工深化和市场演化的结果，也包含了产业组织演进达到协调均衡的过程。前述表明，农业产业链纵向经营主体为了追求利益满足和大致均衡，必然产生追求适度规模经营的共同偏好。从横向上看，各主体也必然面临所在产业的市场竞争，诸多因素的综合影响必然导致产业竞争态势的变化，一般体现为通过企业的兼并、重组或分拆等引起企业数增减变化，反映了产业集中与分散的竞争格局。如果产业格局此时达到了均衡并且产生了效率，那么至少反映了产业中每个企业都跨越了最低水平的规模限制，或者这些企业都能获得一定程度的规模经济效益。照此分析，如果按照单个生产企业的最低规模产量计算，那么一个产业中应该有多少企业数就是获取规模经济的基本门槛。市场竞争的结果一般会演化出符合产业特性和竞争格局的不同规模结构的企业组织均衡。这样，某产品生产或服务的产出规模或数量的纵向均衡，在产业内竞争中就演化为企业组织均衡的要求。农业产业链加工、销售等服务产业实现了横向组织均衡，既保证产业链良性循环的需要，也保证了产业内良性竞争的要求，而每个企业或经营主体又都能达到适度规模经济水平，那么就为实现各自利益目标的相对均衡乃至产业链整体规模经济的提升创造了条件。

但是，农业产业链上各个环节产业组织演化并不都是一致的。从理论上讲，农产品产前产后加工销售等企业化组织的微观经营主体，如果没有其他非市场因素的干扰，纯市场竞争的结果一般会朝着组织均衡方向演进。尽管加工业和服务业产业内竞争中，其生产集中度要受政府反垄断政策的上限限制，不可能无限集中；其生产分散度则要受到最低生产规模水平的限制，不可能无限分散，加工服务等产业组织演化的均衡实际是一个区间，而产业中的单个企业规模既千差万别也未必“适度”，但是基于交易费用的比较最后还是会演化出一个较佳的产业集中度。农业产业的特殊性决定了农业生产内部相关环节有着根本性区别，农户家庭不是企业化组织，尤其是受到诸多制度性因素的制约影响，市场竞争对农业微观组织演进变化的影响甚微，农业生产经营至今仍主要是通过高度分散的千家万户农民家庭来组织。这样，如果单纯依靠推进土地适度规模经营这条路径来实现和提高农业内部规模经济，那就很难行得通。所幸中国农民创造了农业产业化组织形式，多年的实践表明，通过农业产业化的组织作用，如“公司+农户”提高农业生产组织化程度，其实就是适度减少了直接参与市场交换的主体数量，或者通过促进“一村一品”“一乡一业”来推动农业区域规模经营，弥补了农业组织机制的不足，从而达到某种程度组织均衡和适度规模经营的效果。

2. 市场化经营模式对多重农业规模经济的放大效应

综上分析，农业产业规模经济和生产规模经济相互交织，其各自均衡性特征的区别和联系形成了相互促进关系。产业规模经济和生产规模经济的相互影响反映在，产业链纵向各个环节的产量均衡保证了产业良性循环及其各环节的产业规模经济，推动发展社会化服务并通过市场化实现生产规模经济。亦即农业产业纵向均衡影响农业生产规模经济的均衡性，农业生产和多元服务主体之间的规模均衡及组织均衡，影响到各微观主体大致的收益均衡，从而影响农业生产规模经济的持续性。同理，生产规模经济的实现，保证了农户的生产能够正常进行，农业经营者能得到最小限度的利益满足，从而提供足够规模的农产品供给量确保加工业发展，产生足够规模的服务需求量拉动加工、销售等服务业的发展。

市场化经营模式如何促进农业多重规模经济的互动和提升？从纵向角度看，各环节的分工深化决定了市场化程度，而市场化程度影响到各环节的衔接均衡。农业生产规模经济狭义上就是农户生产规模经济，在分工主要停留在内部分工，服务市场化程度为零的情况下，农户生产规模经济或农业内部规模经济，主要直接取决于是否达到了适度规模经营水平。但是产业纵向关系的分工深化和市场化发展，冲击或瓦解了农业经营单位内部的分工——由于农业生产各个环节的适度规模水平不同等，传统农业生产组织的内部分工必然会被卷入社会分工使之外部化、社会化和市场化。市场化经营模式代表了社会分工冲击下的农业生产向市场化组织方向发展的趋势，在市场化经营模式下，农业规模经济从传统模式下单纯来源于经营规模大小，拓展为可获得外部规模经济，包括分工专业化及交易效率提升，以及农业的区域规模经济等，对农业生产产生巨大影响。各产业经营主体间的横向关系对农业规模经济的促进作用，主要体现在：一方面，农业生产区域专业化带来了区域规模经济或外部集聚效应；另一方面，产业链上各经营主体提供的服务规模经济效应，最大限度地抑制了不同农业生产环节的规模效应差异形成的不利影响，从而从总体上放大了农业规模经济的整体水平。

在市场化经营模式下，产业链纵向循环对农业规模经济的促进影响，还存在一个价格机制和农业支持政策的问题。产业链纵向关系对每个相连的上下游市场之间的中间产品的价格确定尤为重要：一方面，中间产品价格的变动将以下游厂商生产成本的形式凝结在产品中继续向更低下游传递；另一方面，中间产品的价格也将通过影响上游厂商需求的方式继续向更高的上游传递。在不同的纵向产业链中，中间产品将通过不同的价格机制进行定价并实现交易，如内部转移价格、讨价还价等，这些定价方式或者不同的纵向结构将会在很大程度上影响纵向关联市场的均衡结果（张艺，2009）。如果通过正确地处理政府和市场的关系，能够有效地引导市场公平交易，那么各经营主体在市场活动中都可大大提高交易效率，增加市场交易的收益水平。如果政府对农业生产和服务提供必要的支持和服务，那么单就农业生产者来讲，有可能大大降低其生产成本，提高其农产品加工升值空间，扩展农产品市场销售半径，从而极大地提高农业生产经营的规模收益水平。

不少学者关注农业产业链与农业生产效率之间的关系，而几乎所有国内学者都一致认为，产业链整合将会促进农业生产效率的提高。农业产业链纵向结构会通过各种渠道短期或长期影响产业内企业和产业整体的生产效率（Lafontaine and Slade，2007）。在调研数据分析的基础上，张贺（2015）运用 Shapely 值修正法分析认为，产业链环节双方合作不仅会带来产业链增值，还会增加双方利益主体的利益分配份额。赵绪福（2006）认为产业链整合是产业链升级和产业链链环关系之间的协调化，整合后的产业链可以根据社会资源状况和市场需求状况的变化，在产业链环与环之间以合理的比例配置生产要素，协调不同环节之间在生产上的配合，从而产生协同效应。他认为产业链整合在本质上是一个帕累托改进，因而必然会带来产业内企业和产业整体的效率增进。也有人把“公司+农户”作为产业链整合形式而发现了它促进农业生产效率提升的证据（胡定寰等，2006；祝宏辉，2007；孙艳华等，2008）。万俊毅和欧晓明（2010）则进一步指出这种模式同时扮演了价值发现、价值生产和价值分配三重角色，方便了产业链整体的价值创造功能，因而提高了产业生产效率。

7.1.2 产中服务对农业规模经济的促进影响

1. 产中服务对生产环节效率的影响效应

整个农业生产过程可以看作若干工序环节的集合，每个工序环节具有一定次序，逐次递进，进而完成农业生产全过程。在这个过程中，每个工序环节实现生产效率最大化需要的规模条件不同。例如，机耕和收获环节提高生产效率依赖大量机械投入代替劳动力，农机作业需要在大面积土地上才具有效率性，在机耕和收获环节提升效率有赖于经营规模的扩大，而在其他环节则可能在农户经营面积较小情况下达到生产效率最优。在缺乏分工和市场化条件的农业经营模式下，农业生产所有环节均由家庭内部完成，由于不同农业生产环节达到生产效率最优点所需要的规模具有差异性，如土地机耕环节的最佳规模可能要大于播种、插秧、除草等其他环节，因而农户可能在某个生产环节生产效率最优，而其他生产环节并未达到效率最高的规模经济点上。那么分工和市场化条件下产中服务是如何促进和提升农业生产效率的？可通过一般均衡分析法来解释新模式下产中服务的效率提升机理。图 7-1 为传统经营模式与市场化经营模式下农户生产效率提升示意图。

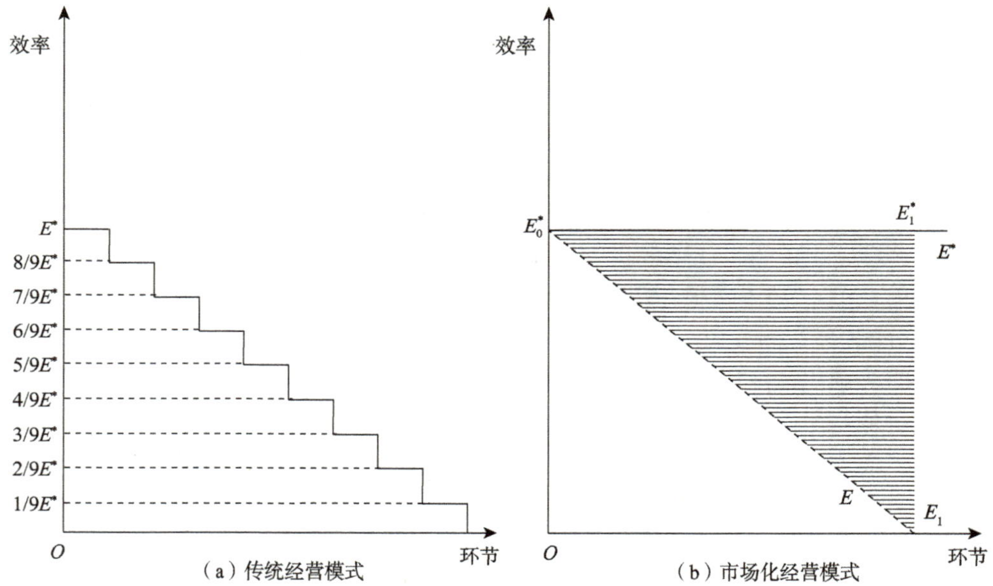

图 7-1　农户生产效率提升示意图

假定完成农业生产总共需要经过 9 个生产环节，每个生产环节均能够由不同规模的农户来完成，但是单个农户可以在某个生产环节实现 E^*的最高效率，而其他生产环节的生产效率或高低不等或依次递减，某个生产环节的经济效率仅为 1/9E^*。图 7-1（a）反映了单个农户独立完成整个农业生产过程的生产效率变化，显现为一条阶梯形下降折线。如果把单个农户的效率折线通过微分处理用虚线表示，即显示为图 7-1（b）中一条倾斜下降的虚线 E，两坐标轴和虚线 E 构成的三角形 $E_0^*E_1^*E_1$ 面积是传统经营模式下农户获得的总生产效率。在市场化经营模式中，农户可以只在其既定经营规模条件下生产效率最高的环节进行生产，并用在该生产环节上的劳动换取其他不具有效率优势生产环节的服务。理想状态下，每个农户通过相互之间的交易行为均可在各个生产环节上达到 E^* 的最高生产效率。这时候，效率曲线为一条平行线，在图 7-1（b）中以实线 E^* 来表示，该条实线上每个点的生产效率均为 E^*，阴影面积 $E_0^*E_1^*E_1$ 就是单个农户通过生产分工获得增加的经济效率。对比分析可以发现，在农业新模式下，农户通过分工与专业化生产能够实现在既定经营规模上整体经济效率的提升，进而增进规模经济。

分析表明，在家庭联产承包责任制下，土地较为分散，要实现每家每户都能达到土地规模经营条件几乎是不可能的。如果缺乏分工和市场化，无疑有部分农户不仅受限于土地面积而且受诸多生产环节“短板”制约很难提高其生产效率，使得这些农户难以实现规模经济。在市场化经营模式下，农户通过购买社会化服务或者是把某些生产环节外包进行生产，尽管土地承包权权属关系没有改变，但是如机耕这类对土地规模要求较高的生产环节就有可能统一进行。在市场化经营模式条件下，专业生产服务组织统一安排和完成工序环节作业，可以保证每一单位土地上的环节工作都富有效率。因此，农户可以根据自身农业经营规模，在市场化经营模式下，把一定数量生产环节或是部分工作量进行外包生产，通过农业生产服务规模化实现生产效率达到最优。

2. 产中服务对生产环节成本的节约效应

市场化经营模式可以改变农户生产的成本结构，将一次性投入的固定成本转化为多次购买生产服务的可变成本，从而有效降低生产成本，降低规模经济的临界点。

一般分析如图 7-2 所示，按照厂商短期生产曲线的定义，农户生产成本可以分为平均可变成本、平均固定成本、边际成本和平均总成本，分别以 AVC、AFC、MC 和 ATC 表示。其中，AVC 先降后升，与 MC 相交后，和 MC 一样随着规模的增加逐渐提高，AFC 随着规模的增加而逐渐降低，ATC 则是随着规模的增加先下降后上升。卖者无数的农产品市场近似于完全竞争市场，其价格为市场均衡价格 P，农户边际收益曲线 MR 与价格 P 重合，是一条水平于横轴的直线。ATC 会随着规模扩大而有一个降低的区间，其与 MC 的交点 E 就是农户生产成本最低点，对应的 QE 为最优生产规模，此时农户生产成本 C_E 低于农产品销售价格 P，如果农户生产规模达到了 Q_E，便能够获取较好的规模效益。但是如果农户的土地规模小于 Q_E 而只达到了 Q_D，对应平均总成本线的 D 点，此时，平均总成本为 C_D 大于价格 P，农户处于亏损状态。问题在于，农户家庭经营的土地规模受多种因素制约短期内很难改变，农户自身无法根据市场原理调整生产规模，所以当其土地规模低于最优规模点时，农户生产经营目标不仅谈不上追求规模经济，而且此时或许弃耕是最好的选择。

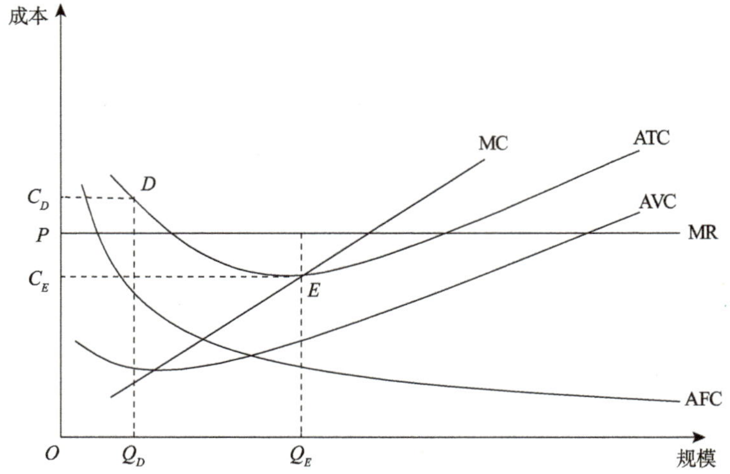

图 7-2　农业生产成本变化示意图

在市场化经营模式下，农户虽然仍旧不能改变拥有的土地规模大小，但是可以通过成本结构的改变实现生产成本的降低。这种成本的降低主要是固定成本转变为可变成本，从而使农户平均总成本曲线下移。在现实农业生产中，农户通过购买生产性服务或者将个别生产环节外包出去，不再需要为完成这些环节一次性投入购置设备的固定成本，转变为向生产性服务组织多次购买服务，服务的多少可根据农户生产的需要来从容选择，有利于农户降低生产成本。如图 7-3 所示，农户不再需要投入更多农机等设施的固定成本，这部分固定成本即转化为重复购买生产性服务的可变成本，会增加农户可变成本支出，因而农户在市场化经营模式下的平均总成本曲线 ATC_X 可由原来的平均可变成本曲线 AVC 向上平移得到。同时，边际成本曲线也由原来的 MC 变动为 MC_X，可以看出，MC_X 比 MC 要平缓一些，说明边际成本上升的速度趋缓。在新的生产成本曲线下，农户生产成本最低点为 ATC_X 与 MC_X 的交点 X，对应的农户生产规模下降到传统经营模式下农户处于亏损点 Q_D 附近，此时农户的生产总成本远低于农产品价格 P，农户能够获得较高的生产收益。

综上，在传统经营模式下，农户生产经营规模必须达到适度规模水平才能实现成本最优，而在市场化经营模式下，农户生产适度规模水平的临界点降低了，而且规模经济临界点对应的平均生产成本也比传统模式下的平均成本降低了，表明市场化经营模式有利于降低农户生产成本，特别是降低较小土地规模经营农户的生产成本。市场化经营模式有效促进生产成本节约的作用机理实质就是改变农

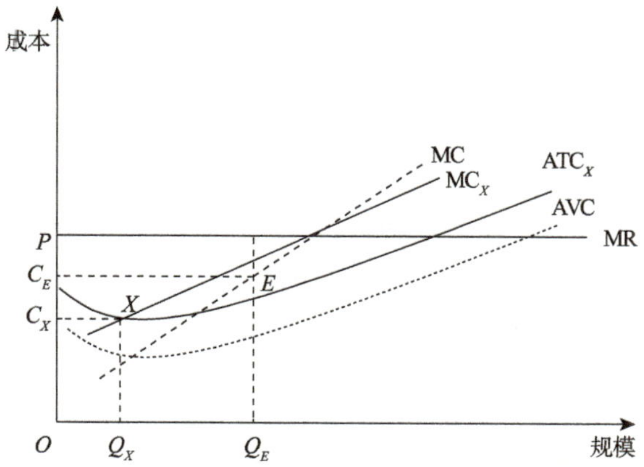

图 7-3　市场化经营模式下生产成本降低示意图

户成本结构，从而使较小规模经营农户能够达到成本最小化，使经营规模比较容易地越过规模经济临界点要求。

7.1.3　产后服务对农业规模经济的促进影响

农产品产后服务主要有运输、储存、包装、加工、销售等，产业链越长，产后服务类型越多。鉴于不同品种产后服务类型的差异性，在此仅讨论与农户生产紧密相关、影响较大的其中两类服务，即农产品加工服务和销售服务对农业规模经济的促进作用。

1. 农产品加工服务对农业规模经济的影响

（1）农产品加工服务发展可以有效提高农业生产组织化程度。由于农产品加工服务直接与初级农产品相接，出于保障原料供给质量、数量和成本等方面考虑，往往会通过各种方式建立原料基地，一般采用收购、加工、销售一体化经营、规模化生产，带动农业发展适度规模经营。龙头企业通过订单、合作、入股等形式，带动农户从事农业产业化经营，从农产品加工服务与农产品生产的连接程度看，农产品加工服务与农产品生产环节连接得越紧密，带动农业发展规模化生产和提高农业组织化的能力就越强。

（2）农产品加工服务可以有效带动农业适度规模经营。农产品加工服务具有工业部门对农业部门剩余劳动力的“泵吸”作用，所以能够带动农村剩余劳动力转移，可以直接或间接为农业土地流转创造条件，促进农业适度规模经营的发展。此外，农产品加工服务至少还可以通过以下两条途径带动土地适度规模经营。一方面，农产品加工服务在适合的条件下通过扩大纵向合作，在分工基础上将农业生产环节纳入企业统一的经营策划之中，从而有利于调整优化土地利用并适度扩大土地经营规模。典型代表，如广东客家郇农牧业有限公司、广东燕塘乳业股份有限公司等龙头加工企业的发展，对当地种养业产生较大的带动作用，也有效促使当地农产品生产的规模扩大。另一方面，农产品加工服务对农产品的大规模采购，有利于提升农业经营收入，从而带动区域内农产品的专业化种植。专业化意味着规模化、市场化，市场化则会增强农户的竞争意识和核算能力，农户会根据经营效益选择生产优质产品并因地制宜适时调整生产规模。

（3）农产品加工服务可以有效促进区域规模经营。农产品加工服务还通过分工和市场化方式直接促进区域内农业生产环节外包。一般情况下，企业和农户通过市场化方式进行交易，农产品纯粹通过市场机制实现产需对接，只要加工服务有足够的加工需求，便可以扩大对农户生产的带动能力，一定区域的农户都集中发展这类农产品生产。在“公司+农户”的农业产业化模式发展较好的情况下，公司的“订单”更能起到对农户生产的导航器作用，农业产业化公司所在区域或产品收购覆盖的区域，由于公司收购量较大且有一定的质量要求，有可能强化公司对农户的技术指导和市场引导责任，而由于市场竞争的需要，公司也可能因为降低成本的需要而鼓励土地流转集中或发展成片的大规模种植，这些都直接或间接地促进了农业规模经营的发展。

2. *农产品销售服务对农业规模经济的促进影响*

（1）农产品销售服务有利于促进农户获得较高的农产品市场交易价格，提高农业经营收入。传统农户的分散生产，不仅不利于形成农业的规模生产，而且还有可能使农户之间形成恶性竞争。市场化经营模式下现代农业服务组织基于为农民服务的责任意识，可以带动农民并作为一个谈判整体在市场上讨价还价，有利于提高农产品市场交易价格。图 7-4 表示农业销售服务组织和农产品收购中间商交易时的价格和数量的确定。S 是农业销售服务组织的农产品供给曲线，MR_2 是销售服务组织的边际收益曲线，D 是农产品收购中间商的需求曲线，MC_1 是农产品收购中间商的边际成本曲线。

当农业服务组织讨价还价的力量较弱、中间商的力量很强时，该市场是一个买方垄断市场。此时，D 曲线也是中间商的边际收益曲线 MR_1，根据边际效益等于边际成本，即 $MR_1 = MC_1$，相交于 E_2 点，中间商决定了所需的农产品数量即 Q_2，在 Q_2 的需求水平下，结合农产品供给曲线，此时农产品的价格为 P_1，供需平衡点为 E_3，此时农产品的销售价格水平与单个农户直接与中间商交易的价格接近。当农业销售服务组织讨价还价的力量很强、中间商的力量较弱时，该市场是一个卖方垄断市场。此时，S 曲线也是服务组织的边际成本 MC_2，根据边际效益等于边

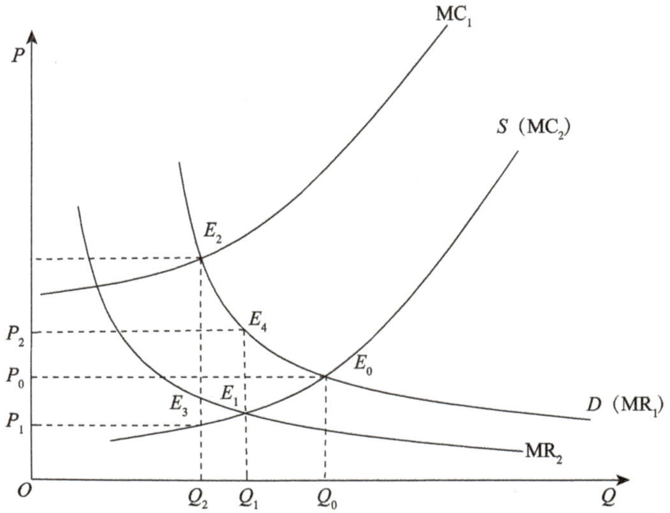

图 7-4　农业销售服务对农户销售价格的影响

际成本，即 $MR_2 = MC_2$，相交于 E_1 点，服务组织决定了所提供的农产品量为 Q_1，在 Q_1 的供给水平下，结合中间商需求曲线，此时农产品价格为 P_2，供需平衡点为 E_4。当市场处于完全竞争时，S 曲线与 D 曲线相交于 E_0，此时农产品需求量（供给量）为 Q_0，定价为 P_0。可以看出，随着农业销售服务组织和中间商之间谈判力量强弱的变化，农户获得的农产品市场交易均衡价格位于 P_1 与 P_2 之间。与单个农户和中间商的交易相比，农户借助农业销售服务组织的力量可以获得更高的交易价格，有利于增加农户收入。

（2）农产品销售服务有利于保障农产品的稳定供应，促进农产品产业链增值。农产品销售服务对农业生产规模经济的促进作用，主要体现在农业产业链的下游渠道拓展中，主要包括经销商环节、零售环节和消费者消费环节等的服务。由销售服务企业构建的产业链，能够将产业链下游经销商联合起来，不仅共建了营销渠道，而且也提供了信息服务、政策服务、融资服务和广告服务等，企业之间还可以共享产销对接的信息服务、物流服务、咨询服务等，实行产销之间的“订单式”生产和计划分配，保证生产和市场有效衔接和稳定性。销售服务组织之间通过统一的协调合作，不仅能够降低服务的成本，而且可以实现渠道共享，增大相关产品的销售量，促进产品在更大范围内实现增值。持续稳定的消费需求对整个产业链的供需平衡具有至关重要的作用，有利于农产品的质量安全保证和可溯源机制的建立健全，还会不断提升消费者对农产品的依赖度，逆向拉动农产品产业链的增值。

7.2　市场化经营模式下产业规模经济的影响效应实证

7.2.1　产业链纵向关系对农户规模经济的影响效应

1. 模型设计与变量说明

本节内容从产业链纵向关系的角度，探讨产业链纵向分工对农业规模经济的影响，从而间接讨论产业链组织关系对农业生产规模经济的影响效应。为此建立如下模型来分析产业链纵向分工主体间的关系类型对农业规模经济的影响程度：

$$\mathrm{FOE}_i=\alpha+\sum\beta_j\mathrm{POS}_j+\sum\delta_k\mathrm{DOL}_k+\sum\varphi_m\mathrm{FAC}_m+\sum\gamma_h\mathrm{CON}_h+\varepsilon \quad (7\text{-}1)$$

式中，FOE_i 为第 i 个农户投入要素产出弹性之和，即农户生产规模报酬；POS_j 表示纵向分工中主体之间关系类型，反映纵向分工主体间的紧密程度；DOL_k 表示农户产业链纵向分工环节数，用以反映纵向分工程度；FAC_m 表示农户拥有的资源禀赋和条件；CON_h 为 h 个控制变量；α 为截距项；ε 为随机扰动项；待估参数 β_j、δ_k、φ_m、γ_h 分别反映产业链上主体间关系类型、纵向分工程度、农户拥有的资源禀赋和条件及其他控制变量对农户生产规模报酬的影响效应程度。变量的设定及指标赋值如表 7-1 所示。

表 7-1　变量设定及指标赋值

变量名称	指标解释及赋值
FOE	农户投入要素的产出弹性之和，反映规模经济水平
POS	农业产业链上服务提供主体类型：1=完全未购买全部由家庭内部完成（非市场型）；2=村民等松散型主体提供服务（松散型）；3=合作社等关系型主体提供服务（关系型）；4=专业化公司服务等交易型主体服务（交易型）
DOL	农业产业链上，农户购买（采纳）的外部服务环节的数量，0~11
LFD	土地质量的高低：1=低；2=中；3=高
FOL	农作物种植面积与种植地块的比值，数值越小越细碎
LOM	农户家庭拥有农用机械：1=有；0=没有
EDU	农户受教育程度：1=文盲；2=小学；3=初中；4=高中及中专；5=大学及以上
FAC	农户是否从事其他非农经营：1=是；0=否

2. 数据来源与描述性统计

考虑到不同类别作物的差异性，本节研究提取了生产主要粮食作物（水稻、小麦、玉米）的 972 个农户生产样本作为研究对象，其中水稻农户样本有 441 个，小麦农户样本有 188 个，玉米农户样本有 343 个。变量基本特征如表 7-2 所示。

表 7-2　变量描述统计

变量类别	变量	样本总数	平均值	标准差	最小值	最大值
因变量（计算产出弹性和得到）	Y	972	10 704.36	55 415.45	56	900 000
	POL	972	8.448	33.904	0.3	700
	COM	972	8 052.095	57 442.28	30	1 311 600
	QOL	972	3.321	1.358	1	12
解释变量	POS	972	2.619	1.020	1	4
	DOL	972	2.234	1.919	0	11
控制变量	LOM	972	0.266	0.445	0	1
	LFD	972	2.059	0.453	1	3
	FOL	972	2.546	13.866	0.044	350
	EDU	972	2.796	0.941	1	5
	FAC	972	0.792	0.406	0	1

3. 对规模经济水平的估计结果分析

仍然运用 Frontier 4.1 软件对式（7-1）进行随机前沿估计，得到所有待估参数 λ，根据参数估计结果，按照式（5-7）进行计算，得到 972 个农户生产经营的规模报酬水平。从表 7-3 的结果来看，样本要素弹性之和的平均值为 0.998，略低于规模报酬平衡点，总体上粮食作物生产接近规模经济水平。在测算的 972 个样本农户中，有 545 个农户产出弹性之和大于 1，占比达到 56.07%，表明多数农户的生产是具有规模经济的，其等比例追加生产要素投入能够带来报酬递增。更进一步地分析了不同分工程度下农业规模经济水平，表 7-3 对农户纵向分工水平、服务关系类型与平均规模报酬水平进行了统计。

表 7-3　分工程度、服务关系类型与农业规模经济水平统计

样本数	FOE 均值	FOE>1 的样本	分工程度	服务关系类型与样本分布：FOE>1 的个数/观测值			
				非市场化	松散型	关系型	契约型
175	1.006	35	0	85/175			
192	1.037	151	1		11/42	122/131	18/19
240	1.043	164	2		8/60	60/68	96/112
209	0.970	91	3		12/78	44/67	35/64
62	0.956	23	4		1/22	15/23	7/17

续表

样本数	FOE均值	FOE>1的样本	分工程度	服务关系类型与样本分布：FOE>1 的个数/观测值			
				非市场化	松散型	关系型	契约型
30	0.886	9	5		0/8	9/21	0/1
22	0.856	6	6		1/8	4/13	1/1
18	0.827	4	7		0/5	3/12	1/1
11	1.028	6	8		6/9	0/2	
6	0.865	2	9		0/2	1/3	1/1
3	1.167	3	10			3/3	
4	0.618	1	11		0/2	1/2	
972	0.998	545	2.23	85/175	39/236	262/345	159/216
平均规模经济水平				1.006	0.863	1.047	1.062

从分工环节服务双方关系类型来看，农户与服务主体之间的紧密关系存在差异，在中高程度分工中表现更加明显。在参与纵向分工的 797 个样本中，松散型、关系型、契约型服务关系主体样本数分别为 236 个、345 个、216 个，构成比为 28∶41∶31，但对于分工生产环节数量在 4 个以上的农户，其选择三种服务主体的构成比为 36∶51∶13，选择邻里互助等松散型服务主体的比例变化不大，而选择合作社等关系型组织的比例上升，选择专业企业等契约型主体的比例大幅下降。可能的解释是，如果选择较少环节进行分工生产，服务对象可选择性大，农户会选择熟悉的、易得的、有保障的服务对象；如果需要在多个环节中进行分工生产，农户更倾向于稳定的服务关系，由于在我国大部分区域社会服务化企业发展还不够完善，合作社等组织是较其他方式更为稳定有保障的方式。

从服务双方关系类型对应的平均规模报酬来看，除邻里互助之外，其余三种方式对应的要素弹性之和平均值大于 1，但不同方式的作用效果存在差异。非市场化、松散型、关系型、契约型这四种服务关系所对应的平均规模报酬分别为 1.006、0.863、1.047、1.062，其中规模报酬大于 1 的样本占比分别为 48.57%、16.53%、75.94%、73.61%，关系型和契约型分工服务关系中规模报酬大于 1 的样本占比明显高于松散型和非市场化分工，且无论是在高分工水平还是低分工水平，关系型主体提供服务的作用效果最为稳定。

此外，从分工环节数对应的平均规模报酬来看，纵向分工是有利于提高农业规模经济水平的，但分工在带来效益时必然也会导致交易成本的提高，只有当分工深化对农业生产经营产生的促进作用能抵消分工交易费用时，农业生产才具有较高的规模经济水平；分工程度与平均规模报酬并不是简单的线性关系，纵向分工程度与平均规模报酬可能是“U”形关系，这与前述的研究结论一致。

把“分工程度的平方”代入式（7-1），进一步检验纵向分工程度与平均规模报酬的关系，运用 Stata 软件对式（7-1）进行 OSL 回归估计。在回归分析之前，为避免变量间存在多重共线性，首先对解释变量进行方差膨胀因子（variance inflation factor，VIF）检验，结果显示 VIF 值介于 1.02~1.18，说明解释变量之间相关性较弱，不存在明显多重共线性。由于采用的是对农户调研得到的截面数据，可能存在异方差，OLS 估计结果产生偏误，为有效消除截面数据的异方差，采用稳健标准误 OSL 进行回归分析（Stock and Watson，2007）。为检验参数估计结果的稳健性，采用逐步添加控制变量的方法，检验各个因素的作用方向和影响程度是否会显著改变。考察纵向分工服务提供主体对农业规模经济的影响情况，采用逐渐添加指标的方法来检验模型估计的稳健性，在模型（1）至模型（8）中参数估计结果变化不大，模型准确，指标可靠，估计结果可信。具体结果如表 7-4 所示。

表 7-4　产业链纵向关系对农业规模经济的影响效应估计结果

自变量	因变量：规模报酬 FOE							
	模型（1）	模型（2）	模型（3）	模型（4）	模型（5）	模型（6）	模型（7）	模型（8）
服务关系类型	0.043^{***}	0.062^{***}	0.078^{***}	0.075^{***}	0.077^{***}	0.077^{***}	0.076^{***}	0.076^{***}
POS	（7.01）	（10.23）	（12.37）	（11.98）	（12.22）	（12.18）	（12.07）	（12.01）
纵向分工程度		-0.031^{***}	-0.069^{***}	-0.067^{***}	-0.068^{*}	-0.067^{***}	-0.067^{***}	-0.066^{***}
DOL		（7.03）	（6.06）	（6.08）	（6.14）	（6.12）	（6.15）	（6.08）
纵向分工程度平方			0.005^{***}	0.005^{***}	0.005^{***}	0.005^{***}	0.005^{***}	0.005^{***}
DOLS			（2.84）	（2.94）	（3.01）	（3.00）	（2.98）	（2.91）
农机拥有情况				-0.051^{***}	-0.050^{***}	-0.048^{***}	-0.051^{***}	-0.052^{***}
LOM				（3.81）	（3.74）	（3.61）	（3.82）	（3.86）
土地质量					-0.022^{*}	-0.022^{*}	-0.021^{*}	-0.021^{*}
LFD					（1.84）	（1.82）	（1.76）	（1.77）
土地细碎化程度						-0.001^{*}	-0.001^{*}	-0.001^{*}
FOL						（1.69）	（1.76）	（1.73）
受教育程度							0.013^{**}	0.012^{**}
EDU							（1.95）	（1.93）
是否兼业化								−0.013
FAC								（0.85）
常数项	0.887^{***}	0.905^{***}	0.906^{***}	0.924^{***}	0.966^{***}	0.966^{***}	0.932^{***}	0.942^{***}
	（46.86）	（49.11）	（49.82）	（49.84）	（33.03）	（33.13）	（28.31）	（27.85）
观测值	972	972	972	972	972	972	972	972
R^2	0.051	0.138	0.157	0.171	0.173	0.175	0.178	0.179

*、**、***分别表示参数估计在 10%、5%、1%水平上通过统计显著性检验

注：括号中的数值是 t 值

根据 OSL 估计结果分析各因素对农业规模经济的影响效应。

第一，产业链纵向主体关系类型能显著影响农业规模经济水平。在模型（1）至模型（8）中，服务主体关系类型对农业规模经济的影响介于 0.043~0.078，且均通过 1%显著水平检验。这说明由合作社（含村集体、农机部门）等关系型主体和专业化服务公司（含龙头企业）等契约型主体提供生产服务，有利于提高生产规模报酬水平，即紧密型的分工服务关系有助于提高农业规模经济水平。

第二，产业链纵向分工程度对农业规模经济的影响，整体呈“U”形分布关系。在模型（2）中，分工程度对规模报酬的影响系数为负，因此在模型（3）至模型（8）中，添加“纵向分工程度平方”，如结果所示，加入前后并未改变“服务关系类型”及“纵向分工程度”的影响方向及显著性，因此可以认为回归结果是可信的。纵向分工程度一次项系数为负，纵向分工程度平方项系数为正，且均在 1%水平上显著，表明随着农户购买的分工服务环节数增加，农业规模经济水平先降低后升高，整体呈“U”形分布，这与表 5-8 的统计分析结果基本一致。

第三，自然资源禀赋和条件对农业规模经济效应有间接影响。从实证结果看，农户农机拥有情况、土地质量、土地细碎化程度对农业规模经济都有抑制作用。农机拥有情况的影响系数介于−0.052~−0.048，并通过 1%显著水平检验，这可能是农业的资产专用性导致的。土地细碎化程度对农业规模经济效益有一定抑制作用，通过 10%显著水平检验。土地质量的影响系数为负，通过 10%显著水平检验，说明土地质量越好规模经济效益越差，可能的解释是农户对土地质量的好坏评价有偏差，导致结果的不准确。

第四，农户特征对农业规模经济效应有间接作用。模型（7）和模型（8）中，受教育程度的影响系数均为正，通过 5%显著水平检验，说明农户受教育水平的提高有助于促进农业规模经济水平。模型（8）中，农业兼业化的系数为−0.013，说明农业兼业化对规模经济有抑制作用但表现不明显，其可能的原因是兼业化虽影响了农户的时间、精力投入，但农业社会化服务的发展，改变了农业规模经济的实现条件，使得以家庭为单位的劳动投入对规模经济效应的影响程度下降。

综上，随着专业化分工进程的发展，专业化分工生产在带来生产费用节约或成本下降的同时，农业经营主体面临高额的交易成本，如搜寻成本、信息成本、议价成本和决策成本等，市场风险较大。在现实“倒逼”下，必然引起经营主体间组织形式、合作方式、合作水平的变化，家庭农场、农户专业合作社、龙头企业等农业经济组织应运而生，产业链上主体之间的纵向关系也会逐渐从松散的市场交易逐步过渡到紧密协作关系。产业链纵向协作，不仅保证了农产品稳定供给，促进了农业产业良性循环，也推进了农业生产和多元服务主体在农业产业纵向上生产规模及组织均衡，增进了农业产业规模经济水平，这无疑拓展了农业规模经济的形成条件和维度。

7.2.2　加工服务对农户规模经济的影响效应

前述表明，农业产业链上每个主体规模经济的实现是农业产业链上其他主体规模经济实现的必要非充分条件，这在上文中并未得到检验。基于此，本节从农产品加工服务产业对农业生产规模经济的影响角度，剖析农业产业链下游产业的发展能否及如何带动农业生产规模经济的实现。

1. 微观数据匹配过程

本节使用的农产品加工服务企业的原始样本来源于 2013 年全部国有及规模以上非国有工业企业数据库，该数据库由国家统计局建立，它的数据主要来源于样本国有和非国有工业企业提交给当地统计局的季报和年报汇总，本套数据中包含了近 33 万家工业企业，选取与微观调查县域相一致且行业前三位代码为 131、133、137 的 3 个与农产品加工服务相关的行业类别企业，共获得 287 家农产品加工服务企业。同时，由于数据时间与农户调研时间不一致，为此通过“天眼查”对数据进行了更新，从而保证了两套样本状态处在同一时点上。最后，为使两套数据在县级区域上一致，依照农产品加工服务所在区县对微观调查样本进行筛选，最终筛选出 787 个样本，这些样本无论是农产品品种还是调查区域都与农产品加工服务企业具有一致性。

2. 实证模型与变量设定

基于前述理论分析，构建了以下三个模型：

$$Y=\alpha_a+\alpha_1\text{pro}_i+\beta_i\sum_i^n\text{control}_i+\mu_a \tag{7-2}$$

$$Y=\alpha_b+\alpha_1\text{pro}_i+\lambda_i\sum_i^n\text{routine}_i+\beta_i\sum_i^n\text{control}_i+\mu_b \tag{7-3}$$

$$\text{routine}=\alpha_c+\alpha_1\text{pro}_i+\beta_i\sum_i^n\text{control}_i+\mu_c \tag{7-4}$$

式（7-2）为农产品加工服务对农业生产规模经济影响的基准模型，式（7-3）和式（7-4）为考虑中介变量对农业生产规模经济的影响及农产品加工服务对两个中介变量的影响，从而可对农产品加工服务对农业生产规模经济的作用路径进行剖析。其中，i 为第 i 个样本；Y 为农业生产规模经济（ebs），沿用前述方法测度的要素弹性之和；pro 为模型的关键变量，代表各区县农产品加工服务企业的生产率；routine 为$[\text{lnlaf},\text{dap}]$两个中介变量，分别表示土地经营规模（lnlaf）、分工可获得性（dap），其中 ln 表示取对数处理。为保证实证结果稳健，还控制了其他变量。外部因素包括农户个体特征：培训经历（tre）和务工经历（exo）；经营特征：品种结构（vst）和兼业状况（ind）；生产特征：地势地形（ter）和市场距离（dtm）。α_a、α_b、α_c为常数项，μ_a、μ_b、μ_c为三个模型对应的随机扰动项。各变量的具体说明如表 7-5、表 7-6 所示。

表 7-5　变量含义及赋值

影响因素	变量名称	指标定义及赋值
核心变量	pro	基于 bootstrap-sbm-dea 方法测算所得生产率
中介变量	laf	种植面积/地块数
	dap	很困难=1；困难=2；一般=3；容易=4；很容易=5
个体特征	exo	家庭外出务工
	tre	有=1；无=0
经营特征	vst	粮食=1；油料=2；果蔬=3；其他=4
	ind	是=1；否=0
生产特征	ter	山地=1；丘陵=2；平原=3
	dtm	0~5 千米=1；5.1~10 千米=2；10.1~15 千米=3；15.1~20 千米=4；20 千米以上=5

资料来源：笔者对农户调查问卷数据整理

表 7-6　变量数据描述性统计分析

影响因素	变量名称	样本数	均值	标准差	最小值	最大值
核心变量	pro	787	0.433	0.269	0.006	0.873
中介变量	laf	787	2.147	5.351	0.04	133
	dap	787	2.825	0.973	1	5
个体特征	tre	787	0.851	0.356	0	1
	exo	787	0.201	0.401	0	1
经营特征	vst	787	1.563	0.835	1	3
	ind	787	0.917	0.275	0	1
生产特征	ter	787	2.066	0.752	1	3
	dtm	787	3.177	1.535	1	5

资料来源：笔者根据农户调查问卷数据整理

3. 农产品加工服务影响的实证结果分析

基于设定的实证模型和估计方法，对农产品加工服务与农业生产规模经济之间存在的因果关系进行了实证检验。同时，为了对比分析在农产品品种具有差异的情况下农产品加工服务企业对不同品种农业生产规模经济的影响，对全样本组、粮食类样本组、非粮食类样本组分别进行了回归。其中，模型（1）和模型（2）代表全样本组的回归结果，模型（3）和模型（4）表示粮食类样本组的回归结果，模型（5）和模型（6）表示非粮食类样本组的回归结果。其中，模型（1）、模型（3）和模型

（5）表示 Tobit 的回归结果，模型（2）、模型（4）和模型（6）表示归并最小绝对离差法（censored least absolute deviations，CLAD）的回归结果，对于采用哪种方法的估计结果，还需要通过条件矩检验来判断，如果拒绝原假设那么就采用 CLAD 的结果，否则采用 Tobit 的估计结果。具体实证结果如表 7-7 所示。

表 7-7　农产品加工服务对农业生产规模经济作用的估计结果

变量	全样本组		粮食类样本组		非粮食类样本组	
	模型（1）	模型（2）	模型（3）	模型（4）	模型（5）	模型（6）
pro	0.116*** （4.02）	0.171*** （6.73）	0.077 1** （2.74）	0.060 6** （2.16）	0.268*** （3.61）	0.124* （1.72）
exo	−0.056 7*** （−3.35）	−0.049 2*** （−3.34）	−0.064 2*** （−3.58）	0.002 （0.10）	−0.050 （−1.46）	−0.158*** （−4.73）
tre	0.030 3** （1.98）	0.044 7*** （3.34）	−0.014 （−0.82）	−0.055 7** （−2.93）	0.068 1** （2.49）	0.123*** （4.95）
vst	0.067 7*** （7.40）	0.059 1*** （7.37）			0.186*** （6.00）	0.139*** （4.70）
ind	−0.114 （−0.59）	−0.340 （−1.59）	−0.405 （−1.23）	−0.245 （−0.81）	0.015 （0.09）	0.359* （1.65）
ter	−0.014 （−1.54）	−0.039 9*** （−4.80）	−0.035 7*** （−3.43）	−0.043 3*** （−4.26）	−0.004 （−0.22）	−0.001 （−0.06）
dtm	−0.002 （−0.55）	−0.007 84** （−2.13）	−0.015 7** （−3.30）	−0.011 8** （−2.50）	0.021 8** （2.87）	0.006 （0.93）
常数项	0.289*** （7.37）	0.334*** （9.57）	0.488*** （12.61）	0.444*** （11.39）	−0.178 （−1.61）	0.081 （0.78）
样本	787	787	521	521	266	266
CM 值	49.412***		9.526 1		34.62***	
LR 值	89.02***		34.43***		56.39***	

***、**、*分别表示在 1%、5%、10%显著性水平上显著

注：括号内数值为相应的 t 值

整体来看，农产品加工服务生产率与农业生产规模经济之间具有正向的因果关系，并且对非粮食类的影响程度要显著高于粮食类。具体而言，模型（1）的条件矩统计量为 49.412，在 1%的显著性水平上拒绝原假设，表明应该采用 CLAD 的估计结果，即模型（2）。在模型（2）中，农产品加工服务生产率对农业生产规模经济具有显著的正向影响。可见，农产品加工服务生产率越高越有利于农业生产规模经济的实现，这也与前述理论分析一致。这是因为，农产品加工服务生产率的高低往往与其发达程度和实力有关。实力雄厚的农产品加工服务企业市场范围更加广泛，产品品种更加多样化，所需农产品不仅在量上有更大的需求，而且在质上要求也更高，从而从两方面带动农业生产规模经济实现。模型（3）的 CM 值

为 9.526 1，在 10%的显著性水平上仍不拒绝原假设，表明采用 Tobit 的估计结果，即模型（3）。由模型（3）可知，农产品加工服务对粮食类规模经济效益的影响下降为 0.077 1，且显著性水平也有所降低，在 5%的显著性水平上显著。模型（5）和模型（6）为非粮食类样本组的回归结果，由 CM 值可知采用 CLAD 的估计结果，即模型（6）。在模型（6）中，农产品加工服务对非粮食类农业生产规模经济的影响高于粮食类。对此的解释是，粮食类农产品（水稻、小麦、玉米）等属于大宗商品，同时不易变质的特性，使其便于存储和运输，巨大的购买量和广阔的市场范围，对附近粮食价格具有拉低作用；果蔬类更易腐败变质，不利于长途运输或运输成本很高，企业会就近采购，从而能够更加促进果蔬类生产规模经济实现。

4. 农产品加工服务对农业生产规模经济影响路径的实证结果分析

（1）土地经营规模、分工可获得性对农业生产规模经济的作用。在表 7-8 中，给出了关键变量（pro）和两个中介变量（lnlaf、dap）对农业生产规模经济的回归结果。其中，模型（7）、模型（9）和模型（11）为 Tobit 的估计结果，模型（8）、模型（10）和模型（12）为 CLAD 的估计结果，由 CM 值可知，全样本组、粮食类样本组和非粮食类样本组都应该选用 CLAD 的估计结果。土地经营规模对农业生产规模经济的影响因农产品品种而有所差异。在全样本组和粮食类样本组中，扩大土地经营规模对农业生产规模经济均有正向作用，且对粮食类的影响程度明显要强于全样本组。这表明，在一定程度上粮食类生产规模经济的实现，在很大程度上还需要依靠土地流转集中来实现。但在非粮食类样本组中，扩大土地经营规模将不利于其规模经济实现。这是因为相对粮食类作物而言，果蔬类农产品的机械化程度低，在无法大规模采用机械的情况下，随着土地规模的扩大不得不雇用更多相对昂贵的工人，增加了生产成本，从而抵消了土地规模扩大带来的收益。分工可获得性为农业生产规模经济实现提供了可能，影响系数都为正向，这也与刘晗（2017）的实证结果相一致。这表明农业社会化服务获取越容易，越有利于促进农户增收。此外，非粮食类样本组的系数明显大于其他两个样本组，表明如果果蔬生产环节越容易获得相应的社会化服务，那么其规模经济也越容易实现，这也与前述分析相一致。

表 7-8　中介变量对农产品生产规模经济效益作用的估计结果

变量	全样本组		粮食类样本组		非粮食类样本组	
	模型（7）	模型（8）	模型（9）	模型（10）	模型（11）	模型（12）
pro	0.087 6** （2.87）	0.107*** （3.81）	0.020 （0.67）	0.077 7** （3.15）	0.218** （2.92）	0.019 （0.52）
lnlaf	0.009 97* （1.66）	0.011 7** （2.30）	0.036 2*** （5.53）	0.033 8*** （6.49）	−0.038 6** （−3.32）	−0.039 8*** （−7.30）

续表

变量	全样本组		粮食类样本组		非粮食类样本组	
	模型（7）	模型（8）	模型（9）	模型（10）	模型（11）	模型（12）
dap	0.015 6** （2.41）	0.024 5*** （4.17）	0.009 （1.36）	0.006 （1.17）	0.018 （1.31）	0.035 6*** （5.62）
样本	787	787	521	521	266	266
CM 值	53.112***		30.47**		22.665**	
LR 值	96.96***		65.69***		70.84***	

***、**、*分别表示在 1%、5%、10%显著性水平上显著

注：括号内数值为相应的 t 值

（2）农产品加工服务对土地规模经营、分工可获得性的作用。在表 7-9 中，给出了农产品加工服务生产率对两个中介变量的回归结果，为节省篇幅仅保留了农产品加工服务生产率单一系数的回归结果。模型（13）至模型（17）为全样本组的回归结果，模型（18）至模型（22）为粮食类样本组的回归结果，模型（23）至模型（27）为非粮食类样本组的回归结果。由于变量分工可获得性为多值型数据，因此对 dap 的回归估计采用多值 Logit 估计模型，又由于多值 Logit 模型需要设置“参照组”来揭示选择概率变化，为此以分工可获得性“一般”作为“参照组”。所有基于分工可获得性的回归结果都反映了相较“参照组”的概率变化。整体来看，三个样本中分工可获得性所对应的 LR 值分别为 194.2、194.4 和 799.1，且均在相应的显著性水平上通过检验。这充分说明模型系数的联合显著性较高，模型拟合度较好。

表 7-9 农产品加工服务对中介变量影响的估计结果

变量	土地经营规模		分工可获得性		
	模型（13）	模型（14）	模型（15）	模型（16）	模型（17）
pro	0.865*** （4.23）	−1.388** （−2.33）	−1.479** （−3.16）	2.276*** （3.92）	4.144** （2.73）
样本	787	787			
R^2	0.306	0.097			
LR 值		194.2***			

变量	土地经营规模		分工可获得性		
	模型（13）	模型（19）	模型（20）	模型（21）	模型（22）
pro	1.297*** （5.52）	−1.967** （−2.56）	−1.667** （−3.01）	1.666** （2.71）	2.510* （1.67）
样本	521	521			

续表

变量	土地经营规模		分工可获得性		
	模型（18）	模型（19）	模型（20）	模型（21）	模型（22）
R^2	0.355	0.112			
LR 值		194.4***			
变量	土地经营规模	分工可获得性			
	模型（23）	模型（24）	模型（25）	模型（26）	模型（27）
pro	−0.753** （−2.22）	−4.161** （−2.15）	0.018 （0.02）	3.045** （2.49）	6.611*** （4.00）
变量					
样本	266	266			
R^2	0.212	0.206			
LR 值		799.1***			

***、**、*分别表示在 1%、5%、10%显著性水平上显著

注：括号内数值为相应的 t 值

具体来看，农产品加工服务除对非粮食类规模经济有负向影响外，在全样本组和粮食类样本组中都表现为显著的正向影响。这表明与果蔬类相关的农产品加工服务的发展不利于当地果蔬类土地经营规模的扩大。结合表 7-9 中的实证结果可知，单独来看扩大土地经营规模不利于农业生产规模经济实现，但经过中介变量的传导，综合来看农产品加工服务发展抑制了非粮食类农产品的生产规模，而果蔬类经营规模的减小有利于降低成本，进而提升规模经济效益。

农产品加工服务产业的发展有利于降低分工可获得难度，促进农产品生产环节的分工程度。在全样本组中，农产品加工服务企业的发展不仅降低了农产品服务外包的难度，而且也使得农产品生产环节更具可分工特性。结合表 7-8 中的结果，农产品加工服务通过降低分工难度对农业生产规模经济产生促进作用。同理，在粮食类和非粮食类样本组中也得到类似的结果，即农产品加工服务企业通过降低农业生产社会化服务获取难度这一途径间接促进农业生产规模经济实现。

总体而言，农产品加工服务企业既能够直接促进农业生产规模经济实现，又可通过扩大土地规模和降低分工难易程度两种途径间接实现农业生产规模经济效益。但农产品加工服务企业对农业生产规模经济的作用路径因农产品品种而异。其中，就小麦、水稻和玉米等粮食类农产品而言，农产品加工服务企业一般通过促进土地规模经营的途径产生生产规模经济；对于蔬菜、水果和药材等经济作物而言，一般通过降低分工难易程度促进其生产规模经济实现。

7.3 农业规模经济整体增长均衡：基于DSGE模型

7.3.1 动态随机一般均衡模型简介

本节主要从数量均衡视角通过构建动态随机一般均衡模型进行分析。动态随机一般均衡模型是一般均衡理论的分支，当代宏观经济领域发展迅速，该模型方法结合微观经济基础，基于宏观经济模型试图解释经济现象。动态随机一般均衡模型最初由 Brock 和 Mirman（1972）提出，后经不断发展逐渐开始运用于分析宏观经济变动、最优政策推导、测量不可观察的经济变量及预测等方面。动态随机一般均衡模型具有坚实的微观理论和良好的整体性，从模型的推演中可以明确经济主体的最优决策方式，以及经济主体决策行为之间的相互关系。

动态随机一般均衡模型是分析了宏观经济中的消费者、企业、政府等每一个参与者，在考虑所有子市场出清的情况下，根据其偏好及其对未来的预期，做出最优的选择。动态随机一般均衡模型当中包含了不同的参与者，而当不同参与者同时达到均衡状态时，模型当中各变量均处于稳态。利用动态化方法对各个经济主体的跨期优化问题进行详细讨论，在此基础上得出经济主体在资源约束、技术约束及信息约束等条件下的最优决策行为满足的一阶条件。动态随机一般均衡模型的动态化特性体现了理性预期的作用，其主要表现为以下两方面：其一，模型中各个主体的行为决策有可能对现在及未来各期产生直接或间接的影响；其二，对未来的预期是行为主体在体制决策时的重要考虑因素，即体现了“理性预期”的思想。

动态随机一般均衡模型强调逻辑上的一致性，因此具备较好的预测能力和政策分析能力。与 20 世纪 70 年代及随后流行的传统的宏观经济计量预测模型不同，动态随机一般均衡模型明确界定了偏好、技术和体制，这就明确了经济当事人“需要什么”、“能够生产什么”及“以什么方式交易”，理论上讲，能够通过求解动态随机一般均衡模型来预测一个经济体实际上生产了什么、交易了什么和消费了什么，也能够对体制结构（包括政策）的变革效果做出有效的预测与评价（方福前和王晴，2012）。

娄峰和张涛（2012）通过农户的消费行为与生产行为构建动态随机一般均衡模型，分析了中国粮食价格传导机制。朱培金（2015）则通过构建包含农户、家庭、政府的动态随机一般均衡模型，分析了经济系统处于均衡状态下，技术进步和货币冲击对农村经济的影响。基于此，在借鉴娄峰和张涛（2012）、李尚骜和龚六堂（2012）、雷超超等（2013）及 Ghate 等（2018）相关研究的基础上，构建农户、农业生产部门、产中服务企业、运销服务企业和加工企业的五部门动态随机一般均衡模型，研究农业产业链相关各个部门之间的均衡。

7.3.2　模型构建与变量说明

1. 模型构建

为了简化模型、重点分析分工深化对农业规模经济的影响，本节内容进行了适当的抽象：①没有国际贸易，也不考虑城市因素，是一个封闭的农业经济体；②该社会由五部分组成，分别是农户、农业生产部门、产中服务企业、运销服务企业和加工企业，并且企业功能不重叠，运销服务企业不考虑资本投入且不需要农户提供劳动，加工企业需要初始农产品作为生产投入要素，产中服务企业为农产品生产提供社会化服务；③农户为农业生产部门、产中服务企业和加工企业提供劳动，事实上，农业部门和非农部门的劳动力工资水平存在较大的差异（盖庆恩等，2013），但随着户籍制度的放开，劳动力分割的情况在逐渐缓解，并且要素流动并非本节研究的重点，为简化分析，参考吕炜等（2017）的做法，假定劳动在部门间流动无摩擦，生产部门面临相同的工资；④农户的农业生产为社会提供初始农产品产出，产中服务企业通过为农户农业生产提供产中服务而获取利润，运销服务企业收集农户待出售的粮食统一卖给加工企业，加工企业通过为社会提供加工后产品赚得利润。

本节的模型中，农户和企业都是代表性的，即它们都是同质的。需要指出的是，产中服务企业与加工企业是完全竞争的，运销服务企业对农产品的定价为纵向垄断定价。在接下来的叙述中，将通过对代表性农户和企业的分析来构建模型。通过五个部门的相互作用关系，对农业纵向关系上的主体的行为方式进行分析，以研究深化分工对农业规模经济的影响机理。

1）农户效用函数

代表性农户通过消费农产品（ C_t^A ）和加工品（ C_t^M ）来获得效用，采用 Stone-Geary 非位似效用函数。Stone-Geary 非位似效用函数一般用来分析农产品和非农产品消费的情况，将其定为农产品与加工品消费，在用词上可能与一般文献有些许差别，但在实际应用上并无明显出入。在考察的农业经济系统中，农产品和加工品共同构成该农业系统的全部产品。效用函数表示如下：

$$U\left(C_t^A, C_t^M\right) = \alpha \ln\left(C_t^A - \bar{C}_A\right) + (1-\alpha)\ln C_t^M \tag{7-5}$$

由 Stone-Geary 非位似效用函数得到代表性农户最大化效用函数：

$$\max_{\left(C_t^A, C_t^M\right)} \sum_{t=0}^{\infty} \beta^t \left[\alpha \ln\left(C_t^A - \bar{C}_A\right) + (1-\alpha)\ln C_t^M\right] \tag{7-6}$$

式中，β 为主观贴现因子；C_t^A 和 C_t^M 分别为农产品消费和加工品消费，二者的区别在于消费者偏好和价格差异；α 代表农户在这两种消费品之间的偏好程度，一般情况下有 $0<\alpha<1$，在此偏好下，农产品收入弹性小于 1，加工品收入弹性大于 1，即随着收入的增加，农户对农产品的消费占比会减小，加工品消费占比增加；$\overline{C}_A$ 为农户维持生存的最低农产品消费量，既满足偏好的非位似特性，又保证农产品产量不出现较大的退化。为方便分析，参考盖庆恩等（2013）、骆永民和樊丽明（2015）的做法，假定代表性农户无弹性地提供自身的劳动力，通过选择相应的消费品来最大化其效用，并将农户每期总时间约束标准化为 1。定义 L_t^A 为农产品生产的时间占比，L_t^M 为农产品加工企业的时间占比，L_t^X 为产中服务企业的时间占比，满足式（7-7）的约束条件，工资水平分别为 W_t^A、W_t^M 和 W_t^X。

$$L_t^A + L_t^X + L_t^M = 1 \tag{7-7}$$

由此，得出农户最大化效用函数的约束条件为式（7-8），其中农产品、加工品和产中服务市场价格分别为 P_t^A、P_t^M 和 P_t^X，不妨以农产品市场价格为基准，设 P_t^A 为 1。由于涉及农产品价格纵向市场定价，不同市场中农产品价格不同，因此假定 P_t^a 为农产品的期望价格。其中，Q_t 为农户农产品产出；X_t 为农户消费的产中服务；R_t 为资本收益率；S_{t+1} 为农户在时刻 t 的储蓄；M_t 为售出的农产品量。

$$P_t^a C_t^A + P_t^M C_t^M + P_t^X X_t + S_{t+1} = W_t^A L_t^A + W_t^M L_t^M + W_t^X L_t^X + \left(1+R_t\right) S_t + M_t P_t^a \tag{7-8}$$

2）运销服务企业行为分析

农产品由生产者到消费者的整个流通过程中，往往存在至少两个市场：一个是最初市场，即农业生产者销售农产品的市场；另一个是最终市场，即消费者购买农产品的市场。这两个市场在空间上往往相距较远，而联结彼此的往往是开展农产品加工、储藏、运输及销售工作的企业（王益松，2000）。基于农业中存在两个市场的客观事实，本书假设在该农业经济体中，存在一个运销服务企业，承担起农产品储藏、运输及销售等任务。

在农产品的纵向产业链上，大量农业生产者把生产的初始农产品卖给下游的运销服务企业，这些运销服务企业又将收购到的农产品出售给食品加工企业，那么运销服务企业在这两个环节都将具备一定的寡占力量（王秀清等，2007）。一般而言，厂商的市场势力越强，厂商的价格加成能力就越强（吕炜等，2017）。梯若尔（2015）有关纵向价格的研究指出，如果下游单位是一个以数种投入品生产一种最终产品的行业，为实现垄断利润，上游垄断者可以以边际成本出售产品再对下游企业的最终利润进行抽成。然而这种定价方式虽然在博弈角度是可行的，但是结合我国现实，这种定价方法难以实现。从我国“工业反哺农业”的传统来说，假定运销服务企业在收购粮食时对粮食价格进行适当比例的提高，并提高适当比例后出售给食品加工企业，在逻辑上是可行的。因此，假定运销服务企业以 P^1 的价格收购农户手中的农产品并以 P^2 的价格出售给食品加工企业，并且假定农户与运销服务企业合作的比例为 a，由于农户是同质的，可知农户出售的农产品的期望价格为 $P^a = aP^1 + (1-a)P^A$，并有

$$P^1 = (1+b)P^A \qquad 0<b<1 \tag{7-9}$$

$$P^2 = (1+c)P^1 \qquad 0<c<1 \tag{7-10}$$

3）农业生产行为分析

农业社会化服务放松了农户家庭资源禀赋的限制条件，使农户农业生产的要素投入发生了重要变化。产中服务是农业社会化服务的重要组成部分，对农户的生产经营决策起到关键的作用（姜长云，2014；杨子等，2019）。将产中服务投入作为中间投入要素考虑进农产品生产方程，可以更好地分析农业社会化服务对农业生产的影响。另外，引入劳动和资本投入，设农业生产函数为式（7-11）。为便于分析，假定农户的目标为农业生产利润最大化。构建的函数如下：

$$Q_t = A^A \left(L_t^A\right)^{\alpha_A} \left(K_t^A\right)^{\beta_A} X_t^{\gamma_A} \tag{7-11}$$

$$\max \pi_t^A = P_t^a Q_t - W_t L_t^A - P_t^X X_t - (R_t + \delta) K_t^A \tag{7-12}$$

式中，A^A 为农业生产全要素生产率，由于本节主要关注分工深化对农业规模经济的影响，而探讨是否存在规模经济是在技术水平不变的前提下，因而对技术层面进行最简单的假设，所有部门（农业生产、产中服务生产及加工品生产）的技术进步都是外生的，且技术进步率为 0；K_t^A 为农业生产资本投入；δ 为折旧率①；W_t 为工资水平②；参数 α_A 、β_A 和 γ_A 分别表示相应的弹性。

4）产中服务企业行为分析

产中服务企业主要是为农业生产经营提供中间服务，通过为农户提供服务收取服务费用以达到相应的利益追求。产中服务企业可提供的服务量由投入的劳动力和资本大小决定。产中服务企业的目标也是利润最大化，由此有如下关系：

$$Y_t^X = A^X \left(L_t^X\right)^{\alpha_X} \left(K_t^X\right)^{\beta_X} \tag{7-13}$$

$$\max \pi_t^X = P_t^X Y_t^X - W_t L_t^X - (R_t + \delta) K_t^X \tag{7-14}$$

---

① 对农业生产行为或企业生产行为的最大化利润生产函数的定义中，关于资本投入的成本有两种不同的观点。一种将实际利率当作资本当期的成本，如 Jensen 和 Larsen（2005）、盖庆恩等（2017）；另一种则是将实际利率与折旧率一起当作资本的成本，如雷超超等（2013）、Gabriel 等（2016）。采用第二种方式计算资本的成本。

② 根据假定，要素市场是完全竞争的且劳动和资本能在各部门之间自由流动，则各部门间的工资水平及资本租金价格（即利率）必然相等。因此，用 W_t 表示每期的工资水平。

式中，Y_t^X 为产中服务企业服务提供量；A^X 为产中服务企业全要素生产率；K_t^X 为产中服务生产资本投入。

5）加工企业行为分析

加工企业对最终产品的产出与农业生产起着至关重要的作用。对加工企业来说，来自农业的农产品量是其生产约束中重要的生产要素之一。借鉴 Amiti 和 Konings（2007）的做法，考虑中间投入要素，即农产品投入 M，并构造 C-D 函数。基于加工企业追求的利润最大化目标，有如下关系：

$$Y_t^M = A^M \left(L_t^M\right)^{\alpha_M} \left(K_t^M\right)^{\beta_M} M_t^{\gamma_M} \tag{7-15}$$

$$\max \pi_t^M = P_t^M Y_t^M - W_t L_t^M - \left(R_t + \delta\right) K_t^M - \kappa P_t^A M_t \tag{7-16}$$

式中，A^M 为加工企业全要素生产率；Y_t^M 为加工企业加工品产量；K_t^M 为加工企业生产资本投入；农产品投入 M 包括加工企业从农户手中和运销服务企业收购的农产品，并且两种收购渠道的价格不同，用 κP_t^A 表示加工企业收购的农产品的平均价格，并有 $\kappa = 1 + ab + ac + abc$。

6）农业产业链均衡分析：市场出清

参考雷超超等（2013）的模型，假定加工品不仅用于消费用途，还用于资本积累。均衡状态下，各个市场均满足出清条件，资本市场和产品市场出清条件有

$$Q_t = M_t + C_t^A \tag{7-17}$$

$$Y_t^X = X_t \tag{7-18}$$

$$P_t^M C_t^M + K_{t+1}^A + K_{t+1}^X + K_{t+1}^M = P_t^M Y_t^M + \left(1-\delta\right)\left(K_t^A + K_t^X + K_t^M\right) \tag{7-19}$$

$$P_t^M C_t^M = P_t^M Y_t^M - \delta\left(K_t^A + K_t^X + K_t^M\right) \tag{7-20}$$

结合式（7-5）和式（7-6），根据贝尔曼方程（Bellman Equation）求解出农户动态跨期最优路径和产品消费的数量关系：

$$\frac{C_{t+1}^A - \overline{C^A}}{C_t^A - \overline{C^A}} = \beta\left(1 - \delta + R_{t+1}\right) \tag{7-21}$$

$$\frac{P_t^M C_t^M}{P_t^a \left(C_t^A - \overline{C^A}\right)} = \frac{1-\alpha}{\alpha} \tag{7-22}$$

农业生产利润最大化条件满足式（7-23）至式（7-25），产中服务企业利润最大化条件满足式（7-26）至式（7-27），加工企业利润最大化条件满足式（7-28）至式（7-30）：

$$\frac{\partial \pi_t^A}{\partial L_t^A} = \alpha_A A^A \left(L_t^A\right)^{\alpha_A - 1} \left(K_t^A\right)^{\beta_A} X_t^{\gamma_A} P_t^a - W_t = 0 \tag{7-23}$$

$$\frac{\partial \pi_t^A}{\partial K_t^A}=\beta_A A^A\left(L_t^A\right)^{\alpha_A}\left(K_t^A\right)^{\beta_A-1} X_t^{\gamma_A} P_t^a-\left(R_t+\delta\right)=0 \tag{7-24}$$

$$\frac{\partial \pi_t^A}{\partial X_t}=\gamma_A A^A\left(L_t^A\right)^{\alpha_A}\left(K_t^A\right)^{\beta_A} X_t^{\gamma_A-1} P_t^a-P_t^X=0 \tag{7-25}$$

$$\frac{\partial \pi_t^X}{\partial L_t^X}=\alpha_X A^X\left(L_t^X\right)^{\alpha_X-1}\left(K_t^X\right)^{\beta_X} P_t^X-W_t=0 \tag{7-26}$$

$$\frac{\partial \pi_t^X}{\partial K_t^X}=\beta_X A^X\left(L_t^X\right)^{\alpha_X}\left(K_t^X\right)^{\beta_X-1} P_t^X-\left(R_t+\delta\right)=0 \tag{7-27}$$

$$\frac{\partial \pi_t^M}{\partial L_t^M}=\alpha_M A^M\left(L_t^M\right)^{\alpha_M-1}\left(K_t^M\right)^{\beta_M} M_t^{\gamma_M} P_t^M-W_t=0 \tag{7-28}$$

$$\frac{\partial \pi_t^M}{\partial K_t^M}=\beta_M A^M\left(L_t^M\right)^{\alpha_M}\left(K_t^M\right)^{\beta_M-1} M_t^{\gamma_M} P_t^M-\left(R_t+\delta\right)=0 \tag{7-29}$$

$$\frac{\partial \pi_t^M}{\partial M_t}=\gamma_M A^M\left(L_t^M\right)^{\alpha_M}\left(K_t^M\right)^{\beta_M} M_t^{\gamma_M-1} P_t^M-\kappa P_t^A=0 \tag{7-30}$$

规模经济是指在既定技术条件下，生产一单位单一或复合产品的成本，如果在某一区间生产的平均成本递减则存在规模经济。为研究分工深化对农业规模经济的影响，本节构造了农产品生产的边际成本（MC）与平均成本（AC）：

$$\mathrm{MC}_t=\left(\frac{\alpha_A}{A^A}+\frac{\beta_A}{A^A}+\frac{\gamma_A}{A^A}\right)\left(\frac{W_t}{\alpha_A}\right)^{\alpha_A}\left(\frac{R_t+\delta}{\beta_A}\right)^{\beta_A}\left(\frac{P_t^X}{\gamma_A}\right)^{\gamma_A} \tag{7-31}$$

$$\mathrm{AC}_t=\frac{W_t L_t^A+\left(R_t+\delta\right) K_t^A+P_t^X X_t}{Q_t} \tag{7-32}$$

2. 参数校准

动态随机一般均衡模型中的参数有两种估计方法：一是校准法，通过参考相关文献或者标准化赋值来进行校准；二是贝叶斯估计方法，通过将某个变量的模型稳态值与现实数据或理论预测值匹配来进行校准。综合比较后，选择采用校准法对动态随机一般均衡模型的参数进行估计。δ 为资本折旧率，值越大说明资本存量的折旧越快。刘斌（2008）采用每季度 0.035 的折旧率，折合折旧率 0.14；仝冰（2010）采用 0.12 的年折旧率，但是以上文献均是金融部门的折旧率，农业部门的资本折旧率明显会低于金融部门的折旧率，参考娄峰和张涛（2012）的研究，将折旧率定为 0.05。

在 Stone-Geary 效用函数中，α 代表农户对农产品和加工品的相对偏好，即农产品对加工产品的替代弹性。根据 Duarte 和 Restuccia（2010）的研究，当劳动生产率足够高时，经济中农业劳动力占比将收敛于α，并将其设定为 0.01，盖庆恩等（2017）将其设定为 0.03，李尚蓥和龚六堂（2012）将其设定为 0.14，从现实来看，中国农业劳动力占比从改革开放初期的超过 70%到 2010 年下降约一半，卢锋和杨业伟（2012）估计到 2030 年将接近 10%，考虑到实际情况，参考李建平等（2019）的研究设定为 0.15。$\overline{C^A}$ 为维持人类生存所必需的农产品消费量，借鉴 Echevarria（2000）、雷超超等（2013）的研究，将其设定为 0.05。a、b、c 三个参数分别代表农户与运销服务企业合作的比例、运销服务企业收购及出售农产品时的加成，将其赋值为 0.5、0.1、0.1。

A^A、A^X 和 A^M 分别代表农业、产中服务企业及加工企业全要素生产率，根据李尚蓥和龚六堂（2012）的研究，农业部门的技术为低级技术，而服务业和工业（加工业）部门的技术水平较高。考虑到农业生产中产中服务业发展仍较为落后，不失一般性，参考刘凯（2018）、吕一清和邓翔（2018）的研究，将农业部门全要素生产率参数标准化为 1，产中服务业全要素生产率参数定为 1.5，加工业全要素生产率参数定为 2。

产中服务在理论上对农业生产无论从成本角度还是效率角度都具有促进作用，但是国内对此的实证研究还较少，较为相关的是郝爱民（2015）的研究，他在研究中通过实证给出资本、劳动、农业生产性服务直接的技术转移和间接的技术外溢的贡献率分别为 0.232、0.102、0.168 和 0.086。假设农业生产函数为规模报酬不变，由此，参考郝爱民（2015）的研究对劳动、资本、土地和服务的要素弹性进行估计，估计结果见表 7-10。此外，参考杨勇（2008）的研究，将产中服务业生产函数中的劳动、资本弹性分别赋值为 0.4、0.6；Amiti 和 Konings（2007）的相关研究计算了印度尼西亚 1991~2001 年的制造业细分行业的要素弹性，其中，农副食品加工业的劳动、资本和中间投入要素的弹性分别为 0.3、0.12 和 0.68。同样，基于规模报酬不变的假设，参考 Amiti 和 Konings（2007）的研究，对要素弹性进行估计，估计结果见表 7-10。

表 7-10 部分模型参数的含义与估计值

参数	参数含义	数值	参数	参数含义	数值
β	贴现因子	0.95	A^X	产中服务企业全要素生产率	1.5
δ	资本折旧率	0.05	α^X	产中服务企业劳动贡献率	0.4
α	农产品对加工品的替代弹性	0.15	β^X	产中服务企业资本贡献率	0.6
A^A	农业全要素生产率	1	A^X	加工企业全要素生产率	2
α^A	农业生产中劳动贡献率	0.2	α^M	加工企业劳动贡献率	0.3
β^A	农业生产中资本贡献率	0.4	β^M	加工企业资本贡献率	0.1
γ^A	农业生产中产中服务贡献率	0.4	γ^M	加工企业农产品贡献率	0.6

7.3.3 模型估计结果与分析

给定经济体的初始状态，当所有内生变量使得式（7-5）至式（7-32）同时成立时，经济体处于均衡状态。本节将所构建的模型代入 Dynare 软件中进行相应的模拟，由于考察的是分工深化对农业规模经济的影响机制，首先对模型的稳态值进行分析，如表 7-11 所示。从农户消费来看，农产品消费约占 17.7%，加工品消费约占 82.3%，说明农户消费品需求主要是加工品消费，农产品最终产品的供给和消费的层次正在提升。从粮食产量上看，农产品产出水平为 1.239，消费水平为 0.291，用于进行进一步加工的占比达 76.5%，表明在市场化经营模式下，农产品加工深度较高。从劳动时间分配上看，农户进行农业生产的时间占总劳动时间的 29%，产中服务企业劳动时间占 12.6%，而加工企业劳动时间占 58.4%，目前加工企业劳动时间占比较大，而产中服务企业时间则相对较少，可能的原因是产中服务企业主要为农产品生产提供相应服务，而由于农产品生产的全要素生产率不高，农产品生产函数中产中服务的要素贡献率也较低，这也从侧面说明了农业纵向分工和市场化推进的重要意义。

表 7-11　模型各变量的稳态值

变量名称	变量含义	稳态值	变量名称	变量含义	稳态值
Q	农产品产出量	1.181	l_a	农产品生产劳动投入	0.290
y_x	产中服务企业服务提供量	0.742	l_x	产中服务生产劳动投入	0.126
y_m	加工品产出量	1.641	l_m	加工品生产劳动投入	0.584
c_m	加工品消费量	1.331	M	加工品生产农产品投入	0.904
c_a	农产品消费量	0.277	p_x	产中服务价格	0.362
k_a	农产品生产资本投入	3.787	p_m	加工品价格	1.014
k_x	产中服务生产资本投入	1.233	R	资本收益率	0.081
k_m	加工品生产资本投入	1.271	W	工资水平	0.855
MC	农产品生产边际成本	0.577	AC	农产品生产平均成本	0.739

在设定初始农产品市场价格为 1 的条件下，农产品生产边际成本为 0.577，平均成本为 0.739，且均小于 1，说明目前农户进行农业生产存在利润，并且由于边际成本小于平均成本，随着农产品产量的上升，平均成本下降，表明存在农业规模经济。产中服务价格为 0.362，加工品价格为 1.014，产中服务价格数值相对较小，而加工产品价格略高于初始农产品市场价格，反映了当前产中产后发展中价格受到抑制的原因复杂。从价值链增值情况看，用于进一步加工的农产品价值为

0.949，加工后产品价值为 1.664，农产品加工增值率为 75.4%，说明大力发展农产品加工业等产后服务有利于提升农业产业链的效益水平。

上述基准模型分析了农户与运销服务企业合作比例为 50%的情况，而农户不与运销服务企业合作或者与运销服务企业合作的比例更高时，农产品生产是否能达到规模经济呢？又或者，在农户与运销服务企业合作比例为 50%的情况下，运销服务企业在收购和出售农产品时不同的加成是否也会影响农产品生产的规模经济？为回答这些问题，对 a、b 和 c 三个参数分别进行赋值，表 7-12 给出了不同合作比例情况下农产品生产的边际成本与平均成本。其他条件不变，随着合作比例增大，农产品生产的边际成本不断下降，从 111.2%降至 96.7%再降至−39.1%，平均成本也是如此。值得注意的是，农产品生产的平均成本的变动幅度较小，这说明农产品边际成本更容易受不同分工程度的影响，而运销服务企业通过改变农产品边际生产成本而最终影响平均成本。

表 7-12 不同合作比例下农业经济水平

变量	a=0		a=0.25		a=0.99	
	农产品生产边际成本	农产品生产平均成本	农产品生产边际成本	农产品生产平均成本	农产品生产边际成本	农产品生产平均成本
与基准模型相比的百分比变动	111.2%	3.8%	96.7%	0.8%	−39.1%	−29.3%

产业链纵向关系将使每个相连的上下游市场之间的中间产品的价格确定变得尤为重要，不同定价方式或者不同的纵向结构将会在很大程度上影响农业产业链的均衡结果。表 7-13 分析了不同合作比例情况下农产品生产的边际成本和平均成本的变动情况，而当合作比例被固定为 0.5 时，不同加成大小对农产品生产成本是否有影响呢？表 7-13 给出了在固定运销服务企业总加成水平为 20%的情况下不同加成比例下农业经济水平的发展情况。其他条件不变，运销服务以 5%的加成和 15%的加成收购农户手中的农产品时，农产品生产边际成本均相对于 10%的加成水平上升，并且 15%的加成水平下成本上升幅度更大。收购农产品时加成过小，会直接减少农户的利益，损害其生产的积极性，从而使得生产成本上升；加成过大，则会使农产品整体的期望价格上升，从而导致加工企业生产成本上升、工资水平上升、产中服务价格上升，农产品生产边际成本和平均成本上升。这也说明运销服务企业在决定收购及出售农产品时，对价格的加成需要有更强的把握，农户作为农业产业链上较为弱势的一方，农产品价格的相对变动不可避免地会对农产品生产产生影响，并且在农产品生产过程中需要产中服务的投入，在生产后需要加工企业对农产品进行加工，受制于两方，如果加成比例不适当反而会对农业规模经济产生不利影响。

表 7-13　不同加成比例下农业经济水平

变量	b=0.05；c=0.15		b=0.15；c=0.05	
	农产品生产边际成本	农产品生产平均成本	农产品生产边际成本	农产品生产平均成本
与基准模型相比的百分比变动	93.9%	0.5%	101.9%	3.9%

7.3.4　农业规模经济整体增长：分工深化冲击效应

为进一步探究分工深化对农业规模经济的影响机制，本节考察了产中服务投入效率冲击（X）、中间品投入效率冲击（M）两种外生冲击下，各内生变量相对稳态的偏离变化比，即内生变量对外部冲击的响应变化。

图 7-5 是一单位标准差产中服务投入效率冲击下主要变量的动态轨迹。农产品产出量、产中服务消费量、加工品产出量均表现出上升趋势，意味着产中服务投入效率提高引起农业产业链上各部门产品和服务供给的增加；同时，农产品生产、产中服务生产及加工品生产所投入的资本增加，中间品投入、加工品价格和产中服务价格也上升，表明产中服务投入效率的提高有利于农业生产规模经济的实现，而农业规模经济的发展又为各部门提供了充足的原材料，为各部门规模经济的实现奠定物质基础；产中服务和加工品企业投入的劳动增加，投入农产品生产的劳动减少，表明随着产中服务投入效率的提高，逐渐替代了一部分农产品生产所需的劳动力，推动劳动力流向产中服务和加工品企业；此外，工资水平、农产品消费提高，加工品消费除了在第一期为减少，其余各期都呈现上升趋势，根据农户最大化效用函数，产中服务投入效率的提升对农户效用的提升有着一定的贡献；最后，农业生产的边际成本与平均成本呈下降趋势，表明产中服务对农产品生产具有较强的规模经济推动作用，尽管产中服务的价格上升，但产中服务投入效率的上升对农产品生产带来的效益远远大于产中服务的成本。综上，在农业产业纵向分工不断深化的过程中，农业产业的产中服务有效地扩大了农业生产规模，推动了农业生产规模经济的发展。

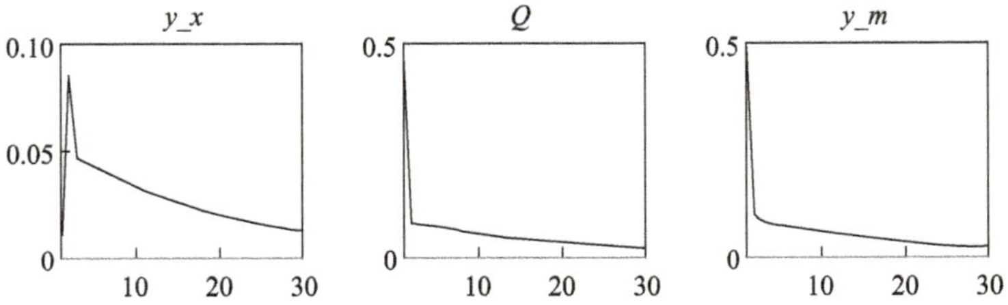

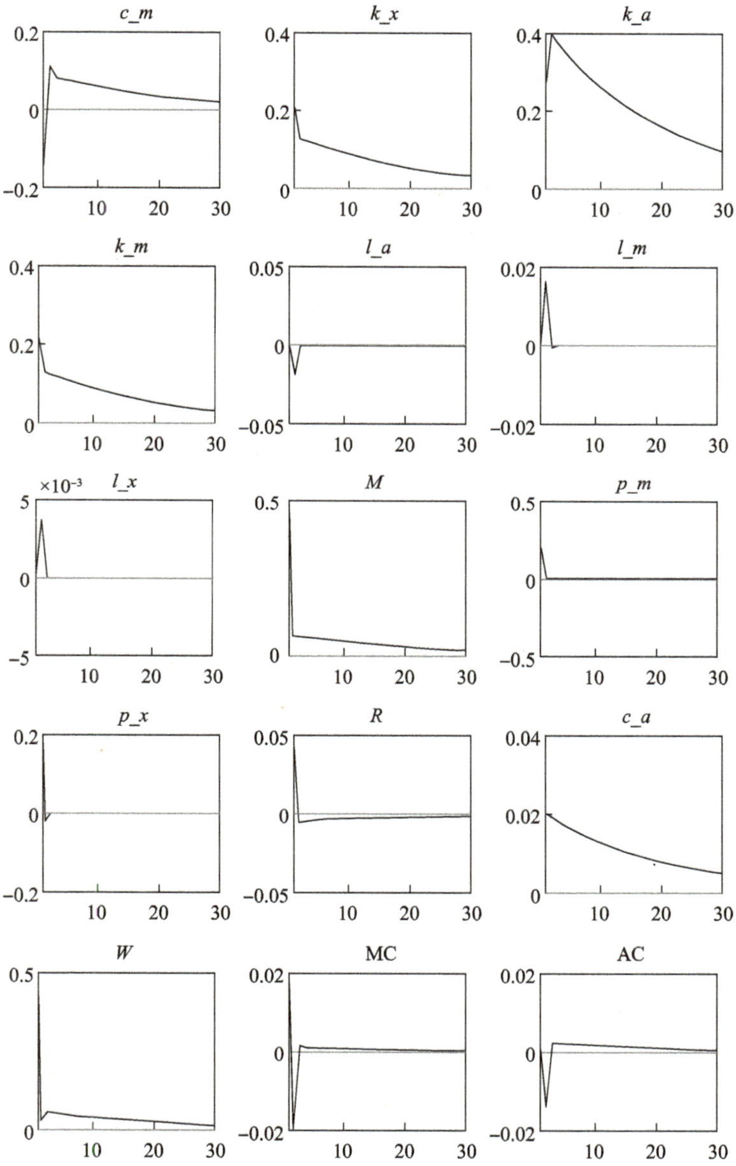

图 7-5　产中服务投入效率冲击脉冲响应函数

图中变量含义详见表 7-11

图 7-6 是一单位标准差中间品投入效率冲击下主要变量的动态轨迹。农产品产出量、产中服务消费量、加工品产出量均表现出上升趋势，意味着中间品投入效率的提高引起农业产业链上各部门产品和服务供给的增加；与产中服务投入效率冲击不同，中间品投入效率冲击使得投入农产品的劳动增加，而投入产中服务与加工品的劳动减少，显然中间品投入效率的提高增加了对中间品投入的需求，从

而对农产品产出提出了更高的要求，加大了对劳动投入的水平；此外，中间品投入效率冲击使资本收益率急剧下降且恢复速度较为缓慢，同时农产品生产、产中服务生产及加工品生产所投入的资本增加，这表明，一方面，中间品投入效率提高提升了各部门发展的资本积累，另一方面，通过降低资本收益率减小资金成本，进一步巩固了各部门规模经济发展的基础；此外，农产品生产的边际成本呈现先下降后上升再回落的趋势，而平均成本的下降趋势较为明显，原因是边际成本考虑的是新增一单位产出的成本，因此对投入要素的价格水平十分敏感，中间品投入效率的上升使得产中服务价格与加工品价格上升，经济体中整体价格水平上升，促使工资不断上升，使得边际成本攀升，而平均成本则考虑单位产量的成本，由于农产品产量上升幅度大于成本上升的幅度，平均成本整体呈下降趋势。值得注意的是，产中服务投入效率造成的偏离变化比远大于中间品投入效率冲击所造成的，也就是产中服务投入效率引起的经济体的波动更为敏感，对农业规模经济的效果也更为明显。

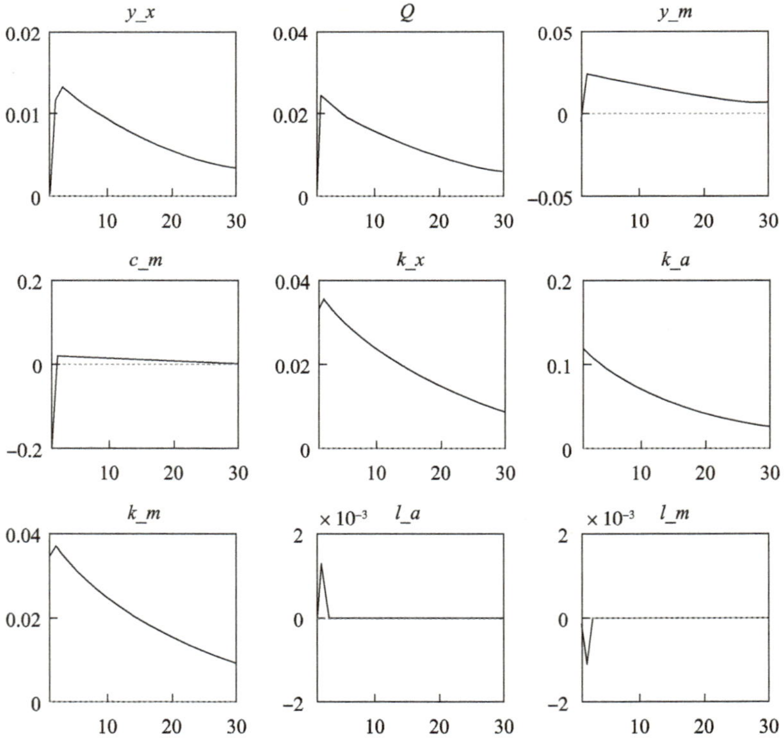

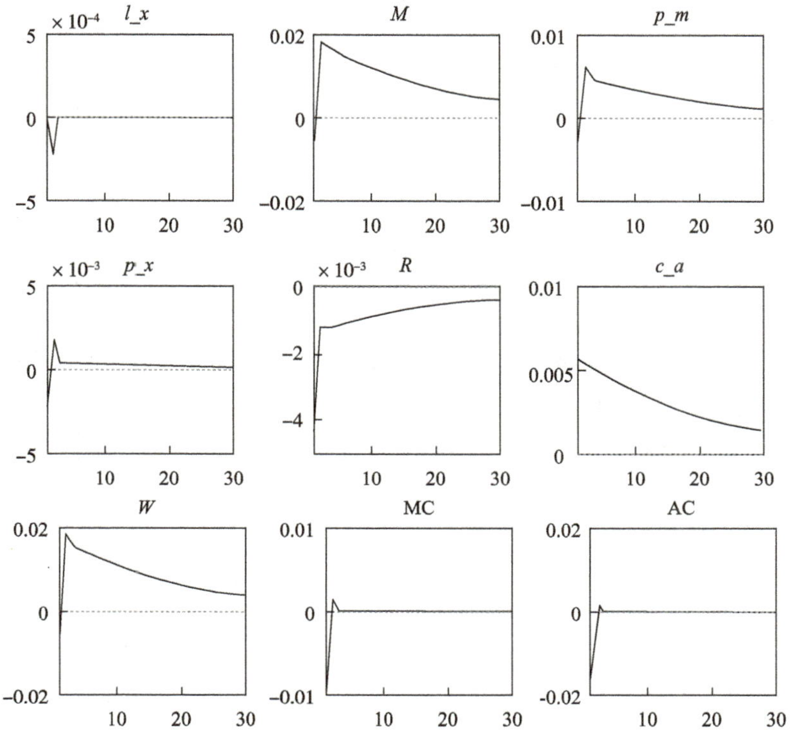

图 7-6　中间品投入效率冲击脉冲响应函数

图中变量含义详见表 7-11

7.4　本 章 小 结

农业产业规模经济和生产规模经济相互交织，其各自均衡性特征的区别和联系形成了相互促进关系。产业规模经济和生产规模经济的相互影响反映在产业链纵向各个环节的产量均衡保证了产业良性循环及其各环节的产业规模经济，推动发展社会化服务并通过市场化实现生产规模经济。同理，生产规模经济的实现，保证了农户的生产能够正常进行，农业经营者能得到最小限度的利益满足，从而提供足够规模的农产品供给量确保加工业发展，产生足够规模的服务需求量拉动加工、销售等的发展。由此表明，市场化经营模式促进农业多重规模经济的互动和提升路径，体现在各环节的分工深化与市场化程度的互动，又体现在农业生产区域专业化带来了区域规模经济或外部集聚效应，以及产业链上各经营主体提供的服务规模经济效应，最大限度地抑制了不同农业生产环节的规模效应差异形成的不利影响，从而从总体上放大了农业规模经济的整体水平。最后，在市场化发展的农业经营模式下，产业链纵向循环对农业规模经济的促进影响，还存在一个价格机制和农业支持政策的问题。如果政府对农业生产和服务提供必要的支持和服务，那么单就农业生产者来讲，有可能大大降低其生产成本，提高其农产品加工升值空间，扩展农产品市场销售半径，从而极大地提高农业生产经营的规模收益水平。

在市场化经营模式下，各农业经营主体借助产中环节外包，以及分享产后环节迂回延伸的增值，从而使得整个产业链具备规模经济。具体而言，传统经营模式下，农业生产中的所有环节由家庭内部完成，由于不同农业生产环节达到生产最优点（效率最高或成本最低）所需要的规模具有差异性，农户在某个生产环节生产水平最优，而对于其他生产环节而言，此时并未在效率最高或成本最低的规模经济点上，结果就陷入了不扩大土地经营规模就无法实现规模经济的传统逻辑。但在市场化经营模式中，由于存在一个完善的农业社会化服务市场，通过供需匹配和农业社会化服务交易，农户可以只在其既定经营规模条件下能够达到生产效率最高或成本最低的环节进行生产活动，并用在该生产环节上的劳动换取其他不具有效率优势和成本节约生产环节的经营成果，进而使得单个农户和社会整体的帕累托最优。在产后环节上，农产品加工服务发展促进农村劳动力转移，改善人地矛盾，使得土地经营规模满足农业生产最低规模限度或适度规模，影响农户的生产决策，有效化解小农户与大市场的矛盾，促进农业产业链增值，放大各经营主体的协作收益，激励农户从事专业化生产的积极性，保证了农业产业链的良性循环。

基于产业链纵向关系与农户规模经济的实证发现，产业链纵向主体关系类型和分工程度均能显著影响农户规模经济水平。服务主体关系类型对农业规模经济具有正向影响，说明由合作社（含村集体、农机部门）等关系型主体和专业化服务公司（含龙头企业）等契约型主体提供生产服务，有利于提高生产规模报酬水平，即紧密型的分工服务关系有助于提高农业规模经济水平。产业链纵向分工程度与农业规模经济存在非线性因果关系。具体而言，纵向分工程度一次项系数为负，纵向分工程度平方项系数为正，且均在1%水平上显著，表明随着农户购买的分工服务环节数增加，农业规模经济水平先降低后升高，整体呈"U"形分布。此外，农机拥有情况、土地质量、土地细碎化程度和农业兼业化对农业规模经济都有抑制作用；农户受教育程度越高越有利于增进农业规模经济水平。

农产品加工服务企业既能直接促进农户规模经济实现，又可通过扩大土地规模和降低分工难易程度两条途径间接作用。就直接效应而言，农产品加工服务生产率越高越有利于农业生产规模经济的实现，但对种植非粮食类农户规模经济的影响程度要显著高于种植粮食类农户，粮食类和非粮食类样本系数分别为 0.077 1 和 0.268。尽管，农产品加工服务企业可通过扩大土地规模和降低分工难易程度两条途径间接增进农户规模经济水平，但具体效果因农产品品种而异。其中，就小麦、水稻和玉米等粮食类农产品而言，农产品加工服务企业一般通过促进土地规模经营的途径产生生产规模经济；对于蔬菜、水果和药材等经济作物而言，是通过降低分工难易程度促进其生产规模经济实现。

基于动态随机一般均衡模型，模拟了农户、农业生产部门、运销服务企业、产中服务企业及加工企业五个主体向稳态演进的条件与轨迹。在稳态下，农产品产量在农业产业链中实现了供需平衡，而从消费结构来看，加工品消费占82.3%，说明农户消费品需求主要是加工品消费，农产品最终产品的供给和消费的层次正在提升。就农户劳动时间分配来看，农户仍将29%的劳动时间花费在农业生产上，而产中服务生产的劳动投入仅为12.6%，原因可能来自我国土地细碎化基础上精细化耕作的传统。此外，农产品生产边际成本为0.577，平均成本为0.739，且均小于农产品市场标准化价格1，说明目前农户进行农业生产存在利润，并且由于边际成本小于平均成本，随着农产品产量的上升，平均成本下降，表明存在农业规模经济。值得注意的是，加工业产值明显高于初级农产品产值，表明农产品借助在产业链下游环节的延伸实现了增值，换句话说，加工业具有放大产业链整体价值的功能。同时，通过对不同参与程度及不同定价方式的经济体中农产品生产的边际成本和平均成本的分析，发现农户参与社会分工的程度越深，即与运销服务企业合作的比例越高，农业规模经济表达得越明显；不同的定价方式对农产品生产的边际成本和平均成本的影响各有不同，出现了越偏向农户而农户生产农产品成本越高的现象，也提示了定价方式对农业产业链均衡的重要影响。最后，通过考察产中服务投入效率冲击、中间品投入效率冲击两种外生冲击对各内生变量相对稳态的偏离变化比，发现产中服务与加工服务的深化对农业规模经济具有重要意义，具体表现为产中服务深化替代了农产品加工所需的部分劳动力，加工服务深化通过增加中间品投入促进农产品产出提升，均使农产品生产的边际成本和平均成本有所下降，实现农业规模经济。综上，伴随农业分工深化的发展，农业产业链中各经济主体之间联系不断加强，社会化服务对农业生产规模经济的影响将日益表现出来。

第 8 章　参与主体对规模经济效益的分享均衡

8.1　参与主体特征与行为分析

8.1.1　参与主体的基本特征

市场化经营模式下，农业生产经营的突出特征是深度分工与市场化。市场化程度不断提高，家庭农场、专业大户、社会化服务主体等新型农业经营主体不断涌现，不断发展和健全现代农业经营体系。

现代农业经营体系中包含的各种新型经营主体可以大概分为两类：生产主体与服务主体。生产主体主要是指从事农业生产经营活动的以农户家庭或家庭农场等相关组织形式为载体的经营主体，他们通过市场交易与相关服务主体进行分工合作，完成农业生产经营过程。以农户为典型代表的生产主体，由于其自身资源禀赋条件及其局限性，其特点主要是市场化程度相对较低、生产分散、规模较小、决策理性有限、对市场的反应速度也相对迟缓。服务主体主要是指新型农业社会化服务体系中各类农业服务供给主体，包括技术推广站等国家专业经济技术组织、农机站等村集体经济服务组织、农民专业合作社等农民自办服务组织、以公司为主导的联营服务组织等。服务主体在农业产业链条的前端、中端和后端与相关经营主体通过市场活动发生产需互动。其经营的基本目标一般是追求利润最大化（尽管不一定能实现），以涉农企业为典型代表的服务主体的基本特点主要是：市场化程度较高，具备较为科学的决策机制，对市场的反应也相对迅速。

政府对市场运行负有调控责任和协调功能，在农业市场主体参与分工和市场化交易中成为兼具服务和引导双重功能的另一类主体。政府运行的基本特点主要是依靠政策法律工具和行政手段，影响市场主体的行为方向和选择，其功能主要有两方面：一方面，促进和发展各类生产和服务，包括为生产主体实行农业适度规模经营、追求农业规模经济提供政策支持和服务；为服务主体供给更多更好的社会化服务产品创造和提供必要的基础设施及政策支持与服务保障；等等。另一方面，制定和维护市场运行规则，确保各类生产主体和服务主体的利益得以提高。

8.1.2　参与主体的行为差异

基于市场化经营模式，农业生产主体、服务主体及政府，构成了相互影响和促进的不可分割的互动整体。要了解他们之间的互动过程和影响，有必要先简要分析各个主体的目标诉求与行为差异。由于各主体拥有的资源禀赋不同及利益诉求各异，决定了他们的目标各不相同，由此也引致各个主体的行为差异，所以他们之间一般都只有通过博弈才能达到一致或暂时均衡。

就生产主体而言，实现利益均沾和满意均衡应该是其基本的经营目标，根据获取农业社会化服务的成本比较来选择不同的服务主体和服务产品是他们参与分工交易的决策准则，选择标准是力求在社会化服务交易中获取低价高质的服务。就服务主体而言，其经营目标是实现自身利润最大化，尤其是在社会化服务提供过程中实现服务效益的最大化，为此常常是通过对成本收益比较分析来不断改变或调整服务供给行为，农业产业链上哪个环节需求规模较大，服务收益率相对较高，那么服务主体就会增加该环节的服务，相应调整服务产品供给行为，而且还会对不同规模的生产主体采取不同的服务定价策略。就政府部门而言，其目标不是实现经济利益最大化，而是通过提供政策支持和保障及公共服务追求社会效益最大化。一方面，通过扶持政策补贴生产主体购买社会服务，以及支持服务主体提供质高价低的社会服务；另一方面，通过行政监管维护农业社会化服务的市场交易过程，通过奖惩机制督促服务主体履行服务合约，规范服务行为。政府不直接参与生产主体和经营主体之间的博弈过程，但是作为间接参与过程影响博弈的过程和博弈结果。

应该指出，各参与主体在分享农业规模经济效益的博弈过程中，他们之间的谈判能力或者博弈力量存在差异性。一般而言，这种差异性的根源在于博弈各方的信息不对称问题，哪一方掌握更多的信息，其实现效益追求的可能性就更大，这又会激励博弈各方花费额外成本去搜寻信息。对于生产主体而言，尤其是农户，由于组织化程度低，信息收集和处理的能力弱，和市场联系不够紧密而无法通过有效的价格竞争表达利益诉求；低度组织化的农民作为服务需求方，更无法通过集体行动形成对服务主体的约束，通常只能选择逃避（弃耕、不使用服务）行为，其实质就是不合作不参与分工；或选择忍耐（支付高价、容忍低质）行为，其实质是牺牲部分利益换取继续合作分享。这时候他的经营目标就远远不是自身利益的最大化，所以满意能够达到均衡。

既然市场化经营模式能够促进和放大农业的整体规模经济水平，那么表明了至少农业生产主体和服务主体均可通过市场活动得到了相对满意的利益所得，政府也通过必要的介入服务或干预运行实现了农业的发展、农民的增收，从而达到了服务效用最大化。问题是他们是怎样实现各方都满意的互动并且获得经济效益或社会效益的满意均衡的呢？接下来将通过构建演化博弈模型分析其中的分享均衡。

8.2 主体博弈模型构建与分析

8.2.1 博弈情景与模型假设

1. 博弈情景及框架

设想在这样一个市场化经营模式情景：农业适度规模经营主体与各类社会化服务主体均处于分工网络的关系之中，分工和市场化发展的程度使他们可以通过市场交易实现产需对接和利益分享，但是由于各方面的目标和行为的差异性，这种交易和分享不可能自动地达到各方利益均沾和分享均衡。这时候各方必然进行自愿或非自愿的博弈，以实现自身追求的且可能实现的最大限度满意的经济利益。政府部门则是在尊重市场规律基础上，通过政策调整引导双方的有效衔接和理性博弈。

在农业规模经济效益的博弈中，博弈主体为生产主体与服务主体，前者的博弈策略是购买服务或不购买服务（自我服务），而选择购买或不购买及由此得到的收益大小，主要取决于自身资源条件、服务主体提供哪种质量的服务和政府的支持补贴力度。服务主体的博弈策略是提供性价比高的服务或提供性价比低的服务，而提供哪种质量的服务及收益大小，主要取决于自身资源禀赋、生产主体购买意愿或实际采用哪一种购买策略及政府支持补贴力度。双方都在根据对方的策略选择而选择自己的最佳策略，政府则根据各方的策略组合是否符合政府的政策目标而选择合适的支持方向或支持力度。各方就这样通过博弈去争取自己的利益追求。

博弈双方共形成四种策略组合，即策略组合 1（购买服务，提供性价比高的服务）、策略组合 2（购买服务，提供性价比低的服务）、策略组合 3（不购买服务，提供性价比高的服务）和策略组合 4（不购买服务，提供性价比低的服务）。如果把政府间接参与和支持补贴看成依据双方策略选择后的一种自然状态，那么每个主体通过选择合适的策略后，与对方的策略选择形成组合，在政府支持的某种状态下就决定了它可以获得的收益水平，各方都是通过这个收益水平的比较来选择策略进行博弈的。为了简便表达，将博弈双方中生产主体和服务主体分别命名为 S 和 F，生产主体和服务主体的收益函数分别记为 R_S 和 R_F，双方所获得的政府支持补贴分别记为 Z_S 和 Z_F。那么在政府支持补贴的自然状态下，双方各自的收益便可以测算出来。各博弈方策略组合及收益矩阵如表 8-1 所示。

表 8-1　生产主体与服务主体的一般收益矩阵

博弈主体及其策略选择		服务主体	
		提供性价比高的服务+政府支持	提供性价比低的服务+政府支持
生产主体	购买服务+政府支持	$R_S^1+Z_S^1$， $R_F^1+Z_F^1$	$R_S^2+Z_S^2$， $R_F^2+Z_F^2$
	不购买服务	R_S^3， $R_F^3+Z_F^1$	$R_S^4+Z_S^2$， $R_F^4+Z_F^2$

注：上标 1、2、3、4 分别表示策略组合 1、2、3、4

2. 模型假定及参数

基于表 8-1 的收益矩阵，进一步假定生产主体与服务主体双方博弈条件，并设定各方参与博弈的有关参数。

假定生产主体与服务主体选择博弈策略组合 4 时的收益为初始状态收益，分别记为 A_S 和 A_F。生产主体与服务主体选择博弈策略组合 1 时，两者构成的整体收益为 E，两者构成的整体成本为 C。设定生产主体的利益分配系数为 δ，则服务主体的利益分配系数为 $1-\delta$；生产主体的成本分担系数为 η，则服务主体的成本分担系数为 $1-\eta$。

假定当其中一方选择不合作策略时，即生产主体选择“不购买服务”或服务主体选择“提供性价比低的服务”时，视为违约，需要支付给选择合作策略的一方一定的违约费用 K；且不合作的一方往往会有机会主义倾向，可能会搭合作一方的便车而获得额外的机会收益，分别为 B_S、B_F；生产主体和服务主体的博弈过程中，生产主体选择合作策略的概率为 x，服务主体选择合作策略的概率为 y。

由于合约自身可能存在的缺陷和外部因素造成的风险，生产主体与服务主体在合作过程中往往面临着诸多风险，进而影响到双方博弈策略选择。那么定义生产主体和服务主体的风险系数分别为 μ_S 和 μ_F。

基于上文博弈情景中政府支持补贴自然状态的角色设定，同时为了在不影响分析目的的前提下简化博弈模型，进一步明确政府支持补贴选择：政府支持补贴仅用于扶持购买农业社会化服务的生产主体和提供性价比高的服务的服务主体。

8.2.2 模型建立与均衡求解

1. 模型建立及收益矩阵

根据上述模型假定与参数设定，进一步明确生产主体与服务主体双方在不同演化博弈策略组合下的收益函数形式。

（1）策略组合 1（购买服务，提供性价比高的服务）：生产主体选择购买而刚好买到性价比高的服务，获得了支付收益满意，而服务主体提供了高质服务正好遇到了买主，能够实现其满意的价值。在政府间接参与，如提供一定强度支持补贴的情况下，博弈双方选择策略组合 1 的收益应该是最满意的，应该是达到最优均衡的一组策略。此时，生产主体的收益函数为：$R_S^1 = A_S + (1-\mu_S)\delta E - \eta C + Z_S$。同理，服务主体的收益函数为：$R_F^1 = A_F + (1-\mu_F)(1-\delta)E - (1-\eta)C + Z_F$。

（2）策略组合 2（购买服务，提供性价比低的服务）：生产主体选择购买服务但是买到性价比低的服务，通过支付高价、容忍低质而牺牲部分利益换取继续合作分享。服务主体提供了性价比低的服务而获得了相对较高的价格，亦即获得了机会收益，能够实现其利益最大化，同时提供性价比低的服务属于本节定义的违约行为，服务主体必须为此支付违约金。政府部门则通过对生产主体购买服务行为的支持补贴，在一定程度上弥补生产主体购买性价比低的服务的损失。此时，生产主体的收益函数为：$R_S^2 = A_S + K - \eta C + Z_S$。同理，服务主体的收益函数为：$R_F^2 = A_F - K + B_F$。

（3）策略组合 3（不购买服务，提供性价比高的服务）：生产主体选择不购买服务，通过自己提供服务满足生产需求，从而不参与效益分享。服务主体选择提供性价比高的服务，但无法实现与生产主体的市场交易，亦不能实现效益分享。合约既定条件下，生产主体不购买服务属于违约行为，生产主体必须为此支付违约金。同时，生产主体也可能存在搭便车情况而获得机会收益。政府部门则通过支持补贴服务主体，鼓励其提供性价比高的服务的行为。此时，生产主体的收益函数为：$R_S^3 = A_S - K + B_S$。同理，服务主体的收益函数为：$R_F^3 = A_F + K - (1-\eta)C + Z_F$。

（4）策略组合 4（不购买服务，提供性价比低的服务）：生产主体选择不购买服务，其社会化服务需求通过自我服务的方式得以满足。服务主体由于提供性价比低的服务而无法满足生产主体的需求，亦不符合政府部门的倡导方向，无法获取政府补贴，由此导致双方围绕社会化服务合约的合作关系被打破，双方均不能实现效益分享。此时，生产主体的收益函数为：$R_S^4 = A_S$。同理，服务主体的收益函数为：$R_F^4 = A_F$。

综合上述分析，同时结合双方合作概率，形成如下收益函数形式明确的收益矩阵（表 8-2）。

表 8-2　生产主体与服务主体的收益矩阵

博弈主体及其策略选择		服务主体：提供性价比高的服务（y）	服务主体：提供性价比低的服务（$1-y$）
生产主体	购买服务（x）	$A_S+(1-\mu_S)\delta E-\eta C+Z_S$， $A_F+(1-\mu_F)(1-\delta)E-(1-\eta)C+Z_F$	$A_S+K-\eta C+Z_S$， A_F-K+B_F
	不购买服务（$1-x$）	A_S-K+B_S， $A_F+K-(1-\eta)C+Z_F$	A_S， A_F

2. 演化博弈均衡求解

根据表 8-2，考虑双方合作概率重新求得各自的收益如下：

生产主体选择购买服务策略的收益为

$$U_S=y\left[A_S+(1-\mu_S)\delta E-\eta C+Z_S\right]+(1-y)(A_S+K-\eta C+Z_S) \tag{8-1}$$

生产主体选择不购买服务策略的收益为

$$U_S'=y(A_S-K+B_S)+(1-y)A_S \tag{8-2}$$

同理，服务主体选择提供性价比高的服务策略的收益为

$$U_F=x\left[A_F+(1-\mu_F)(1-\delta)E-(1-\eta)C+Z_F\right]+(1-x)\left[A_F+K-(1-\eta)C+Z_F\right] \tag{8-3}$$

服务主体选择提供性价比低的服务策略的收益为

$$U_F'=x(A_F-K+B_F)+(1-x)A_F \tag{8-4}$$

进一步地，通过求导，得到生产主体的动态复制方程为

$$F(x)=\mathrm{d}x/\mathrm{d}t=x(1-x)\left[y(1-\mu_S)\delta E+K-\eta C+Z_S\right] \tag{8-5}$$

同理，服务主体的动态复制方程为

$$F(y)=\mathrm{d}y/\mathrm{d}t=y(1-y)\left[x(1-\mu_F)(1-\delta)E+K-(1-\eta)C+Z_F\right] \tag{8-6}$$

令 $F(x)=\mathrm{d}x/\mathrm{d}t=0$，$F(y)=\mathrm{d}y/\mathrm{d}t=0$ 可求得关于方程的均衡解。通过求解得到五个奇点，分别记为 A（0,1）、B（1,1）、C（1,0）、O（0,0）和 $D\left[\dfrac{(1-\eta)C-K-Z_F}{(1-\delta)(1-\mu_F)E-B_F},\dfrac{\eta C-K-Z_S}{\delta(1-\mu_S)E-B_S}\right]$。

8.2.3　博弈均衡分析与讨论

演化博弈的均衡策略分析主要是通过演化博弈中的雅可比矩阵的行列式和轨迹的正负号来进行分析的。雅可比矩阵通过对生产主体和服务主体复制动态方程求偏导而得。通过求偏导得到以下雅可比矩阵：

$$J=\begin{bmatrix}(1-2x)\left[y(1-u_S)\delta E+K-\eta C+Z_S\right] & x(1-x)\left[(1-\mu_S)\delta E-B_S\right]\\ y(1-y)\left[(1-\mu_F)(1-\delta)E-B_F\right] & (1-2y)\left[x(1-u_F)(1-\delta)E+K-(1-\eta)C+Z_F\right]\end{bmatrix} \tag{8-7}$$

第一，当 $K-(1-\eta)C+Z_F>0$，$K-\eta C+Z_S>0$，$(1-\mu_S)\delta E-B_S>0$，$(1-\mu_F)(1-\delta)E-B_F>0$ 时，即违约金大于抵扣政府支持补贴之后的生产主体成本（简称生产主体成本）且大于抵扣政府支持补贴之后的服务主体成本（简称服务主体成本），生产主体和服务主体的收益减去风险成本和机会收益都大于零时，关于方程有 4 个奇点，即 O（0,0）、A（0,1）、B（1,1）、C（1,0），奇点稳定性如表 8-3 所示。这说明此时生产主体和服务主体因为高昂的违约金会选择唯一的稳定策略，即生产主体和服务主体都选择策略组合 1（购买服务，提供性价比高的服务）的合作策略。生产主体与服务主体策略演化动态相位图如图 8-1 所示。

表 8-3　局部奇点的稳定性（一）

奇点	$det(j)$	$tr(j)$	局部均衡稳定性
O（0,0）	+	+	不稳定点
A（0,1）	−		鞍点
B（1,1）	+	−	ESS
C（1,0）	−		鞍点

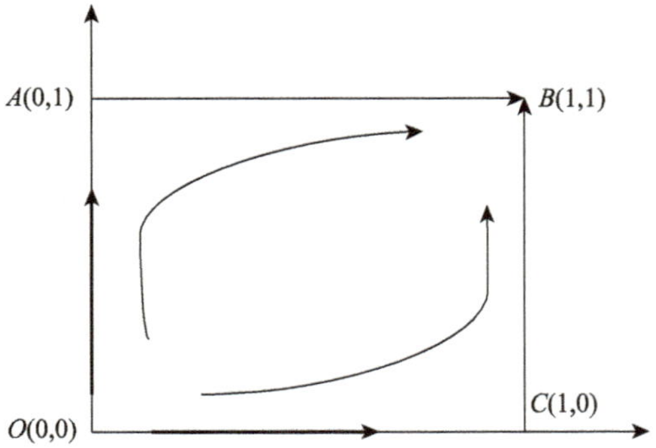

图 8-1　生产主体与服务主体策略演化动态相位图（一）

第二，当 $K-(1-\eta)C+Z_F>0$，$K-\eta C+Z_S<0$，$(1-\mu_S)\delta E-B_S>0$，$(1-\mu_F)(1-\delta)E-B_F>0$；且 $\eta C-K-Z_S>(1-\mu_S)\delta E-B_S$ 时，即当违约金大于服务主体成本，小于生产主体成本，且违约金与生产主体成本的差值绝对值大于生产主体的收益减去风险成本和机会收益时，关于方程有 4 个奇点，即 O（0,0）、A（0,1）、B（1,1）、C（1,0），奇点稳定性如表 8-4 所示。这说明此时双方演化博弈的均衡点为策略组合 3（不购买服务，提供性价比高的服务）的策略。生产主体与服务主体策略演化动态相位图如图 8-2 所示。

表 8-4　局部奇点的稳定性（二）

奇点	$det(j)$	$tr(j)$	局部均衡稳定性
O（0,0）	−		鞍点
A（0,1）	+	−	ESS
B（1,1）	−		鞍点
C（1,0）	+	+	不稳定点

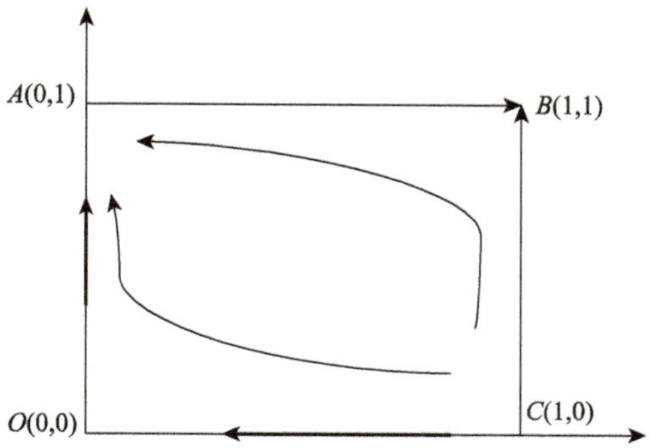

图 8-2　生产主体与服务主体策略演化动态相位图（二）

第三，当 $K-(1-\eta)C+Z_F>0$，$K-\eta C+Z_S<0$，$(1-\mu_S)\delta E-B_S>0$，$(1-\mu_F)(1-\delta)E-B_F>0$；且 $\eta C-K-Z_S<(1-\mu_S)\delta E-B_S$ 时，即当违约金大于服务主体成本，小于生产主体成本，且违约金与生产主体成本的差值绝对值小于生产主体的收益减去风险成本和机会收益时，关于方程有 4 个奇点，即 O（0,0）、A（0,1）、B（1,1）、C（1,0），奇点稳定性如表 8-5 所示。这说明此时演化博弈的均衡点为策略组合 1（购买服务，提供性价比高的服务）的合作策略。生产主体与服务主体策略演化动态相位图如图 8-1 所示。

表 8-5　局部奇点的稳定性（三）

奇点	$det(j)$	$tr(j)$	局部均衡稳定性
O（0,0）	−		鞍点
A（0,1）	−		鞍点
B（1,1）	+	−	ESS
C（1,0）	+	+	不稳定点

第四，当 $K-(1-\eta)C+Z_F<0$，$K-\eta C+M_S>0$，$(1-\mu_S)\delta E-B_S>0$，$(1-\mu_F)(1-\delta)E-B_F>0$；且 $(1-\eta)C-K-Z_F>(1-\mu_F)(1-\delta)E-B_F$ 时，即当违约金大于生产主体成本，小于服务主体成本，且违约金与服务主体成本的差值绝

对值大于服务主体的收益减去风险成本和机会收益时，关于方程有 4 个奇点，即 O（0,0）、A（0,1）、B（1,1）、C（1,0），奇点稳定性如表 8-6 所示。这说明此时演化博弈的均衡点为策略组合 2（购买服务，提供性价比低的服务）的策略。生产主体与服务主体策略演化动态相位图如图 8-3 所示。

表 8-6　局部奇点的稳定性（四）

奇点	$det(j)$	$tr(j)$	局部均衡稳定性
O（0,0）	−		鞍点
A（0,1）	+	+	不稳定点
B（1,1）	−	−	鞍点
C（1,0）	+	−	ESS

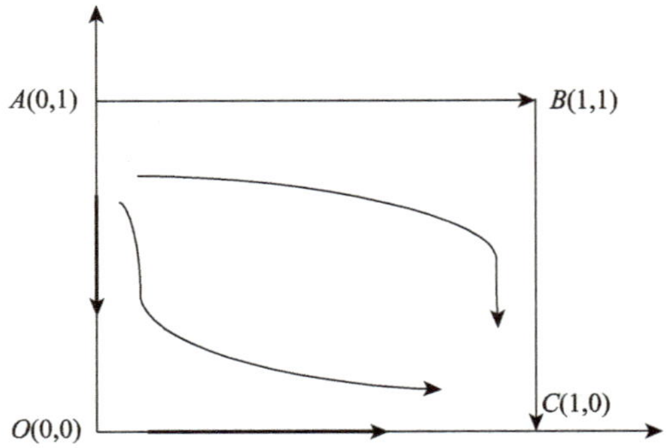

图 8-3　生产主体与服务主体策略演化动态相位图（三）

第五，当 $K-(1-\eta)C+Z_F<0$，$K-\eta C+Z_S>0$，$(1-\mu_S)\delta E-B_S>0$，$(1-\mu_F)(1-\delta)E-B_F>0$；且 $(1-\eta)C-K-Z_F<(1-\mu_F)(1-\delta)E-B_F$ 时，即当违约金大于生产主体的成本，小于服务主体成本，且违约金与服务主体成本的差值绝对值小于服务主体的收益减去风险成本和机会收益时，关于方程有 4 个奇点，即 O（0,0）、A（0,1）、B（1,1）、C（1,0），奇点稳定性如表 8-7 所示。这说明此时双方效益分享的演化博弈均衡点为策略组合 1（购买服务，提供性价比高的服务）的合作策略。生产主体与服务主体策略演化动态相位图如图 8-1 所示。

表 8-7　局部奇点的稳定性（五）

奇点	$det(j)$	$tr(j)$	局部均衡稳定性
O（0,0）	−		鞍点
A（0,1）	+	+	不稳定点
B（1,1）	+	−	ESS
C（1,0）	−		鞍点

第六，当 $K-(1-\eta)C+Z_F<0$，$K-\eta C+Z_S<0$，$(1-\mu_S)\delta E-B_S<0$，$(1-\mu_F)(1-\delta)E-B_F<0$ 时，即违约金小于生产主体和服务主体成本，生产主体和服务主体的收益减去风险成本和机会收益都小于零时，关于方程有 4 个奇点，即 O（0,0）、A（0,1）、B（1,1）、C（1,0），奇点稳定性如表 8-8 所示。这说明此时生产主体和服务主体因为风险偏好和搭便车浪费的机会收益，博弈的演化路径最后稳定于 O 点，双方演化博弈的均衡点为策略组合 4（不购买服务，提供性价比低的服务）的不合作策略。生产主体与服务主体策略演化动态相位图如图 8-4 所示。

表 8-8　局部奇点的稳定性（六）

奇点	$det(j)$	$tr(j)$	局部均衡稳定性
O（0,0）	+	−	ESS
A（0,1）	−		鞍点
B（1,1）	+	+	不稳定点
C（1,0）	−		鞍点

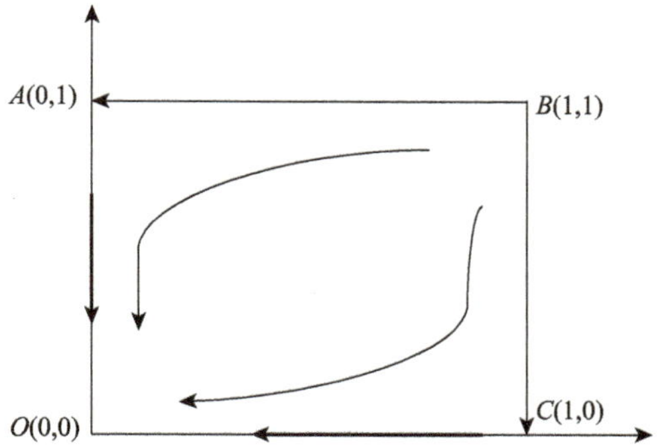

图 8-4　生产主体与服务主体策略演化动态相位图（四）

第七，当 $K-(1-\eta)C+Z_F<0$，$K-\eta C+Z_S<0$，$(1-\mu_S)\delta E-B_S<0$，$(1-\mu_F)(1-\delta)E-B_F>0$；且 $(1-\eta)C-K-Z_F>(1-\mu_F)(1-\delta)E-B_F$ 时，即违约金小于生产主体和服务主体生产成本，生产主体因为风险成本和机会收益之和大于其收益，服务主体的风险成本和机会收益之和小于其收益，并且服务主体违约金与其成本的差值绝对值大于服务主体收益与风险成本和机会收益的差值，此时演化系统奇点的局部稳定性如表 8-9 所示。这说明此时双方演化博弈的均衡点为策略组合 4（不购买服务，提供性价比低的服务）的不合作策略。生产主体与服务主体策略演化动态相位图如图 8-4 所示。

表 8-9　局部奇点的稳定性（七）

奇点	$det(j)$	$tr(j)$	局部均衡稳定性
O（0,0）	+	−	ESS
A（0,1）	−		鞍点
B（1,1）	+	+	不稳定点
C（1,0）	−		鞍点

第八，当 $K-(1-\eta)C+Z_F<0$，$K-\eta C+Z_S<0$，$(1-\mu_S)\delta E-B_S<0$，$(1-\mu_F)(1-\delta)E-B_F>0$；且 $(1-\eta)C-K-Z_F<(1-\mu_F)(1-\delta)E-B_F$ 时，即违约金小于生产主体和服务主体生产成本，生产主体因为风险成本和机会收益之和大于其收益，服务主体的风险成本和机会收益之和小于其收益，并且服务主体违约金与其成本的差值绝对值小于服务主体收益与风险成本和机会收益的差值，此时演化系统奇点的局部稳定性如表 8-10 所示。这说明此时双方演化博弈的均衡点为策略组合 4（不购买服务，提供性价比低的服务）的不合作策略。生产主体与服务主体策略演化动态相位图如图 8-4 所示。

表 8-10　局部奇点的稳定性（八）

奇点	$det(j)$	$tr(j)$	局部均衡稳定性
O（0,0）	+	−	ESS
A（0,1）	−		鞍点
B（1,1）	−		鞍点
C（1,0）	+	+	不稳定点

第九，当 $K-(1-\eta)C+Z_F<0$，$K-\eta C+Z_S<0$，$(1-\mu_S)\delta E-B_S>0$，$(1-\mu_F)(1-\delta)E-B_F<0$；且 $\eta C-K-Z_S>(1-\mu_S)\delta E-B_S$ 时，即违约金小于生产主体和服务主体的生产成本，生产主体的风险成本和机会收益之和小于其收益，服务主体的风险成本和机会收益之和大于其收益，并且生产主体违约金与其成本的差值绝对值大于生产主体收益与风险成本和机会收益的差值时，此时演化系统奇点的局部稳定性如表 8-11 所示。这说明此时双方演化博弈的均衡点为策略组合 4（不购买服务，提供性价比低的服务）的不合作策略。生产主体与服务主体策略演化动态相位图如图 8-4 所示。

表 8-11　局部奇点的稳定性（九）

奇点	$det(j)$	$tr(j)$	局部均衡稳定性
O（0,0）	+	−	ESS
A（0,1）	−		鞍点
B（1,1）	+	+	不稳定点
C（1,0）	−		鞍点

第十，当 $K-(1-\eta)C+Z_F<0$，$K-\eta C+Z_S<0$，$(1-\mu_S)\delta E-B_S>0$，$(1-\mu_F)(1-\delta)E-B_F<0$；且 $\eta C-K-Z_S<(1-\mu_S)\delta E-B_S$ 时，即违约金小于生产主体和服务主体的生产成本，生产主体的风险成本和机会收益之和小于其收益，服务主体的风险成本和机会收益之和大于其收益，并且生产主体违约金与其成本的差值绝对值小于生产主体收益与风险成本和机会收益的差值时，此时演化系统奇点的局部稳定性如表 8-12 所示。这说明此时双方演化博弈的均衡点为策略组合 4（不购买服务，提供性价比低的服务）的不合作策略。生产主体与服务主体策略演化动态相位图如图 8-4 所示。

表 8-12　局部奇点的稳定性（十）

奇点	$det(j)$	$tr(j)$	局部均衡稳定性
O（0,0）	+	−	ESS
A（0,1）	+	+	不稳定点
B（1,1）	−		鞍点
C（1,0）	−		鞍点

第十一，当 $K-(1-\eta)C+Z_F<0$，$K-\eta C+Z_S<0$，$(1-\mu_S)\delta E-B_S>0$，$(1-\mu_F)(1-\delta)E-B_F>0$；且 $(1-\eta)C-K-Z_F>(1-\mu_F)(1-\delta)E-B_F$，$\eta C-K-Z_S<(1-\mu_S)\delta E-B_S$ 时，即生产主体和服务主体成本都大于其违约金，且生产主体和服务主体的收益减去风险成本和机会收益的差值大于零，生产主体成本减去违约金差值小于收益减去风险成本和机会收益的差值，服务主体成本减去违约金差值大于收益减去风险成本和机会收益的差值时，此时演化系统奇点的局部稳定性如表 8-13 所示。这说明此时双方演化博弈的均衡点为策略组合 4（不购买服务，提供性价比低的服务）的不合作策略。生产主体与服务主体策略演化动态相位图如图 8-4 所示。

表 8-13　局部奇点的稳定性（十一）

奇点	$det(j)$	$tr(j)$	局部均衡稳定性
O（0,0）	+	−	ESS
A（0,1）	+	+	不稳定点
B（1,1）	−		鞍点
C（1,0）	−		鞍点

第十二，当 $K-(1-\eta)C+Z_F<0$，$K-\eta C+Z_S<0$，$(1-\mu_S)\delta E-B_S>0$，

$(1-\mu_F)(1-\delta)E-B_F>0$；且$(1-\eta)C-K-Z_F<(1-\mu_F)(1-\delta)E-B_F$，$\eta C-K-Z_S>(1-\mu_S)\delta E-B_S$时，即生产主体和服务主体的成本都大于其违约金，且生产主体和服务主体的收益减去风险成本和机会收益的差值大于零，生产主体的成本减去违约金差值大于收益减去风险成本和机会收益的差值，服务主体的成本减去违约金差值小于收益减去风险成本和机会收益的差值时，此时演化系统奇点的局部稳定性如表 8-14 所示。这说明此时双方演化博弈的均衡点为策略组合 4（不购买服务，提供性价比低的服务）的不合作策略。生产主体与服务主体策略演化动态相位图如图 8-4 所示。

表 8-14　局部奇点的稳定性（十二）

奇点	$det(j)$	$tr(j)$	局部均衡稳定性
O（0,0）	+	−	ESS
A（0,1）	−		鞍点
B（1,1）	−		鞍点
C（1,0）	+	+	不稳定点

第十三，当$K-(1-\eta)C+Z_F<0$，$K-\eta C+Z_S<0$，$(1-\mu_S)\delta E-B_S>0$，$(1-\mu_F)(1-\delta)E-B_F>0$；且$(1-\eta)C-K-Z_F>(1-\mu_F)(1-\delta)E-B_F$，$\eta C-K-Z_S>(1-\mu_S)\delta E-B_S$时，即生产主体和服务主体的成本都大于其违约金，且生产主体和服务主体的收益减去风险成本和机会收益的差值大于零，生产主体的成本减去违约金差值大于收益减去风险成本和机会收益的差值，服务主体的成本减去违约金差值大于收益减去风险成本和机会收益的差值时，此时演化系统奇点的局部稳定性如表 8-15 所示。这说明此时双方演化博弈的均衡点为策略组合 4（不购买服务，提供性价比低的服务）的不合作策略。生产主体与服务主体策略演化动态相位图如图 8-4 所示。

表 8-15　局部奇点的稳定性（十三）

奇点	$det(j)$	$tr(j)$	局部均衡稳定性
O（0,0）	+	−	ESS
A（0,1）	−		鞍点
B（1,1）	+	+	不稳定点
C（1,0）	−		鞍点

第十四，当 $K-(1-\eta)C+Z_F<0$，$K-\eta C+Z_F<0$，$(1-\mu_S)\delta E-B_S>0$，$(1-\mu_F)(1-\delta)E-B_F>0$；且 $(1-\eta)C-K-Z_F<(1-\mu_F)(1-\delta)E-B_F$，$\eta C-K-Z_S<(1-\mu_S)\delta E-B_S$ 时，即生产主体和服务主体的成本都大于其违约金，且生产主体和服务主体的收益减去风险成本和机会收益的差值大于零，生产主体的成本减去违约金差值小于收益减去风险成本和机会收益的差值，服务主体的成本减去违约金差值小于收益减去风险成本和机会收益的差值时，此时演化系统奇点的局部稳定性如表 8-16 所示。这说明此时双方演化博弈的均衡点有两个：在 *OADC* 区域内，双方博弈均衡向 *O* 点演化，即选择策略组合 4 的不合作策略；在 *ABCD* 区域内，双方博弈均衡向 *B* 点演化，即选择策略组合 1 的合作策略。生产主体与服务主体策略演化动态相位图如图 8-5 所示。

表 8-16　局部奇点的稳定性（十四）

奇点	$det(j)$	$tr(j)$	局部均衡稳定性
O（0,0）	+	−	ESS
A（0,1）	+	+	不稳定点
B（1,1）	+	−	ESS
C（1,0）	+	+	不稳定点
D	−		鞍点

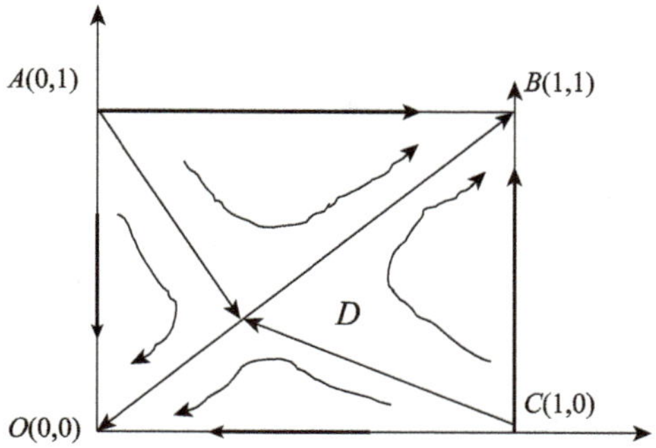

图 8-5　生产主体与服务主体策略演化动态相位图（五）

8.2.4　效益分享均衡条件

在前述演化博弈语境下，生产主体与服务主体之间策略组合 1（购买服务，提供性价比高的服务）是双方实现目标诉求最为满意的一组策略，因而其动态博弈均衡点也就意味着双方分享农业规模经济效益的均衡。鉴于此，结合博弈均衡分析与讨论可知，策略组合 1 亦即双方规模经济效益分享的均衡条件如表 8-17 所示。

表 8-17　生产主体与服务主体规模经济效益分享均衡条件

分享均衡	均衡条件	条件释义
生产主体（购买服务）服务主体（提供性价比高服务）	$K-(1-\eta)C+Z_F>0$， $K-\eta C+Z_S>0$， $(1-\mu_S)\delta E-B_S>0$， $(1-\mu_F)(1-\delta)E-B_F>0$	违约金大于生产主体成本且大于服务主体成本；生产主体和服务主体收益减去风险成本和机会收益都大于零
	$K-(1-\eta)C+Z_F>0$， $K-\eta C+Z_S<0$， $(1-\mu_S)\delta E-B_S>0$， $(1-\mu_F)(1-\delta)E-B_F>0$； $\eta C-K-Z_S<(1-\mu_S)\delta E-B_S$	违约金大于服务主体成本，小于生产主体成本；违约金与生产主体成本的差值绝对值小于生产主体收益减去风险成本和机会收益的差值
	$K-(1-\eta)C+Z_F<0$， $K-\eta C+Z_S>0$， $(1-\mu_S)\delta E-B_S>0$， $(1-\mu_F)(1-\delta)E-B_F>0$； $(1-\eta)C-K-Z_F<(1-\mu_F)(1-\delta)E-B_F$	违约金大于生产主体成本，小于服务主体成本；违约金与服务主体成本的差值绝对值小于服务主体收益减去风险成本和机会收益的差值
	$K-(1-\eta)C+Z_F<0$， $K-\eta C+Z_S<0$， $(1-\mu_S)\delta E-B_S>0$， $(1-\mu_F)(1-\delta)E-B_F>0$； $(1-\eta)C-K-Z_F<(1-\mu_F)(1-\delta)E-B_F$， $\eta C-K-Z_S<(1-\mu_S)\delta E-B_S$	生产主体和服务主体成本都大于其违约金；生产主体和服务主体收益减去风险成本和机会收益的差值均大于零；生产主体成本减去违约金的差值小于收益减去风险成本和机会收益的差值，服务主体成本减去违约金的差值小于收益减去风险成本和机会收益的差值

8.3　分享均衡的参数影响

由上述分析可知，D 点作为生产主体与服务主体博弈中的一个均衡点，在演化路径中的位置与生产主体、服务主体之间关系的稳定性概率有关。以下就根据 D 的坐标和演化路径图来分析参数变化对于分享均衡稳定性的影响。

由图 8-5 可知，S_{OADC} 为生产主体与服务主体不合作策略的概率，S_{ABCD} 为生产主体与服务主体合作策略的概率。当 S_{ABCD} 越大，生产主体与服务主体之间合作的概率也就越大，两者之间的分享均衡关系也就越稳定。显然，S_{ABCD} 由 D 点的位置决定，如式（8-8）面积表达式所示。

$$S_{ABCD}=1-S_{OADC}=1-\left(S_{OAD}+S_{ODC}\right)=\frac{1}{2}\frac{(1-\eta)C-K-Z_F}{(1-\mu_F)(1-\delta)E-B_F}+\frac{1}{2}\frac{\eta C-K-Z_S}{(1-\mu_S)\delta E-B_S} \tag{8-8}$$

由式（8-8）可知，可以较为直观地通过 S_{OADC} 的面积变化得到 S_{ABCD} 的面积变化，从而探讨生产主体与服务主体博弈均衡的稳定性概率。下文将从参数的角度，讨论参数变化对于 S_{ABCD} 面积即生产主体和服务主体合作分享策略稳定性概率的影响。

1. 收益分配系数

增加生产主体的利益分配系数，其他不变，则 D 的横坐标向右移动，纵坐标向下移动，S_{OADC} 区域的面积变化不明确。但是关于 S_{OADC} 方程，对 δ 求导，可得

$$S'_{OADC}=\frac{1}{2}\frac{(1-\eta)C-K-Z_F}{\left[(1-\mu_F)(1-\delta)E-B_F\right]^2}+\frac{1}{2}\frac{\eta C-K-Z_S}{\left[(1-\mu_S)\delta E-B_S\right]^2} \tag{8-9}$$

当 $S'_{OADC}=0$ 时，可求得极值。此时生产主体与服务主体合作行为向相互协调方向演化的概率最大，农业规模经济效益分享也更加稳定。

2. 成本分担系数

增加农业生产主体的成本分配系数，其他不变，则 D 的横坐标向左移动，纵坐标向上移动，S_{OADC} 区域的面积变化不明确。但是关于 S_{OADC} 方程，对 η 求导，可得

$$S'_{OADC}=\frac{C}{2(1-\mu_S)\delta E-2B_S}-\frac{C}{2(1-\mu_F)(1-\delta)E-2B_F} \tag{8-10}$$

当 $(1-\mu_S)\delta E-B_S>(1-\mu_F)(1-\delta)E-B_F$ 时，S'_{OADC} 为 η 的单调减函数，即生产主体获得的收益减去风险成本与机会收益大于服务主体获得的收益减去风险成本与机会收益时，为促进双方选择合作策略的概率，应适当增加生产主体分担的合作成本。

当 $(1-\mu_S)\delta E-B_S<(1-\mu_F)(1-\delta)E-B_F$ 时，S'_{OADC} 为 η 的单调增函数，即生产主体获得的收益减去风险成本与机会收益小于服务主体获得的收益减去风险成本与机会收益时，为促进双方选择合作策略的概率，应适当减少生产主体分担的合作成本。

减少成本将使 D 的横坐标向左移动，纵坐标向下移动，从而使 S_{ABCD} 增大，也就意味着生产主体和服务主体合作策略的概率增加。如此，利益分享关系的稳定性增加，成本的减少总能使得生产主体和服务主体的合作分享水平提高。

3. 风险因素

由于合作主体双方掌握信息的多少、合作的外部环境的稳定性等因素，生产主体和服务主体在合作策略下，会对农业规模经济效益分享存在的风险进行预测

和评估，由此也会产生风险成本。当生产主体的风险不变，服务主体的风险系数增加时，D 的横坐标向右移动，纵坐标不变，此时双方向合作策略演化的概率变小；当服务主体的风险不变，生产主体的风险系数增加时，D 的横坐标不变，纵坐标向上移动，此时双方向合作策略演化的概率变小；当生产主体和服务主体同时增加风险系数时，D 的横坐标向右移动，纵坐标向上移动，S_{ABCD} 减小，此时双方的合作策略演化概率会更小，进而影响了双方的规模经济效益分享关系的稳定。

4. 违约金

当违约金增加时，此时 D 的横坐标向左移动，纵坐标向下移动，S_{OADC} 减少，S_{ABCD} 增大。这说明当增加惩罚力度时，不合作主体出于避免支付过多违约成本的考虑，选择合作策略的概率便会增大，增加规模经济效益分享均衡的稳定性。

5. 搭便车所产生的机会收益

对搭便车所产生的机会收益而言，如果生产主体选择不合作策略，服务主体选择合作策略，此时生产主体获得机会收益 B_1，根据 D 的坐标，当 B_2 不变、B_1 变大时，此时 D 的横坐标不变，纵坐标向上移动，从而 S_{ABCD} 减少，生产主体和服务主体的分享博弈演化稳定概率就会变小。同理，当 B_1 不变、B_2 变大时，此时 D 的横坐标向右移动，纵坐标不变，从而 S_{ABCD} 减少，生产主体和服务主体的分享均衡演化稳定概率也会变小。

6. 政府补贴

政府部门作为服务者通过补贴政策实现对农业规模经济效益分享均衡的影响，以引导生产主体与服务主体在市场机制基础上，公平且均衡地分享规模经济效益。政府补贴将使 D 点坐标更加靠近均衡点 O（0,0），从而使 S_{ABCD} 增加，生产主体和服务主体的演化博弈稳定概率增大。

由上述分析可见，农业生产主体和服务主体的收益分配系数、成本分担系数、违约金、机会收益、风险因素都会影响到双方向分享规模经济效益的合作策略演化的概率区间。因此，可以通过合理设置或影响收益分配系数、成本分担系数、降低成本、增加不合作策略的惩罚机制来促进生产主体和服务主体的稳定发展。

8.4　本章小结

市场化经营模式下各参与主体通过交换获得了满意的规模效益并达到均衡，

既是分工深化和市场交易关系持续发展的条件，也是农业规模经济持续增进的条件。基于分工深化和市场化经营模式，农业生产主体、服务主体及政府构成了相互影响和促进的不可分割的互动整体。

一方面，参与农业规模经济效益分享博弈主体的行为具有差异。就生产主体而言，实现利益均沾和满意均衡应该是其基本的经营目标，根据获取农业社会化服务的成本比较来选择不同的服务主体和服务产品，是其参与分工交易的决策准则，选择标准是力求在社会化服务交易中获取低价高质的服务。就服务主体而言，其经营目标是实现自身利润最大化，尤其是在社会化服务提供过程中实现服务效益的最大化，为此常常是通过对成本收益比较分析来不断改变或调整服务供给行为。就政府部门而言，其目标不是实现经济利益最大化，而是通过提供政策支持和保障及公共服务追求社会效益最大化。

另一方面，生产主体和服务主体达成博弈均衡须具备一定条件，同时受到一些因素的影响。博弈达成均衡的条件主要是：生产主体和服务主体成本都大于其违约金；生产主体和服务主体收益减去风险成本和机会收益的差值均大于零；生产主体成本减去违约金的差值小于收益减去风险成本和机会收益的差值，服务主体成本减去违约金的差值小于收益减去风险成本和机会收益的差值。农业生产主体和服务主体的收益分配系数、成本分担系数、违约金、机会收益、风险成本都会影响到双方向分享规模经济效益的合作策略演化的概率区间。

第9章 研究结论和政策启示

9.1 主要研究结论

本书基于农业分工深化和社会化服务可能有利于促进农业规模经济增长的基本假设，分析以“分工社会化、服务市场化”为主要特点的市场化经营模式是如何增进农业规模经济并实现规模效益分享均衡的这一科学问题，旨在研究揭示市场化经营模式对农业规模经济的促进作用，分析把握市场化经营模式对农业规模经济整体增长的影响效应，探索认知多元参与主体对农业规模效益的分享及均衡等一般规律性问题。本书基于系统深入的理论梳理和分析阐释，根据问题的分解进行专题调查研究，注重定性分析和定量分析相结合的方法，通过理论演绎并探索应用有关计量方法或数理模型展开研究，主要的研究结论如下。

1. 农业经营模式变革实质内涵是专业化分工和市场化服务的互动演进

基于一般理论认知，农业经营模式包含了农业生产组织和运行方式的意涵，抑或经营者在生产经营过程中对市场做出反应的方式、形式等范式总称。农业经营模式内嵌于农村基本经营制度框架，其变革的方向和内容受到基本经营制度的制约和引导。坚持农村土地集体所有制，坚持农民土地承包权，坚持农民家庭经营为基础等，成为农业经营模式变革的基本前提和制度底线。本书认为，农业经营模式变革的趋势主要是市场化条件下的分工深化与专业化发展，其变革方向是随着市场化改革的逐渐推进，在市场机制作用下，由以社区为纽带的、相对封闭的家庭分散经营的传统双层经营模式向以市场为纽带的、相对开放的家庭农场、专业大户、社会化服务主体等新型经营主体有机结合的多元化双层经营模式演变，变革的实质内涵是专业化分工和市场化服务的有机结合和互动演进。这一模式变革方向和内容符合专业化分工原理，可以让各参与主体参与分工经济并分享专业化的好处；符合市场经济原理，可以让各参与主体参与市场活动并分享公平交易的经济利得。我国市场化经营模式变革的演进逻辑主要体现在：一是经营主体对经济利益的追求，是推动农业经营模式创新的内在动力；二是专业分工效应，分工和专业化改变了农业规模经营的实现条件；三是农业剩余劳动力转移导致农业经营兼业化，对市场化经营模式产生了迫切需求；等等。

2. 市场化经营模式的演进和转换与生产者的总学习成本水平变化有关

本书基于分工经济与交易费用之间的冲突进一步通过理论模型分析了农业经营传统经营模式向市场化经营模式的转变逻辑及其带来的经济效应。模型内生于与交易效率和生产学习成本都有关的劳动专业化，通过农产品生产和中间投入品的专业化水平的变化，来揭示传统经营模式和市场化经营模式的发生及转变的经济性质。理论分析表明：生产者的总学习成本水平变化导致了经营模式结构演变和转换。当传统经营模式下的生产者在技术服务和生产的总学习成本不高时，随着技术服务和农产品的综合交易效率的提高，低分工水平的传统经营模式将向高分工水平的市场化经营模式结构演变；当传统经营模式下生产者的总学习成本较高时，市场化经营模式结构取代传统模式结构。相比之下，充分改进的综合交易效率所导致的市场化经营模式将伴随有诸多共生现象：技术服务和生产专业化提高、农产品生产的市场分工（即产品内分工）、技术服务市场形成、市场种类数增多、生产和交易链条拉长、人均实际收入提高。

3. 我国农业规模经济差异较大但总体上与市场化经营模式呈正相关关系

研究表明，总体上看农业经营具有一定规模经济性，多数农户生产处于规模报酬递增阶段，不同规模经济水平农户分布较为平均。只是我国粮食生产的规模效率为 0.963，并未达到 DEA 有效水平，规模经济效应不够明显；但东部、中部地区的规模报酬递增，具有规模经济性。根据对 710 个农户调查样本的分析，其要素弹性之和平均为 1.074，处于规模报酬递增阶段，其中 66.06%的样本农户的生产具有规模经济性。但是不同农业产区之间规模经济水平具有差异性，表现为东部、中部地区农业规模经济水平（1.191）高于西部地区（1.016）。对 1 358 个按作物统计样本的农户根据非市场化、低市场化和高市场化等不同生产组织模式进行分组分析，结果显示不同模式农户的农业规模经济表现出一定差异性，两者存在统计相关性，在一定程度反映了它们的因果联系。但是随着农户由非市场化模式向市场化方向发展，农户规模经济水平呈先降后升的趋势，即“U”形变化，说明分工和市场化达到一定程度时才有显著的规模收益效果，而且高市场化模式的农户规模经济水平差异性较大。进一步细分类型来比较不同模式农户规模经济水平的结果表明：农户规模经济水平随市场化程度提升的变化在不同作物种植中也反映出差异性。观察水稻和玉米两种作物的规模经济水平，可以发现随着市场化购买的环节数量的增加，规模经济水平处于明显的增长变化趋势中，表明农户通过经营模式转换，更多地依靠市场化的途径来获取生产要素和服务，可以更好地利用专业化社会服务来提高生产效率，从而实现规模经济。基于水稻和玉米两种作物核密度估计图的比较分析发现，尽管农户规模经济水平呈现波动上升的变化特征，并不完全随着组织模式市场化程度而提高，表明还受到其他因素的影响。但是总体上看，在农户的生产参与市场交易下，市场化经营模式对农业规模经济具有显著的正向影响。

4. 市场化经营模式对规模经济的影响效应根源于专业分工和市场化

通过超边际均衡分析方法从理论上进一步深入解析了市场化经营模式对农业规模经济的影响机理：①市场化经营模式下农产品交易效率的改进导致农业分工深化和劳动力向中间产品（服务）生产转移，为土地流转集中和农民增收创造条件。分析表明，农产品交易效率的提高将提高农业生产性服务供应商和技术服务商的人数，降低农产品生产者人数。随着传统经营模式向市场化经营模式结构的转变，一些传统生产者将转移到农业生产性服务和技术服务部门，从而引起农业生产部门劳动力份额下降。这意味着，一方面，农业生产要素人均量的扩大，尤其是土地的劳均单位面积扩大，为土地流转集中和其他要素流动创造了有利条件，有助于农业经营规模的适度扩大，从而促进农业规模经济的实现；另一方面，农业劳动力的跨部门转移，农业劳动力兼业程度及专业化程度均将提升，基于部门间的劳动力价格差距，实现农民增收。②市场化经营模式下农产品生产者与技术服务商实现分工，进行不同的专业化活动，从而可从技术服务生产率的提高中相互受益。与传统经营模式结构相比，市场化经营模式下农产品交易效率的改进导致劳动力向中间产品生产的迁移，并呈现出更广泛和显著的分工网络正效应。基于这种分工网络的正效应，当市场化经营模式结构出现，技术服务商和农产品生产者的生产率的提高可分别促进技术服务的市场容量和农产品的市场容量的增加；农产品的市场容量的增加还可由技术服务商的生产率的提高推动生产者的生产率的提高来实现；技术服务的市场容量和农产品的市场容量可相互促进。农业生产性服务、技术服务等中间产品尤其是农产品的市场容量的扩大，表明市场需求的提升，这将进一步刺激经营主体追加投入与扩大经营规模，增强其追求规模经济的动力。人均实际收入则在这些正效应的交互作用中得到提高。

5. 实证表明市场化经营模式对规模经济影响的主因是市场化程度

本书认为，农业分工深化和服务交易市场化程度为主的一系列因素综合作用导致了农业规模经济水平发生有序的变化。在总体视角下，以农户为单位选取样本量，以购买服务的市场化程度衡量新模式，同时引入农户禀赋特征、家庭经营特征、外部经济环境三个维度的控制变量进行分析，实证结果表明：市场化经营程度对农业规模经济的影响显著为正；由分位数模型结果可知，市场化经营程度对农业规模经济低位数的影响要略大于对其平均数的影响。而且随着分位数的增加，市场化经营程度的分位数回归系数呈现下降的趋势。这表明，市场化经营模式对低端农业规模经济水平的农户的影响较大。市场化程度对于中高端规模经济水平的农户的影响相对较小，而最大受益者是规模经济低水平的农户。这预示着市场化经营模式在规模经济水平较低的农户群体中实行或推广具有积极意义。其他方面，受教育程度对农业规模经济的影响显著为正；土地细碎化程度对农业规模经济的影响显著为负；务农劳动力数量对农业规模经济平均水平的影响显著为正；务工劳动力占比对农业规模经济的平均水平具有显著的负向影响；区域经济水平和政策环境条件对农业规模经济的影响均显著为正。在结构视角下，以结合农户样本量及种植部门的加总样本量为实证样本，从生产环节分工外包数量角度衡量市场化经营模式，同时引入生产组织市场化程度及其平方值、土壤质量、农机拥有状况、土地细碎化程度、户主受教育程度、户主村干部身份等变量进行分析，实证结果表明在既定分工条件下服务产品市场化程度越高，即农户生产购买外包生产环节越多，市场化经营对规模经济的影响就越大。总之，双重视角的实证结果具有可比性和互补性，通过对比分析总结如下要点：第一，无论是市场化购买的成本角度还是生产环节分工外包数量角度衡量的市场化经营模式，对农业规模经济的影响总体上显著为正，充分体现了理论模型分析中的分工逻辑。进一步地，这种正向影响呈现“U”形的非线性特征，即影响效应随着市场化经营模式本身市场化程度的提升由消极影响逐渐转变为积极影响。第二，农户的受教育程度对农业规模经济的正向影响显著，充分体现了农户学习效应及其成本的理论逻辑。在市场化经营模式下，高度的市场化和分工特征对农户的学习能力（受教育程度为其显性表征）提出更高的要求，市场化经营模式经由受教育程度这个变量传导促进农业规模经济增长。

6. *农业规模经济整体增进源于市场化新模式下产业分工及互动均衡*

本书认为，农业产业规模经济和生产规模经济相互交织，反映了多重农业规模经济之间具有深刻的内在联系，并以产业链整体生产经营良性循环，各经营主体合理分享利益，以及产业组织协同等为条件产生互动影响，这种互动关系源于其各自均衡性和整体均衡性的需要。产业规模经济和生产规模经济的相互影响反映在，产业链纵向各个环节的产量均衡保证了产业良性循环及其各环节的产业规模经济，并通过市场化社会服务实现生产规模经济。亦即农业产业纵向均衡影响农业生产规模经济的均衡性，农业生产和多元服务主体之间的规模均衡及组织均衡，影响到各微观主体大致的收益均衡，从而影响农业生产规模经济的持续性。

同理，农业生产规模经济的实现，保证了农户能得到最小限度的利益满足，从而有积极性提供足够规模量的农产品满足产后环节，如加工销售的需要，产生足够规模量的服务需求拉动社会服务各业的发展。从纵向角度看，各环节的分工深化决定了市场化程度，而市场化程度影响到各环节的衔接均衡。产业纵向关系的分工深化和市场化发展，冲击或瓦解了农业经营单位内部的分工，使农业内部规模经济来源除自身经营规模外，扩大到获得农业外部规模经济的多重来源，包括分工专业化及交易效率提升，以及农业的区域规模经济等外部来源的扩大，产生了巨大的影响或促进作用。进一步通过理论并基于产业链纵向服务的实证分析表明，农业产业服务的规模经济效应十分突出，市场化经营模式下各类服务对农业规模经济增长均有促进作用。例如，可以最大限度抑制不同生产环节规模经济差异的“短板”制约，在既定经营规模上实现效率提升，从而从总体上放大了农业规模经济水平；可以有效改变农户生产的成本结构，将一次性投入的固定成本转化为多次购买生产性服务的可变成本，从而有效降低生产成本，降低规模经济的临界点，从而扩大规模收益的提升空间等。基于动态随机一般均衡模型的分析则进一步表明，农业产中产后服务对农业生产规模经济和农业产业规模经济整体增长均有很好的促进作用。在产中服务价格影响因子正向冲击下，产中服务效率与质量增加，产中服务价格提升，可以观察到农民耕种的土地面积增加，说明了产中服务有效地扩大了农业生产的规模，推动了农业生产规模经济的发展。同样在产中服务价格影响因子冲击下，经过价格与产量的调整，加工企业生产产量提高，加工品消费量上升，并且提高了新增投资额。另外，产中社会化服务的升级对整个社会效益的提升也有一定的贡献。总之，伴随农业分工深化和市场化的发展，农业产业链中各经济主体之间联系不断得以加强，社会化服务对农业产业规模经济整体增长的影响作用将更加清晰地表达出来。

7. 各个主体分享规模效益的满意均衡应是各方平等参与博弈的结果

市场化经营模式下各参与主体通过交换获得了满意的规模效益并达到均衡，既是分工深化和市场交易关系持续发展的条件，也是农业规模经济持续增进的条件。基于分工深化和市场化经营模式，农业生产主体、服务主体及政府构成了相互影响和促进的不可分割的互动整体。其中农业生产主体和社会化服务主体只有通过交换才能获取所需，赚取利润，但是这种交易和分享不可能自动地达到各自满意的目标，必然被卷入博弈。通过构建演化博弈模型分析其博弈过程及其均衡。博弈参与人即博弈主体为生产主体与服务主体，政府提供支持补贴等公共服务不参与博弈。一系列模型分析表明，在演化博弈语境下，生产主体与服务主体之间最优策略组合是更好地“合作”，即生产主体选择购买服务，服务主体选择提供性价比高的服务，这是双方实现利益诉求最为满意的一组策略，舍此不能达到双方都满意均衡的经营目标。这个博弈均衡点的策略组合也代表了双方分享农业规模经济效益的均衡条件。进一步通过博弈双方分享均衡的参数影响可知，生产主体与服务主体博弈中的均衡点在演化路径中的位置与生产主体、服务主体之间关系的稳定性概率有关。而且生产主体与服务主体之间合作的概率越大，两者之间的分享均衡关系也就越稳定。再从具体的各类参数的角度进行讨论发现：①增加生产主体的收益分配系数，其他不变，则此时生产主体与服务主体合作行为向相互协调方向演化的概率最大，农业规模经济效益分享也更加稳定。②增加农业生产主体的成本分担系数，其他不变，则意味着生产主体和服务主体合作策略的概率增加，如此，利益分享关系的稳定性增加，成本的减少总能使得生产主体和服务主体的合作分享水平提高。③当生产主体的风险不变，服务主体的风险系数增加时，或当服务主体的风险不变，生产主体的风险系数增加时，这两种情况双方向合作策略演化的概率变小；当生产主体和服务主体同时增加风险系数时，双方的合作策略演化概率会更小，进而影响了双方的规模经济效益分享关系的稳定。④当违约金增加时，即惩罚力度增加时，不合作主体出于避免支付过多违约成本的考虑，选择合作策略的概率便会增大，增加规模经济效益分享均衡的稳定性。⑤对搭便车所产生的机会收益而言，如果生产主体选择不合作策略，服务主体选择合作策略，此时生产主体获得机会收益，生产主体和服务主体的分享博弈演化稳定概率就会变小。同理，生产主体和服务主体的分享均衡演化稳定概率也会变小。⑥政府部门作为服务者通过补贴政策引导生产主体与服务主体公平竞争且均衡地分享规模效益，所以政府补贴将使生产主体和服务主体的演化博弈稳定概率增大。由上述分析可见，农业生产主体和服务主体的收益分配系数、成本分担系数、违约金、机会收益、风险因素都会影响到双方向分享规模经济效益的合作策略演化的概率区间。因此，可以通过合理设置或影响收益分配系数、成本分担系数、降低成本、增加不合作策略的惩罚机制来促进生产主体和服务主体的分工合作，促进农业规模经济的持续提升。

9.2 主要政策启示

本书基于理论分析与实证解构了市场化经营对农业规模经济的促进作用与综合影响，主要研究成果除了体现对拟定问题的回答之外，有些也蕴含了较为深刻的政策意涵，延伸为相关政策无疑对实践具有一定的指导作用或应用价值。根据主要研究结论挖掘其政策含义，并尝试探索提出可能的政策启示与建议。本书的成果或主要结论的核心意涵是：促进农业分工和市场化，发现农业社会化服务对于在家庭经营基础上推进农业现代化建设、提高农业规模经济效益和促进农民增收是有利的。因此进一步促进市场化经营模式健康持续发展，探索创新多种形式的农业生产和社会服务市场化发展新模式，改革营造农业产业协调运行的良好制度条件和社会环境，应是新时期推进现代农业建设和乡村振兴战略等农业农村工作的基本政策选择。主要政策意涵是以下几个“结合”。

1. 坚持稳定发展与改革创新相结合，多形式推进农业适度规模经营

新时期进一步推进农业生产分工和服务市场化，必须始终坚持农村土地集体所有制和农民家庭承包经营为基础的制度底线，但是适应新时期农业农村工作的新要求，有必要在坚持长期不变的前提下不断发展完善。所以应坚持稳定发展和改革创新相结合，把发展农业适度规模经营作为重要抓手大力推进，努力探索多种形式的农业适度规模经营，多渠道实现农业规模经济。

其一，土地经营规模对农业规模经济的正向作用意味着继续推进基于土地集中的土地适度规模经营和基于组织化程度的适度规模经营的合理性，因此可以继续在有条件的地区推进土地经营权流转并实现适度集中，因地制宜适度扩大农业经营规模。但应注重在实践基础上打破现有适度规模经营形式的社区界限并拓展其市场空间，借此提高农业适度规模经营的效果与效率。其二，应充分尊重农民群众的智慧和创造力，鼓励新型经营主体参与农业分工并从事专业化生产，促进农业劳动分工专业化、农业区域布局专业化，努力推进农业区域规模经营和农业适度规模经营互促共进。其三，通过“分工社会化、服务市场化”为重要导向的制度创新和改革调整，扫除分工深化与市场化服务的制度和产权障碍，发展创新诸如土地托管、代耕代种、农机跨区作业、生产环节服务外包、“农业共营制”等市场化特征显著的农业经营方式，实现农业社会化服务与农业产业链环节的充分衔接，刺激农业社会化服务的规模化供需，有效促进服务规模经营及其规模经济，从而实现农业适度规模经营及其规模经济的多形式、多渠道推进。

2. 坚持家庭经营和农业现代化建设相结合，有效巩固家庭经营基础地位

以小农户为主的家庭经营仍然是发展市场化经营模式及实现农业规模经济必须面对的基本前提，而且本书对服务规模经营及其规模经济的相关论述有力支撑了分散细小家庭经营基础上可以实现农业现代化的重要判断。因此，应当积极探索家庭经营和农业现代化建设有机结合的新机制、新路子、新方法，在改善当前家庭经营发展的条件尤其是提升小农户抗风险能力的同时，通过体制机制建设，将小农户与现代农业发展有机衔接，引导扶持小农户以现代理念经营农业、以现代技术从事农业、以利益共同体获利农业，并成为农业适度规模经营重要经营主体及规模经济效益分享的重要参与主体，从而巩固家庭经营基础地位。

一是提升家庭经营的组织化程度，推动多种形式合作与联合。着重发展以农业生产经营或服务为主的农民专业合作组织，并从提高农民合作水平和程度入手，使农户通过合作、联合获得更高经济收益、更强的竞争能力，成为现代农业经营体系中不可或缺的重要环节，从而有效解决合作组织“空壳化”、作用小、带动弱的问题。二是推进农业的服务全程化，帮助农户家庭节本增效。大力扶持各种农业社会化服务组织的发展，支持服务组织发挥其系统优势、规模优势和人才优势，为农户家庭发展现代农业提供全方位的服务，同时支持各种专业服务组织的协同服务，搭建合作服务、利益共赢的服务共同体。三是发挥新型经营主体示范带动作用，拓展农户家庭发展机会。通过发挥新型农业经营主体的引领示范带动作用，帮助农户家庭选准产业机会、对接市场需求、降低经营风险、提高发展能力。四是创新惠农利益分享机制，激发农户家庭内生活力。完善小农户分享现代农业发展红利的利益联结机制，通过土地入股、股份合作、订单带动、保底分红、利润返还等多种“风险共担、利益共享”形式，让小农户合理分享规模经济效益及全产业链增值收益。

3. 坚持产业协调推进与三产融合发展相结合，持续健全社会化服务体系

坚持农村产业协调发展与第一、第二、第三产业融合发展有机结合，大力发展农业产前、产中、产后社会化服务业及相关农业新型业态，培育壮大各类服务主体健全现代农业经营体系，借助社会化服务（外力）推进农村的分工深化，提高分工专业化水平和服务市场化程度，通过市场的力量提升农业适度规模经营水平。同时，大力发展农村第二、第三产业并促进协调和融合发展，推进产业链的纵向延伸和横向整合，打通和拓展产业链条，发展强化乡村全面振兴的产业基础，利用产业化组织机制和实践成果延伸带动农业适度规模经营。

一是不断深化市场化取向的改革，增强公益性服务主体的服务功能，完善其服务方式，同时为农业社会化服务体系中各类经营性服务主体的发展创造良好的制度环境。二是注重社会化服务体系覆盖全程、综合配套、便捷高效，畅通农业社会化服务供需衔接机制，构建以家庭承包经营为基础，以公共服务机构为主导，多元化和社会化市场主体广泛参与的新型农业社会化服务体系，形成多层次、多形式、多主体、多样化的服务格局，创新有效多样的农业社会化服务模式。三是加快发展农业生产性服务业，鼓励开展代耕代种代收、大田托管、统防统治、烘干储藏等市场化和专业化服务，加强农业市场体系建设，为农业社会化服务市场培育创造良好条件，尤其是搭建服务平台，提升服务市场交易效率与分工网络效应，促进农业服务规模经济并实现对农业生产规模经济的弥补增进。四是引导新型农业经营主体朝着多元融合的方向发展，鼓励发展适当规模的家庭农场和种植与养殖大户，支持农民多种形式的合作与联合，扶持农业龙头企业与农民合作社

共同参与农产品加工流通和社会化服务等，推动农户实现规模经营。五是引导新型农业经营主体完善利益分配机制，进一步完善风险资金、利润返还、投资入股、承贷承还、融资担保等新型农业经营主体与农户的利益联结机制，使新型农业经营主体农户或合作社建立更加紧密的利益关系。六是引导新型农业经营主体多形式提高发展质量，提高经营管理水平。

4. 坚持畅通要素流动和提高配置效率相结合，有力推动要素市场发育

本书表明要素配置效率提升前提下的成本节约效应是市场化经营模式影响农业规模经济的重要传递变量与作用机理，尤其是提高农村劳动力和土地要素流动及其有序转移，有利于提高人均要素规模，从而促进农业规模经济。因此，坚持促进农业要素流动与提高要素配置效率相结合，有力推动要素市场发育，是提高分工专业化与市场化程度的重要途径，更是市场化经营模式增进农业规模经济的题中要义。

一是通过农业产业结构的调整，畅通劳动力要素流动渠道，创新劳动力有效转移机制，实现农业劳动力向非农部门尤其是中间产品服务部门的有序转移，适度提升农民兼业化水平，在实现增收的同时繁荣农业生产性服务市场，增强农业经营主体的要素获取便利性。二是基于产权制度调整，保持农村土地承包关系稳定并长期不变，完善土地经营权流转机制与市场，引导土地承包经营权合理流转，加快闲置承包地优先向龙头企业、农业专业大户、家庭农场等集中，提升土地适度规模经营水平。三是鼓励设立土地适度规模经营发展专项资金，通过相关政策扶持探索多渠道多方式解决市场化经营模式的用地问题，充分保障其用地需要。四是逐步实现土地的财产性赋权与资本化运作，提高市场交易效率并降低交易成本，让有经营能力的行为主体通过土地与其他现代生产经营要素高效率的配置与结合，进入农业产业链条，繁荣农业要素市场，尤其是活跃与发育农业社会化服务市场。

5. 坚持农业人才培育与经营主体提升相结合，增强农业人力资本优势

坚持以人为本理念把培育新型农民或农业经营者作为重要基础工作抓紧抓好，为发展规模化市场化的现代农业规模经营进行现代经营人才培养和储备。这是本书揭示以经营主体受教育程度表达的学习成本和人力资本积累水平对于农业经营模式转换及农业规模经济实现有积极作用的启示。强化人力资本与经营人才的培养始终是现代化农业建设的一大主题。同时，要把培育提升农业经营者个体和培育壮大各类农业经营主体密切结合起来，做到两手抓，巩固农业市场化服务和现代农业产业体系的组织载体。新型农业经营主体是依靠人来经营和管理的，要实行农业规模经营，推进农业现代化建设，应当着重培养现代农业经营人才，

提高其人力资本积累水平与学习能力。

一是基于内部培养角度，创新培养机制，整合培养资源，办好农业职业教育和技能培训，依托新型职业农民培育工程、现代青年农场主培养计划、农村实用人才带头人培训计划等，不断提升新型经营主体的受教育水平与综合素质。二是基于外部引进角度，引进爱农村、懂农业的大学毕业生、科技人员等人才返乡下乡成为或创办新型农业经营主体，通过完善知识产权入股、参与分红等激励机制鼓励科研人员到合作社、龙头企业等主体任职兼职。三是基于留住人才角度，通过优惠政策与条件改善，留住必要的农村务农劳动力，尤其是青壮年劳动力，留住一批爱农业、懂技术、善经营的新型农业人才。

6. 坚持制度创新和技术创新相结合，全面夯实现代农业技术水平

科学技术是第一生产力，也是农业适度规模经营和发展的内在推动力。只有坚持农业科技创新，才能不断提高土地生产率、劳动生产率和资本回报率，提高农户家庭经营的经济效益和市场竞争力，从而推动家庭经营和现代农业发展的有机结合。坚持制度创新和技术创新相结合，努力提高农业生产和服务的现代化装备水平和技术水平。通过农业生产技术和耕作制度的改进和优化，可以直接或间接提高专业化、规模化水平，可为农业劳动分工、农民职业分化和农村专业化分工分业奠定技术基础。所以，加速农业现代化建设步伐，大力引进和应用农业新技术，促进农业科技成果应用转化，提升科学种田技术水平，应是提高农业市场化程度和促进农业适度规模经营的基本途径。

一是加强农业科技创新研发。加大对农业科技创新的资金投入，充分发挥政府在农业科研投资中的主体地位，提高财政对农业科技创新的拨款比例，保证科研财政资金到位。制定有利的倾斜性的税收政策，鼓励引导大型企业、金融资本、社会资本进入农业科技创新领域，构建多元化的农业科研资金来源渠道，提高农业科研经费水平。用农业科技创新驱动家庭农场健康发展，加快发展现代生物育种技术，突破精准化农业信息技术，强化农业机械化生产，研发农业标准化技术，加强现代化农业综合生产能力建设，提高家庭农场市场竞争力。二是完善农业技术推广机制。政府部门主导，市场机制牵动，推广机构带动，企业组织拉动，整合现有科技推广资源，集聚农、科、教、企等各方力量，构建农技推广机构为主干、科研机构和社会农技服务组织为枝条、乡镇农机推广人员为叶脉的新型农技推广组织网络，建立专家、技术人员、示范基地和家庭农场互动的动态农业科技推广体系，提高家庭农场科学生产技术应用水平。转变农业科技推广理念，坚持“以人为本”，针对农民的实际需要进行推广，力求产生实效推动农业规模经营和农业现代化建设。

7. 坚持政府公共服务和市场机制作用相结合，平衡兼顾发展效率及公平

市场化经营模式是分工专业化不断深化、市场化水平不断提高带来的产物，而市场化经营模式对农业规模经济的促进作用的主因也是市场化发展程度。可见，市场机制在市场化经营模式发展及其规模经济效应实现中，尤其是在其中的效率层面发挥着重要作用。同时在农业公益性服务等公共品或准公共品领域，市场作用往往存在失灵问题，此时需要政府调控作用，特别是在公平层面发挥政府作用，如此市场化经营模式的核心要义才能充分体现并得以健康发展，市场化经营模式下创造的农业规模经济效益才能得到更加合理的均衡分享。因此，坚持政府公共服务和充分发挥市场机制作用相结合的思路推进"分工社会化、服务市场化"为主要特点的市场化经营模式的有序发展。政府应当正确认识和处理好与市场的关系，充分发挥市场机制作用促进农业要素市场和社会化服务市场良性发展，同时通过优惠或扶持政策调整引导农业经营主体进行专业化生产和社会化服务。

其一，应推动政府职能转变，政府的服务者定位，厘清政府与市场的边界，为市场机制配置资源决定作用的充分顺畅发挥提供有利条件，也为市场化经营模式与农业规模经济发展创造有利条件和政策支持。其二，政府应强化和监督市场经济的规范运行，强化制度创新，确保公平交易，为各参与主体获取满意利润提供良好的市场环境。应通过全面深化改革，打破城乡要素流动壁垒，弱化行政区划限制，确保跨区服务的资本和人才要素能得到有效配置和利用。其三，兼顾参与主体对规模经济效益均衡分享的效率与公平，基于市场定价机制发挥市场调节经营主体间规模经济效益分享的效率，同时通过合理设置或影响各主体之间的收益分配、成本分担、风险共担、惩罚机制来引导规模经济效益的公平均衡分享。

参考文献

艾利思. 2006. 农民经济学：农民家庭农业和农业发展[M]. 上海：上海人民出版社.

卜范达，韩喜平. 2003.“农户经营”内涵的探析[J]. 当代经济研究，（9）：37-41.

蔡昉. 2008. 劳动力无限供给时代结束[J]. 金融经济，（3）：16-17.

曹国庆，翁贞林，郑瑞强. 2014. 新型农业生产经营模式：本质特征、发展动力与培育原则[J]. 农林经济管理学报，13（1）：49-54.

陈海磊，史清华，顾海英. 2014. 农户土地流转是有效率的吗?——以山西为例[J]. 中国农村经济，（7）：61-71.

陈洁，刘锐，张建伦. 2009. 安徽省种粮大户调查报告——基于怀宁县、枞阳县的调查[J]. 中国农村观察，（4）：2-12.

陈菁，孔祥智. 2016. 土地经营规模对粮食生产的影响——基于中国十三个粮食主产区农户调查数据的分析[J]. 河北学刊，36（3）：122-128.

陈锡文. 2012. 把握农村经济结构、农业经营形式和农村社会形态变迁的脉搏[J]. 开放时代，（3）：112-115.

陈锡文. 2014. 中国农业发展形势及面临的挑战——在第二届隆平论坛上的主题报告[J]. 中国乡村发现，（4）：1-10.

陈欣欣，史清华，蒋伟峰. 2000. 不同经营规模农地效益的比较及其演变趋势分析[J]. 农业经济问题，（12）：6-9.

陈秧分，刘彦随，翟荣新. 2009. 基于农户调查的东部沿海地区农地规模经营意愿及其影响因素分析[J]. 资源科学，31（7）：1102-1108.

陈园园，安详生，凌日萍. 2015. 土地流转对农民生产效率的影响分析——以晋西北地区为例[J]. 干旱区资源与环境，29（3）：45-49.

董德利. 2014. 基于合作经济组织的农业社会化服务体系研究[J]. 求实，（9）：92-96.

杜阁. 2013. 关于财富的形成和分配的考察[M]. 唐日松译. 北京：华夏出版社.

杜黎明. 2012. 论农业规模经营分区实现的客观基础[J]. 农村经济，（3）：98-101.

范红忠，周启良. 2014. 农户土地种植面积与土地生产率的关系——基于中西部七县（市）农户的调查数据[J]. 中国人口·资源与环境，24（12）：38-45.
方福前，王晴. 2012. 动态随机一般均衡模型：文献研究与未来展望[J]. 经济理论与经济管理，（11）：32-48.
付榕，王静. 2015. 新型农业生产经营模式及制度配合[J]. 甘肃社会科学，（5）：229-232.
盖庆恩，朱喜，程名望，等. 2017. 土地资源配置不当与劳动生产率[J]. 经济研究，52（5）：117-130.
盖庆恩，朱喜，史清华. 2013. 劳动力市场扭曲、结构转变和中国劳动生产率[J]. 经济研究，48（5）：87-97.
盖庆恩，朱喜，史清华. 2014. 劳动力转移对中国农业生产的影响[J]. 经济学（季刊），13（3）：1147-1170.
高刚. 2015. 分工半径的延伸与小农经济的转型[J]. 中国发展观察，（8）：74-77.
高鸿业. 2004. 微观经济学[M]. 北京：中国人民大学出版社.
高梦滔，张颖. 2006. 小农户更有效率?——八省农村的经验证据[J]. 统计研究，（8）：21-26.
高煦照. 2012. 我国农业经营方式的变迁[J]. 合作经济与科技，（10）：29-30.
耿宁，李秉龙. 2016. 标准化农户规模效应分析——来自山西省怀仁县肉羊养殖户的经验证据[J]. 农业技术经济，（3）：36-44.
国务院发展研究中心课题组，刘世锦，秦中春. 2013. 中国未来十年农业生产增长预测[J]. 发展研究，（8）：11-16.
韩长赋. 2015. 坚定不移加快转变农业发展方式——学习贯彻习近平总书记在中央经济工作会议上的重要讲话精神[J]. 求是，（2）：25-27.
韩俊. 2008. 破解三农难题：30 年农村改革与发展[M]. 北京：中国发展出版社.
韩庆龄. 2015. 农业经营模式的路径选择：基于村庄基础与农民诉求的双重视角——以江汉平原 p 村为个案[J]. 南京农业大学学报（社会科学版），15（5）：95-103.
郝爱民. 2015. 农业生产性服务对农业技术进步贡献的影响[J]. 华南农业大学学报（社会科学版），14（1）：8-15.
何会文，许长勇. 2005. 事业模式创新的提出、内涵与特征[J]. 科学管理研究，（5）：9-12.
何秀荣. 2009. 公司农场：中国农业微观组织的未来选择?[J]. 中国农村经济，（11）：4-16.
贺书霞. 2014. 外出务工、土地流转与农业适度规模经营[J]. 江西社会科学，34（2）：60-66.
洪仁彪，张忠明. 2013. 农民职业化的国际经验与启示[J]. 农业经济问题，34（5）：88-92.
胡初枝，黄贤金. 2007. 农户土地经营规模对农业生产绩效的影响分析——基于江苏省铜山县的分析[J]. 农业技术经济，（6）：81-84.
胡代光，高鸿业. 2000. 西方经济学大辞典[M]. 北京：经济科学出版社.
胡定寰，陈志钢，孙庆珍，等. 2006. 合同生产模式对农户收入和食品安全的影响——以山东省苹果产业为例[J]. 中国农村经济，（11）：17-24.
胡新艳，朱文珏，刘恺. 2015a. 交易特性、生产特性与农业生产环节可分工性——基于专家问卷的分析[J]. 农业技术经济，（11）：14-23.

胡新艳，朱文珏，罗锦涛. 2015b. 农业规模经营方式创新：从土地逻辑到分工逻辑[J]. 江海学刊，（2）：75-82.

黄季焜，马恒运. 2000. 差在经营规模上：中国主要农产品生产成本国际比较[J]. 国际贸易，（4）：41-44.

黄善林，张羽鑫，侯淑涛，等. 2016. 东北地区农地经营规模对农民农业收入的影响研究[J]. 干旱区资源与环境，30（5）：36-40.

黄宗智，彭玉生. 2007. 三大历史性变迁的交汇与中国小规模农业的前景[J]. 中国社会科学，（4）：74-88.

黄祖辉. 2000. 农民合作：必然性、变革态势与启示[J]. 中国农村经济，（8）：4-8.

黄祖辉，陈欣欣. 1998. 农户粮田规模经营效率：实证分析与若干结论[J]. 农业经济问题，（11）：3-5.

姬军荣. 2013. 基于农业产业集群视角的农业规模经营实现路径研究[J]. 中国海洋大学学报（社会科学版），（6）：51-55.

贾根良. 1996. 杨格定理与经济发展理论[J]. 经济社会体制比较，（2）：58-60.

贾生华，田传浩，张宏斌. 2003. 农地租赁市场与农业规模经营——基于江、浙、鲁地区农业经营大户的调查[J]. 中国农村观察，（1）：37-45.

姜长云. 2014. 农业产中服务需要重视的两个问题[J]. 宏观经济管理，（10）：37-39.

姜长云. 2016. 关于发展农业生产性服务业的思考[J]. 农业经济问题，37（5）：8-15.

蒋辉，刘兆阳. 2016. 贫困地区特色农业规模经营意愿的影响因素研究——微观农户视角的分析[J]. 中南民族大学学报（人文社会科学版），36（2）：106-111.

金生霞，陈英，杨倩倩，等. 2012. 河西走廊农地适度经营规模计量研究——基于578农户调查的研究[J]. 干旱区资源与环境，（11）：6-11.

康赛优，瑞定杰. 2000. 对菲律宾土地改革的再思考[M]. 北京：中国经济出版社.

孔祥智，徐珍源，史冰清. 2009. 当前我国农业社会化服务体系的现状、问题和对策研究[J]. 江汉论坛，（5）：13-18.

雷超超，杨艳林，何杰锋. 2013. 基于三部门模型的中国劳动力再配置机制解释[J]. 上海经济研究，25（12）：13-21.

李宾，马九杰，胡琼方. 2015. 劳动力转移和新型农业经营模式对农户收入水平的影响差异——基于鄂渝两地数据的研究[J]. 经济问题探索，（12）：151-158.

李博伟，张士云. 2014. 种粮大户土地规模经营影响因素实证研究[J]. 山西农业大学学报（社会科学版），13（1）：69-74.

李春海. 2011. 新型农业社会化服务体系框架及其运行机理[J]. 改革，（10）：79-84.

李春海，张文，彭牧青. 2011. 农业产业集群的研究现状及其导向：组织创新视角[J]. 中国农村经济，（3）：49-58.

李谷成，冯中朝. 2010. 中国农业全要素生产率增长：技术推进抑或效率驱动——一项基于随机前沿生产函数的行业比较研究[J]. 农业技术经济，(5)：6-16.
李谷成，冯中朝，范丽霞. 2009. 小农户真的更加具有效率吗?来自湖北省的经验证据[J]. 经济学（季刊），9（1）：95-124.
李光跃，彭华，高超华，等. 2014. 农地流转促进适度规模经营的基本思考——基于四川省的调查分析[J]. 农村经济，(7)：52-55.
李厚廷. 2015. 我国农业规模经营的实现路径[J]. 现代经济探讨，(9)：57-62.
李建平，周磊，孙宁华. 2019. 劳动力市场扭曲与产业结构合理化[J]. 经济经纬，36（4）：86-93.
李亮科，马骥. 2015. 粮食规模化经营中的土地细碎及其对规模经济的制约分析——基于我国7个小麦主产省的农户调研数据[J]. 科技与经济，28（2）：46-50.
李尚骜，龚六堂. 2012. 非一致性偏好、内生偏好结构与经济结构变迁[J]. 经济研究，47（7）：35-47.
李树超，于澎，宋伟. 2006. 农业经营体制和运行机制的创新探讨[J]. 青岛农业大学学报（社会科学版），18（2）：1-6.
李文明，罗丹，陈洁，等. 2015. 农业适度规模经营：规模效益、产出水平与生产成本——基于1 552个水稻种植户的调查数据[J]. 中国农村经济，(3)：4-17.
李相宏. 2003. 农业规模经营模式分析[J]. 农业经济问题，24（8）：48-51.
李燕琼. 2004. 日本政府推进农业规模化经营的效果及对我国的启示[J]. 农业技术经济，(5)：71-75.
李寅秋，陈超. 2011. 细碎化、规模效应与稻农投入产出效率[J]. 华南农业大学学报（社会科学版），10（3）：72-78.
廖洪乐，习银生，张照新. 2003.中国农村土地承包制度研究[M]. 北京：中国财政经济出版社.
廖西元，申红芳，王志刚. 2011. 中国特色农业规模经营“三步走”战略——从“生产环节流转”到“经营权流转”再到“承包权流转”[J]. 农业经济问题，35（12）：15-22.
凌莎. 2014. 农户规模经营意愿及其影响因素——基于全国 26 个省区的抽样问卷调查的思考[J]. 农村经济，(4)：96-100.
刘斌. 2008. 我国 dsge 模型的开发及在货币政策分析中的应用[J]. 金融研究，(10)：1-21.
刘凤芹. 2006. 农业土地规模经营的条件与效果研究：以东北农村为例[J]. 管理世界，(9)：71-79.
刘国炳，曾菊新. 2004. 农村经营体制下的农业规模效益及实施问题[J]. 求索，(9)：43-45.
刘晗. 2017. 农户生产分工差别化影响研究[D]. 西南大学博士学位论文.
刘晗，王钊. 2015. 农业要素配置效率研究的文献综述[J]. 经济体制改革，(2)：103-109.
刘洪彬，董秀茹，钱凤魁. 2014. 东北三省农村土地规模经营研究[J]. 中国土地科学，28（10）：12-19.
刘凯. 2018. 中国特色的土地制度如何影响中国经济增长——基于多部门动态一般均衡框架的分析[J]. 中国工业经济，(10)：80-98.
刘晓萍. 2014. 我国经济结构失衡的突出矛盾与治理对策[J]. 经济纵横，(8)：55-60.
刘秀梅，田维明. 2005. 我国农村劳动力转移对经济增长的贡献分析[J]. 管理世界，(1)：91-95.
刘玉铭，刘伟. 2007. 对农业生产规模效益的检验——以黑龙江省数据为例[J]. 经济经纬，(2)：

110-113.

娄峰，张涛. 2012. 中国粮食价格变动的传导机制研究——基于动态随机一般均衡（dsge）模型的实证分析[J]. 数量经济技术经济研究，29（7）：92-103.

卢锋，杨业伟. 2012. 中国农业劳动力占比变动因素估测：1990~2030年[J]. 中国人口科学，（4）：13-24.

卢华，胡浩. 2015. 土地细碎化增加农业生产成本了吗?——来自江苏省的微观调查[J]. 经济评论，（5）：129-140.

鲁东亮，李志刚. 2007. 企业经营模式理论研究综述与前瞻[J]. 内蒙古大学学报：哲学社会科学版，（2）：94-98.

鲁可荣，周洁. 2014. 农业生产组织对农业社会化服务需求意向及实际满足度分析——基于对浙江省178例农业生产组织的抽样调查[J]. 福建论坛：人文社会科学版，（3）：135-139.

鲁莎莎，刘彦随. 2011. 农地流转中规模经营的适宜度分析——以山东利津县为例[J]. 地理科学进展，30（5）：600-606.

罗必良. 2002. 人民公社失败的制度经济学解理——一个分析框架及其应用[J]. 华南农业大学学报（社会科学版），（1）：34-41.

罗必良. 2004. 提倡向农民学习——基于农民经济理性的经济学解释[J]. 农村经济，（8）：1-4.

罗必良. 2014. 家庭经营仍是新型农业经营体系基础[J]. 中国合作经济，（3）：5.

罗必良. 2017. 论服务规模经营——从纵向分工到横向分工及连片专业化[J]. 中国农村经济，（11）：2-16.

罗必良，何应龙，汪沙，等. 2012. 土地承包经营权：农户退出意愿及其影响因素分析——基于广东省的农户问卷[J]. 中国农村经济，（6）：4-19.

罗必良，李玉勤. 2014. 农业经营制度：制度底线、性质辨识与创新空间——基于“农村家庭经营制度研讨会”的思考[J]. 农业经济问题，1（35）：8-18.

罗静，郑晔. 2015. 基于空间计量模型的农业要素投入的规模收益分析[J]. 统计与决策，（22）：123-126.

骆永民，樊丽明. 2015. 土地：农民增收的保障还是阻碍?[J]. 经济研究，50（8）：146-161.

吕晨光，杨继瑞，谢菁. 2013. 农业适度规模经营研究——以山西省为例[J]. 统计与决策，（20）：135-138.

吕大洲. 1986. 试论农业的经营方式[J]. 吉林大学社会科学学报，（6）：48-52.

吕挺，纪月清，易中懿. 2014. 水稻生产中的地块规模经济——基于江苏常州金坛的调研分析[J]. 农业技术经济，（2）：70-77.

吕炜，高帅雄，周潮. 2017. 供给侧结构性改革加剧价格波动吗[J]. 中国工业经济，（8）：5-24.

吕一清，邓翔. 2018. 产业结构升级如何“熨平”了中国宏观经济波动——基于产业结构内生化的dsge模型的分析[J]. 财贸研究，29（2）：1-10.

马尔萨斯 T R. 1992. 人口原理[M]. 朱泱，胡企林，朱和中译. 北京：商务印书馆.

马克思 K H. 2009. 资本论（全 3 册）[M]. 郭大力，王亚南译. 上海：上海三联出版社.
马瑞，柳海燕，徐志刚. 2011. 农地流转滞缓：经济激励不足还是外部市场条件约束？——对 4 省 600 户农户 2005~2008 年期间农地转入行为的分析[J]. 中国农村经济，(11)：36-48.
马歇尔 A. 2012. 经济学原理：珍藏本[M]. 廉运杰译. 北京：华夏出版社.
毛飞，孔祥智. 2012. 农地规模化流转的制约因素分析[J]. 农业技术经济，(4)：52-64.
梅建明. 2002. 再论农地适度规模经营——兼评当前流行的“土地规模经营危害论”[J]. 中国农村经济，(9)：31-35.
倪国华，蔡昉. 2015. 农户究竟需要多大的农地经营规模?——农地经营规模决策图谱研究[J]. 经济研究，(3)：159-171.
庞春. 2010. 一体化、外包与经济演进：超边际-新兴古典一般均衡分析[J]. 经济研究，45(3)：114-128.
庞晓鹏. 2006. 农业社会化服务供求结构差异的比较与分析——基于农业社会化服务供求现状的调查与思考[J]. 农业技术经济，(4)：35-40.
普罗斯特曼 R，李平，汉斯达德 T. 1996. 中国农业的规模经营：政策适当吗？[J]. 中国农村观察，(6)：17-29.
齐城. 2008. 农村劳动力转移与土地适度规模经营实证分析——以河南省信阳市为例[J]. 农业经济问题，(4)：38-41.
钱文荣，张忠明. 2007. 农民土地意愿经营规模影响因素实证研究——基于长江中下游区域的调查分析[J]. 农业经济问题，(5)：28-34.
邱溆，罗光强. 2014. 需求视阈下的我国粮食生产社会化服务研究[J]. 云南大学学报（社会科学版），13（2）：99-105.
阮文彪. 2004. 农业经营体制创新的长期战略与总体构想[J]. 现代经济探讨，(9)：23-26.
尚雨. 2011. 农地规模与农业生产效率的关系分析——基于湖南省 400 农户的调查[J]. 湖南农业大学学报（社会科学版），12（6）：17-22.
邵明伟. 2009. 从生产方式到经营方式：农业经营方式内涵的重新分析[J]. 经济问题，(11)：73-75.
邵晓梅. 2004. 鲁西北地区农户家庭农地规模经营行为分析[J]. 中国人口·资源与环境，(6)：120-125.
盛洪. 2009. 现代制度经济学（上卷）[M]. 北京：中国发展出版社.
施蒂格勒 G J. 1996. 产业组织和政府管制[M]. 潘振民译. 上海：上海人民出版社，1996.
史月兰. 2009. 我国农业发展中的规模经济实现途径探讨[J]. 理论与改革，(4)：108-110.
斯密 A. 2014. 国富论. 上卷[M]. 郭大力，王亚南译. 北京：商务印书馆.
速水佑次郎，拉坦 F. 2000. 农业发展的国际分析[M]. 郭熙保，张进铭，等译. 北京：中国社会科学出版社.
孙新华. 2015. 农业规模经营主体的兴起与突破性农业转型——以皖南河镇为例[J]. 开放时代，(5)：106-124.
孙艳华，刘湘辉，周发明，等. 2008. 生产合同模式对农户增收绩效的实证研究——基于江苏省肉鸡行业的调查数据[J]. 农业技术经济，（4）：55-64.

孙正东. 2016. 现代农业产业化联合体的理论分析和实践范式研究[D]. 北京交通大学博士学位论文.

孙中华. 2012. 大力培育新型农业经营主体 夯实建设现代农业的微观基础[J]. 农村经营管理，（1）：1.

汤建尧，曾福生. 2014. 经营主体的农地适度规模经营绩效与启示——以湖南省为例[J]. 经济地理，34（5）：134-138.

唐宗焜. 2007. 合作社功能和社会主义市场经济[J]. 经济研究，（12）：11-23.

梯若尔 J. 2015. 产业组织理论[M]. 张维迎译. 北京：中国人民大学出版社.

田孟，贺雪峰. 2015. 中国的农地细碎化及其治理之道[J]. 江西财经大学学报，（2）：88-96.

仝冰. 2010. 货币、利率与资产价格——基于 DSGE 模型的分析与预测[D]. 北京大学博士学位论文.

万广华，程恩江. 1996. 规模经济、土地细碎化与我国的粮食生产[J]. 中国农村观察，（3）：31-36.

万俊毅，欧晓明. 2010. 产业链整合、专用性投资与合作剩余分配：来自温氏模式的例证[J]. 中国农村经济，（5）：28-42.

王国敏，唐虹. 2014. 山地丘陵区农地适度规模经营的有效性及其限度——对适度规模经营危害论的一个批判[J]. 社会科学研究，（6）：16-23.

王建英，陈志钢，黄祖辉，等. 2015. 转型时期土地生产率与农户经营规模关系再考察[J]. 管理世界，（9）：65-81.

王礼力，赵晓锋，王来江. 2002. 论农户选择农业经营组织形式的成本决定[J]. 西北农林科技大学学报（社会科学版），2（3）：42-44.

王秀清. 2000. 中国食品工业：增长，结构与绩效[J]. 中国农村经济，（3）：11-19，42.

王秀清，苏旭霞. 2002. 农用地细碎化对农业生产的影响——以山东省莱西市为例[J]. 农业技术经济，（2）：2-7.

王秀清，Weldegebriel H T，Rayner A J. 2007. 纵向关联市场间的价格传递[J]. 经济学（季刊），（3）：885-898.

王亚飞. 2011. 农业产业链纵向关系的治理研究——以专业化分工为研究视角[D]. 西南大学博士学位论文.

王亚飞，唐爽. 2013. 农业产业链纵向分工制度安排的选择[J]. 重庆大学学报（社会科学版），19（3）：33-38.

王益松. 2000. 论农产品市场定价机制的缺陷及完善措施[J]. 农业经济问题，（5）：43-46.

王钊，刘晗，曹峥林. 2015. 农业社会化服务需求分析——基于重庆市 191 户农户的样本调查[J]. 农业技术经济，9：17-26.

王征兵. 2002. 中国农牧业经营方式的历史演变探析[J]. 西北农林科技大学学报（社会科学版），（6）：84-88.

韦曙林. 2008. 农业产业化、农民专业合作组织与城乡一体化[J]. 调研世界，（9）：26-28.
卫新，毛小报，王美清. 2003. 浙江省农户土地规模经营实证分析[J]. 中国农村经济，（10）：31-36.
温涛，王小华，杨丹，等. 2015. 新形势下农户参与合作经济组织的行为特征、利益机制及决策效果[J]. 管理世界，（7）：82-97.
夏永祥. 2002. 农业效率与土地经营规模[J]. 农业经济问题，（7）：43-47.
向国成，韩绍凤. 2005. 农户兼业化：基于分工视角的分析[J]. 中国农村经济，（8）：4-9.
肖辉. 2008. 改革开放以来党对农业经营方式的探索及经验[D]. 大连海事大学硕士学位论文.
肖良，周思山. 2015. 农业经营体制机制的主体创新研究——以宿州市农民专业合作社为例[J]. 绥化学院学报，35（2）：21-24.
谢琳，钟文晶，罗必良. 2014. “农业共营制”：理论逻辑、实践价值与拓展空间——基于崇州实践的思考[J]. 农村经济，（11）：33-38.
辛良杰，李秀彬，朱会义，等. 2009. 农户土地规模与生产率的关系及其解释的印证——以吉林省为例[J]. 地理研究，28（5）：1276-1284.
熊彼特 J. 1994. 经济分析史. 第 3 卷[M]. 朱泱译. 北京：商务印书馆.
熊彼特 J. 2009. 经济发展理论[M]. 叶华译. 北京：中国社会科学出版社.
熊鹰. 2010. 农户对农业社会化服务需求的实证分析——基于成都市 176 个样本农户的调查[J]. 农村经济，（3）：95-98.
许庆，尹荣梁，章辉. 2011. 规模经济、规模报酬与农业适度规模经营——基于我国粮食生产的实证研究[J]. 经济研究，46（3）：59-71.
许月明. 2006. 土地规模经营制约因素分析[J]. 农业经济问题，（9）：13-17.
薛凤蕊，乔光华，苏日娜. 2011. 土地流转对农民收益的效果评价——基于 did 模型分析[J]. 中国农村观察，（2）：36-42.
杨斌. 2006. 提高农业经营主体竞争力问题研究[J]. 陕西农业科学，（1）：110-116.
杨格 A，贾根良. 1996. 报酬递增与经济进步[J]. 经济社会体制比较，（2）：52-57.
杨万江. 2014. 以家庭农场为基础构建现代农业经营体系研究[J]. 湖州师范学院学报，36（7）：1-10.
杨小凯. 1998. 经济学原理[M]. 北京：中国社会科学出版社.
杨小凯. 2003. 发展经济学——超边际与边际分析[M]. 北京：社会科学文献出版社.
杨小凯. 2019. 基于专业化递增报酬的分工理论：一种微观经济学方法[M]. 苏良，姚顺添译. 北京：社会科学文献出版社.
杨勇. 2008. 中国服务业全要素生产率再测算[J]. 世界经济，（10）：46-55.
杨子，饶芳萍，诸培新. 2019. 农业社会化服务对土地规模经营的影响——基于农户土地转入视角的实证分析[J]. 中国农村经济，（3）：82-95.
姚增福，郑少锋. 2010. 种粮大户规模生产行为认知及意愿影响因素分析——基于 tpb 理论和黑龙江省 460 户微观调查数据[J]. 中国农业大学学报（社会科学版），27（3）：176-182.
尹成杰. 2015. 三权分置是农地制度的重大创新[J]. 农村工作通讯，（16）：35-37.

余光英，员开奇. 2014. 我国农地规模经营适宜性评价及分类研究[J]. 资源开发与市场，30（5）：560-564.

袁迎珍. 2004. 农业合作组织：历史变迁和制度演进——推进我国农业经营组织化的新制度经济学分析[J]. 经济问题，（2）：49-51.

袁志刚，解栋栋. 2011. 中国劳动力错配对 tfp 的影响分析[J]. 经济研究，46（7）：4-17.

苑鹏，张瑞娟. 2016. 新型农业经营体系建设的进展、模式及建议[J]. 江西社会科学，36（10）：47-53.

曾福生. 2011. 中国现代农业经营模式及其创新的探讨[J]. 农业经济问题，32（10）：4-10.

张丁，万蕾. 2007. 农户土地承包经营权流转的影响因素分析——基于 2004 年的 15 省（区）调查[J]. 中国农村经济，（2）：24-34.

张光辉. 1996. 农业规模经营与提高单产并行不悖——与任治君同志商榷[J]. 经济研究，（1）：55-58.

张广婷，江静，陈勇. 2010. 中国劳动力转移与经济增长的实证研究[J]. 中国工业经济，（10）：15-23.

张海亮，吴楚材. 1998. 江浙农业规模经营条件和适度规模确定[J]. 经济地理，（1）：3-5.

张贺. 2015. 基于合作博弈视角的肉牛产业链利益分配机制研究[D]. 吉林农业大学博士学位论文.

张恒春，张照新. 2015. 增产增收视角下玉米种植户适度规模分析——基于全国 8 423 份调查数据[J]. 湖南农业大学学报（社会科学版），16（3）：13-18.

张红宇，李伟毅. 2014. 新型农业经营主体：现状与发展[J]. 中国农民合作社，（10）：48-51.

张建杰，张改清，关付新. 2014. 农地规模调适下农户营粮行为及效率研究——基于对中部主产区 1 861 个农户的问卷调查[J]. 西北农林科技大学学报（社会科学版），14（1）：56-63.

张兰，冯淑怡，陆华良，等. 2015. 农地规模经营影响因素的实证研究——基于江苏省村庄调查数据[J]. 中国土地科学，29（11）：32-39.

张仁寿，蔡元杰. 2003. 农业经营体制的一项重要创新——浙江省农民专业合作组织的调查与思考[J]. 农业经济问题，24（9）：63-66.

张士云，江激宇，栾敬东，等. 2014. 美国和日本农业规模化经营进程分析及启示[J]. 农业经济问题，35（1）：101-109.

张晓山. 2006. 建设社会主义新农村之二：浅析农民专业合作组织的发展与农业基本经营制度的创新[J]. 中国党政干部论坛，（6）：8-11.

张晓山. 2007. 创新农业基本经营制度 发展现代农业[J]. 经济纵横，（2）：3-8.

张晓山. 2009. 大户和龙头企业领办的合作社是当前中国合作社发展的现实选择[J]. 中国合作经济，（10）：45.

张晓山. 2012. 中国农民专业合作社的发展及面临的挑战[J]. 中国合作经济，（6）：20-21.

张学会，王礼力. 2014. 农民专业合作社纵向一体化水平测度：模型与实证分析[J]. 中国人口·资源与环境，24（6）：37-44.

张义珍，张素罗，蔺丽莉. 2002. 河北省农业经营主体组织化现状与启示[J]. 农业经济问题，23（3）：52-56.

张艺. 2009. 纵向关联市场的效率研究[D]. 复旦大学博士学位论文.

张颖熙，夏杰长. 2010. 农业社会化服务体系创新的动力机制与路径选择[J]. 宏观经济研究，(8)：12-17.

张忠根，史清华. 2001. 农地生产率变化及不同规模农户农地生产率比较研究——浙江省农村固定观察点农户农地经营状况分析[J]. 中国农村经济，(1)：67-73.

张忠军，易中懿. 2015. 农业生产性服务外包对水稻生产率的影响研究——基于358个农户的实证分析[J]. 农业经济问题，36(10)：69-76.

张忠明，钱文荣. 2010. 农户土地经营规模与粮食生产效率关系实证研究[J]. 中国土地科学，(8)：52-58.

张忠明，周立军，钱文荣. 2011. 设施农业经营规模与农业生产率关系研究——基于浙江省的调查分析[J]. 农业经济问题，(12)：23-29.

赵京，杨钢桥，周厚智. 2014. 农地整理对农户农地适度经营规模的影响——以湖北省为例[J]. 经济地理，34(5)：129-133.

赵鲲. 2016. 共享土地经营权：农业规模经营的有效实现形式[J]. 农业经济问题，37(8)：4-8.

赵晓飞，李崇光. 2007. "农户—龙头企业"的农产品渠道关系稳定性：理论分析与实证检验[J]. 农业技术经济，(5)：17-26.

赵绪福. 2006. 农业产业链优化的内涵、途径和原则[J]. 中南民族大学学报（人文社会科学版），(6)：119-121.

郑少锋. 1998. 土地规模经营适度的研究[J]. 农业经济问题，(11)：8-12.

中国土地制度课题组. 1991. 中国农户土地经营规模问题的实证研究[J]. 中国农村经济，(9)：3-12.

钟真，陈淑芬. 2014. 生产成本、规模经济与农产品质量安全——基于生鲜乳质量安全的规模经济分析[J]. 中国农村经济，(1)：49-61.

周立群，曹利群. 2001. 农村经济组织形态的演变与创新—山东省莱阳市农业产业化调查报告[J]. 经济研究，(1)：69-75.

周镕基，杨丽华，皮修平. 2013. 多功能理念引领下农业规模经济与范围经济之实现[J]. 学术交流，(7)：98-101.

周应恒，胡凌啸，严斌剑. 2015. 农业经营主体和经营规模演化的国际经验分析[J]. 中国农村经济，(9)：80-95.

朱培金. 2015. 农村土地规模化流转、金融创新和货币政策——基于dsge模型的实证研究[J]. 南方金融，(8)：10-16.

朱启臻. 2013. 新型职业农民与家庭农场[J]. 中国农业大学学报（社会科学版），30(2)：157-159.

祝宏辉. 2007. 新疆番茄产业实施订单农业生产方式的效果评析[J]. 农业技术经济，(3)：89-95.

Alchian A A，Demsetz H. 1972. Production，information costs，and economic organization[J]. IEEE Engineering Management Review，62(2)：777-795.

Alchian A A，Demsetz H. 1973. The property rights paradigm[J]. Journal of Economic History，33(1)：16-27.

Alvarez A, Arias C. 2003. Technical efficiency and farm size: A conditional analysis[J]. Agricultural Economics, 30 (3): 241-250.

Amiti M, Konings J. 2007. Trade liberalization, intermediate inputs, and productivity: Evidence from Indonesia[J]. American Economic Review, 97 (5): 1611-1638.

Arcand J L. 1996. Land-ownership, working capital and agricultural output: Egypt 1913-1958[J]. Journal of African Economies, 5 (1): 92-158.

Assuncao J J, Braido L H. 2007. Testing household-specific explanations for the inverse productivity relationship[J]. American Journal of Agricultural Economics, 89 (4): 980-990.

Bagi F S. 1982. Relationship between farm size and technical efficiency in west tennessee agriculture[J]. Southern Journal of Agricultural Economics, 14 (2): 139-144.

Bagi F S, Huang C J. 1983. Estimating production technical efficiency for individual farms in Tennessee[J]. Canadian Journal of Agricultural Economics, 31 (2): 249-256.

Barrett C B. 1996. On price risk and the inverse farm size-productivity relationship[J]. Journal of Development Economics, 51 (2): 193-215.

Barrett C B. Bellemare M F, Hou J Y. 2009. Reconsidering conventional explanations of the inverse productivity-size relationship[J]. World Development, 38 (1): 88-97.

Barro R J, Sala-I-Martin X. 1997. Technological diffusion, convergence, and growth[J]. Journal of Economic Growth, 2: 1-26.

Battese G E, Coelli T J. 1992. Frontier production functions, technical efficiency and panel data: With application to paddy farmers in India[J]. Journal of Productivity Analysis, 3 (1): 153-169.

Becker G S, Murphy K M. 1992. The division of labor, coordination costs, and knowledge[J]. University of Chicago George G Stigler Center for Study of Economy & State, 107 (4): 1137-1160.

Benin S, Ahmed M, Pender J, et al. 2005. Development of land rental markets and agricultural productivity growth: The case of Northern Ethiopia[J]. Journal of African Economies, 14 (1): 21-54.

Benjamin D. 1995. Can unobserved land quality explain the inverse productivity relationship?[J]. Journal of Development Economics, 46 (1): 51-84.

Berry A R, Cline W R 1979. Agrarian Structure and Productivity in Developing Countries[M]. Baltimore: John Hopkins University Press.

Bhalla S S, Roy P. 1988. Mis-specification in farm productivity analysis: The role of land quality[J]. Oxford Economic Papers, 40 (1): 55-73.

Brock W A, Mirman L J. 1972. Optimal economic growth and uncertainty: The discounted case[J]. Journal of Economy Theory, 4 (3): 479-513.

Buera F J, Kaboski J P. 2012. Scale and the origins of structural change[J]. Journal of Economic

Theory，147（2）：684-712.

Byiringiro F，Reardon T. 1996. Farm productivity in Rwanda：Effects of farm size，erosion，and soil conservation investments[J]. Agricultural Economics，15（2）：127-136.

Carletto C，Savastano S，Zezza A. 2013. Fact or artefact：The impact of measurement errors on the farm size-productivity relationship[J]. Journal of Development Economics，103(7)：254-261.

Carter M R. 1984. Identification of the inverse relationship between farm size and productivity：An empirical analysis of peasant agricultural production[J]. Oxford Economic Papers，36(1)：131-145.

Carter M R，Wiebe K D. 1990. Access to capital and its impact on agrarian structure and productivity in Kenya[J]. American Journal of Agricultural Economics，72（5）：1146-1150.

Chandler A D. 1992. Scale and scope：The dynamics of industrial capitalism[J]. Ence，248(3)：1667-1669.

Chang H，Dong X Y，Macphail F. 2011. Labor migration and time use patterns of the left-behind children and elderly in rural China[J]. World Development，39（12）：2199-2210.

Chen Z，Huffman W E，Rozelle S. 2009. Farm technology and technical efficiency：Evidence from four regions in China[J]. China Economic Review，20（2）：153-161.

Chen Z，Huffman W E，Rozelle S. 2011. Inverse relationship between productivity and farm size：The case of China[J]. Contemporary Economic Policy，29（4）：580-592.

Cheung S N S. 1978. Transaction costs，risk aversion，and the choice of contractual arrangements[J]. Uncertainty in Economics，12（1）：379-399.

Cheung S N S. 1983. The contractual nature of the firm[J]. Journal of Law and Economics，26(1)：1-21.

Coase R H. 1937. The nature of the firm[J]. Economica，4（16）：386-405.

Coase R H. 1960. The problem of social[J]. Journal of Law and Economics，3（4）：1-44.

Cohn E. 1992. Returns to scale and economies of scale revisited[J]. Journal of Economic Education，23（2）：123-124.

Dahlman C J. 1979. The problem of externality[J]. The Journal of Law and Economics，22（1）：141-162.

Deininger K，Jin S. 2005. The potential of land rental markets in the process of economic development：Evidence from China[J]. Journal of Development Economics，78（1）：241-270.

Duarte M，Restuccia D. 2010. The role of the structural transformation in aggregate productivity[J]. Quarterly Journal of Economics，125（1）：129-173.

Echevarria C. 2000. Non-homothetic preferences and growth[J]. Journal of International Trade & Economic Development，9（2）：151-171.

Elias A，Nohmi M，Yasunobu K，et al. 2014. Does gender division of labour matters for the differences in access to agricultural extension services? A case study in north west Ethiopia[J]. Journal of Agricultural Science，7（1）：138-147.

Eswaran M, Kotwal A. 1985. A theory of contractual structure in agriculture[J]. The American Economic Review, 75（3）: 352-367.

Feder G. 1985. The relation between farm size and farm productivity: The role of family labor, supervision and credit constraints[J]. Journal of Development Economics, 18（2/3）: 297-313.

Fleisher B M, Liu Y. 1992. Economies of scale, plot size, human capital, and productivity in Chinese agriculture[J]. Quarterly Review of Economics & Finance, 32（3）: 112-123.

Gabriel V, Levine P, Yang B. 2016. An Estimated DSGE Open Economy Model of the Indian Economy with Financial Frictions[M]. New Delhi: Springer India.

Ghate C, Gupta S, Mallick D. 2018. Terms of trade shocks and monetary policy in India[J]. Computational Economics, 51（1）: 75-121.

Ghose A K. 1979. Farm size and land productivity in Indian agriculture: A reappraisal[J]. Journal of Development Studies, 16（1）: 27-49.

Gorton D M. 2004. Agricultural adjustment and the diversification of farm households and corporate farms in central Europe[J]. Journal of Rural Studies, 20（1）: 61-77.

Haji J. 2007. Production efficiency of smallholders' vegetable-dominated mixed farming system in eastern Ethiopia: A non-parametric approach[J]. Journal of African Economies, 11（2）: 191-196.

Helfand S M, Levine E S. 2004. Farm size and the determinants of productive efficiency in the Brazilian Center-West[J]. Agricultural Economics, 31（2/3）: 241-249.

Heltberg R. 1998. Rural market imperfections and the farm size-productivity relationship: Evidence from Pakistan[J]. World Development, 26（10）: 1807-1826.

Jabarin A S, Epplin F M. 1994. Impacts of land fragmentation on the cost of producing wheat in the rain-fed region of northern Jordan[J]. Agricultural Economics, 11（2/3）: 191-196.

János J. 1991. Plenary paper 2: Large-scale and small-scale farming in Hungarian agriculture: Present situation and future prospects[J]. European Review of Agricultural Economics, 18（3/4）: 399-415.

Jensen B S, Larsen M E. 2005. General equilibrium dynamics of multi-sector growth models[J]. Journal of Economics, 86（1 Supplement）: 17-56.

Kalantari K. Abdollahzadeh G. 2008. Factors affecting agricultural land fragmentation in Iran: A case study of ramjerd sub district in Fars Province[J]. American Journal of Agricultural and Biological Sciences, 3（1）: 358-363.

Kawasaki K. 2010. The costs and benefits of land fragmentation of rice farms in Japan[J]. Australian Journal of Agricultural and Resource Economics, 54（4）: 509-526.

Kevane M. 1996. Agrarian structure and agricultural practice: Typology and application to western Sudan[J]. American Journal of Agricultural Economics, 78（1）: 236-245.

Khalil K, Gholamhossein A. 2008. Factors affecting agricultural land fragmentation in Iran: A case study of ramjerd sub district in Fars Province[J]. American Journal of Agricultural & Biological

Ence，3（1）：358-363.

Kimhi A. 2006. Plot size and maize productivity in Zambia：The inverse relationship re-examined[J]. Agricultural Economics，35（1）：1-9.

Koenker R，Bassett G. 1978. Regression quantiles[J]. Econometrica，46（1）：33-50.

Konczal E F. 1975. Models are for managers，not mathematicians[J]. Journal of Systems Management，26（1）：12-15.

Lafontaine F，Slade M. 2007. Vertical integration and firm boundaries：The evidence[J]. Journal of Economic Literature，45（3）：629-685.

Lamb R L. 2003. Inverse productivity：Land quality，labor markets，and measurement error[J]. Journal of Development Economics，71（1）：71-95.

Latruffe L，Piet L. 2014. Does land fragmentation affect farm performance? A case study from Brittany，France[J]. Agricultural Systems，129（7）：68-80.

Lewis W. 1954. Economic development with unlimted supplies of labour[J]. The Manchester School，22（2）：139-191.

Lin J Y F. 1992. Rural reforms and agricultural growth in China [J]. The American Economic Review，82（1）：34-51.

Lucas R E. 1999. On the mechanics of economic development[J]. Quantitative Macroeconomics Working Papers，22（1）：3-42.

Manjunatha A V，Anik A R，Speelman S，et al. 2013. Impact of land fragmentation，farm size，land ownership and crop diversity on profit and efficiency of irrigated farms in India[J]. Land Use Policy，31（4）：397-405.

Morris M，Schindehutte M，Allen J. 2005. The entrepreneur's business model：Toward a unified perspective[J]. Journal of Business Research，58（6）：726-735.

Nadaraya E A. 1964. On estimating regression[J]. Theory of Probability & Its Applications，9（1）：141-142.

Newell A，Pandya K，Symons J. 1997. Farm size and the intensity of land use in Gujarat[J]. Oxford Economic Papers，49（2）：307-315.

Nguyen T，Cheng E，Findlay C. 1996. Land fragmentation and farm productivity in China in the 1990s[J]. China Economic Review，7（2）：169-180.

North D C. 1990.Institutions，Institutional Change，and Economic Performance[M]. Cambridge：Cambridge University Press.

Offutt S. 2002. Presidential address：The future of farm policy analysis：A household perspective[J]. American Journal of Agricultural Economics，84（5）：1189-1200.

Pang L，Brauw A D，Rozelle S. 2004. Working until you drop：The elderly of rural China[J]. The China Journal，（52）：73-94.

Pritchard B，Burch D，Lawrence G. 2007. Neither family nor corporate farming：Australian tomato growers as farm family entrepreneurs[J]. Journal of Rural Studies，23（1）：75-87.

Prosterman R L，Hanstad T，Ping L. 1996. Can china feed itself?[J]. Scientific American，275（5）：90-96.

Rahman S，Rahman M. 2008. Impact of land fragmentation and resource ownership on productivity and efficiency：The case of rice producers in Bangladesh[J]. Land Use Policy，26（1）：95-103.

Reardon T，Kelly V A，Crawford E W，et al. 1996. Determinants of farm productivity in Africa：A synthesis of four case studies[J]. MSU International Development Paper，（22）：194-207.

Romer P M. 1986. Increasing returns and long-run growth[J]. Journal of Political Economy，94（5）：1002-1037.

Rudel T K. 2005. After the labor migrants leave：The search for sustainable development in a sending region of the Ecuadorian Amazon[J]. World Development，34（5）：838-851.

Samuel B，Mohamed A，John P，et al. 2005. Development of land rental markets and agricultural productivity growth：The case of Northern Ethiopia[J]. Journal of African Economies，14（1）：21-54.

Schultz T. 1993. Investments in the schooling and health of women and men：Quantities and returns[J]. The Journal of Human Resources，28（4）：694-734.

Sen A. 1975.Employment，Technology and Development：A Study Prepared for the International Labour Office within the Framework of the World Employment Programme[M]. New York：Oxford University Press.

Sen A K. 1966. Peasants and dualism with or without surplus labor[J]. Journal of Political Economy，74（5）：425-450.

Silverman B W. 1986.Density Estimation for Statistics and Data Analysis[M]. London：Chapman and Hall.

Skoufias E. 1995. Household resources，transaction costs，and adjustment through land tenancy[J]. Land Economics，71（1）：42-56.

Steven M H，Edward S L. 2004. Farm size and the determinants of productive efficiency in the Brazilian Center-West[J]. Agricultural Economics，31（2）：241-249.

Stigler G. 1951. The division of labor is limited by the extent of the market[J]. Journal of Political Economy，59（3）：185-193.

Stigler G. 1958. The economics of scale[J]. Journal of Law and Economics，1（1）：54-71.

Stock J H，Watson M W. 2007.Introduction to Econometrics[M]. Boston：Addison Wesley.

Stryker J D. 1976. Population density，agricultural technique and land utilizationin a village economy[J]. The American Economic Review，66（3）：347-358.

Tan S，Heerink N，Kruseman G，et al. 2008. Do fragmented landholdings have higher production costs? Evidence from rice farmers in northeastern Jiangxi Province, p.r. China[J]. China Economic Review, 19（3）: 347-358.

Townsend R F, Kirstena J, Vinkb N. 1998. Farm size, productivity and returns to scale in agriculture revisited: A case study of wine producers in South Africa[J]. Agricultural Economics, 19（1）: 175-180.

Truett L J, Truett D B. 1990. Regions of the production function, returns, and economies of scale: Further considerations[J]. Journal of Economic Education, 21（4）: 411-419.

Wan G H, Cheng E. 2001. Effects of land fragmentation and returns to scale in the Chinese farming sector[J]. Applied Economics, 33（2）: 183-194.

Watson G. 1964. Smooth regression analysis[J]. Sankhyā the Indian Journal of Statistics, 26（4）: 359-372.

Williamson O E. 1968. Economies as an antitrust defense: The welfare tradeoffs[J]. American Economic Review, 58（1）: 18-36.

Williamson O E. 1999.The Economic Institutions of Capitalism: Firms, Markets, Relational Contracting[M]. Beijing: China Social Sciences Publishing House.

Wu Z, Liu M, Davis J. 2005. Land consolidation and productivity in Chinese household crop production[J]. China Economic Review, 16（1）: 28-49.

Yang X. 2001. Economics: New Classical versus Neoclassical Framework[M]. Cambridge: Wiley-Blackwell.

Yang X, Borland J. 1991. A microeconomic mechanism for economic growth[J]. The Journal of Political Economy, 99（3）: 460-482.

Yang X, Ng Y K. 1995. Theory of the firm and structure of residual rights[J]. Journal of Economic Behavior & Organization, 26（1）: 1-128.

Young A A. 1928. Increasing returns and economic progress[J]. Economic Journal, 38（152）: 527-542.

Zaibet L T, Dunn E G. 1998. Land tenure, farm size, and rural market participation in developing countries: The case of the Tunisian olive sector[J]. Economic Developments& Cultural Change, 46（4）: 831-848.

附录　部分调查问卷

附录一：市场化经营模式对规模经济的影响研究调查（村级问卷）

调查地点（具体到省市县乡村组）：______________________

调查员（签名）：__________

联系电话：__________

调查时间：_____年___月___日

尊敬的领导：

您好！本问卷主要探讨目前市场化经营模式对规模经济的影响的基本情况。问卷中，您所填写的内容，仅作学术研究之用，绝不公开。问卷的答题并无对错之分，依实际情况作答即可。您的宝贵意见将为研究做出巨大贡献。衷心感谢您的热心帮助，祝您生活愉快！

西南大学经济管理学院

2017年7月

村级调查表

1. 全村总人口/人	
2. 总耕地面积/亩	
3. 本村土地流转总面积/亩	
4. 全村人均纯收入/万元	
其中：人均农业经营性收入/万元	
5. 家庭农场数量/个	
6. 平均经营规模/（亩，其他/户，个）	
7. 专业合作社数量/个	

续表

8. 微型企业数量/个	
9. 农业社会化服务组织数量/个	
其中：9.1 农资售卖点数量	
9.2 农技站数量	
9.3 农机服务组织数量	
10. 自有农机数量/台	
11. 距县城距离/千米	
12. 本村主要地形情况（1=山区，2=丘陵，3=平原）	
13. 其他需要补充的情况	

附录二：市场化经营模式对规模经济的影响研究调查（农户问卷）

【调查员注意：本次调查对象为本村从事种植生产的农户，请尽量访问户主，确保问卷的完整性】

调查地点（具体到省市县乡村组）：________________

农户编号：________

调查员（签名）：________

联系电话：________

调查时间：____年____月____日

尊敬的农户：

您好！本问卷主要探讨目前市场化经营模式对规模经济的影响的基本情况。问卷中，您所填写的内容，仅作学术研究之用，绝不公开。问卷的答题并无对错之分，依您本人实际作答即可。请在“□”中或“___”上打“√”或填写对应的选项数字或答案。您的宝贵意见将为研究做出巨大贡献。衷心感谢您的热心帮助，祝您生活愉快！

西南大学经济管理学院

2017年7月

一、农户家庭基本情况

（一）被调查者家庭基本情况

A01	家庭成员数/个	
A02	60 岁以下劳动力数/个	
A03	常年在外务工人数/个	
A04	您的受教育程度（1=文盲，2=小学，3=初中，4=高中及中专，5=大学及以上）	
A05	您的健康状况（1=较差，2=一般，3=良好）	
A06	家庭经营主要种类（1=粮油，2=果蔬，3=苗木，4=其他）	
A07	家庭成员是否参加过农业培训（1=是，0=否）	
A08	家族成员是否（或曾经）担任村干部（1=是，0=否）	
A09	您属于哪种农业经营主体（1=普通农户，2=示范大户，3=家庭农场）	
A10	您是否拥有农用机械（1=有，0=没有） （如果有，请回答下一题；如果没有，请直接跳至 A12）	
A11	自有生产性农用机械数量/台	
	其中：A11a 自用/天	
	A11b 服务他人/天	

（二）2016 年农户家庭收入情况（单位：元）

A12	2016 年家庭总收入	
A13	农业经营性收入	
	其中：种植业收入	
A14	工资性收入	
A15	转移性收入	
	其中：A15a 种粮直补	
	A15b 农资综合补贴（良种、农机购置）	
	A15c 规模化经营奖励（给种植大户的补贴）	
	A15d 其他	
A16	财产性收入	

（三）2016 年家庭承包土地情况

A17	总耕种面积/亩	
	其中：A17a 承包地/亩	
	A17b 转出土地面积/亩	
	A17c 转出土地单价/（元/亩）	
	A17d 转入土地面积/亩	
	A17e 转入土地单价/（元/亩）	
A18	经营的地块数量/块	
A19	土地类型（1=坡地，2=洼地，3=平地，4=其他）	
A20	土壤质量（1=低，2=中，3=高）	

二、农户生产经营投入与产出情况

（请根据您生产经营的两种主要农作物情况填写完整）

农作物名称	播种面积/亩	种植块数/块	总产出情况/斤[1]			总支出情况/元					
			产量	销量	销售收入/元	肥料	农药	雇用人工	土地租金	购买服务	其他
B01	B02	B03	B04	B05	B06	B07	B08	B09	B10	B11	B12
a											
b											

1）1 斤=500 克

三、农业社会化服务购买基本情况

问题及选项		整地 c	育种 d	播种 e	灌溉 f	施肥 g	植保 h	收割 i	包装 j	储运 k	加工 l	销售 m
C01 服务购买决策（请在您已购买过的环节服务对应的空格中打“√”）	a_____											
	b_____											
C02 服务供给主体（1=农技部门，2=公司，3=专业合作社，4=村集体，5=亲朋邻居互助，6=自己提供，7=其他）	a_____											
	b_____											
C03 服务来源地（1=本村，2=本乡外村，3=本县外乡，4=本省外县，5=外省）	a_____											
	b_____											
C04 服务定价方式（1=市场定价，2=政府指导定价，3=双方讨价还价）	a_____											
	b_____											